Economica Laterza
520

© 2007, Gius. Laterza & Figli

www.laterza.it

Progetto grafico di Silvia Placidi /
Graficapuntoprint

Consulenza iconografica
di Manuela Fugenzi

L'Editore è a disposizione di tutti
gli eventuali proprietari di diritti
sulle immagini riprodotte, là dove
non è stato possibile rintracciarli
per chiedere la debita autorizzazione.

Edizioni precedenti:
«i Robinson/Letture» 2007

Nella «Economica Laterza»
Prima edizione gennaio 2010

Edizione
3 4 5 6 7 8

Anno
2015 2016 2017 2018 2019 2020

Proprietà letteraria riservata
Gius. Laterza & Figli Spa, Roma-Bari

Questo libro è stampato
su carta amica delle foreste

Stampato da
SEDIT - Bari (Italy)
per conto della
Gius. Laterza & Figli Spa
ISBN 978-88-420-9224-7

Emilio Gentile

Fascismo di pietra

Editori Laterza

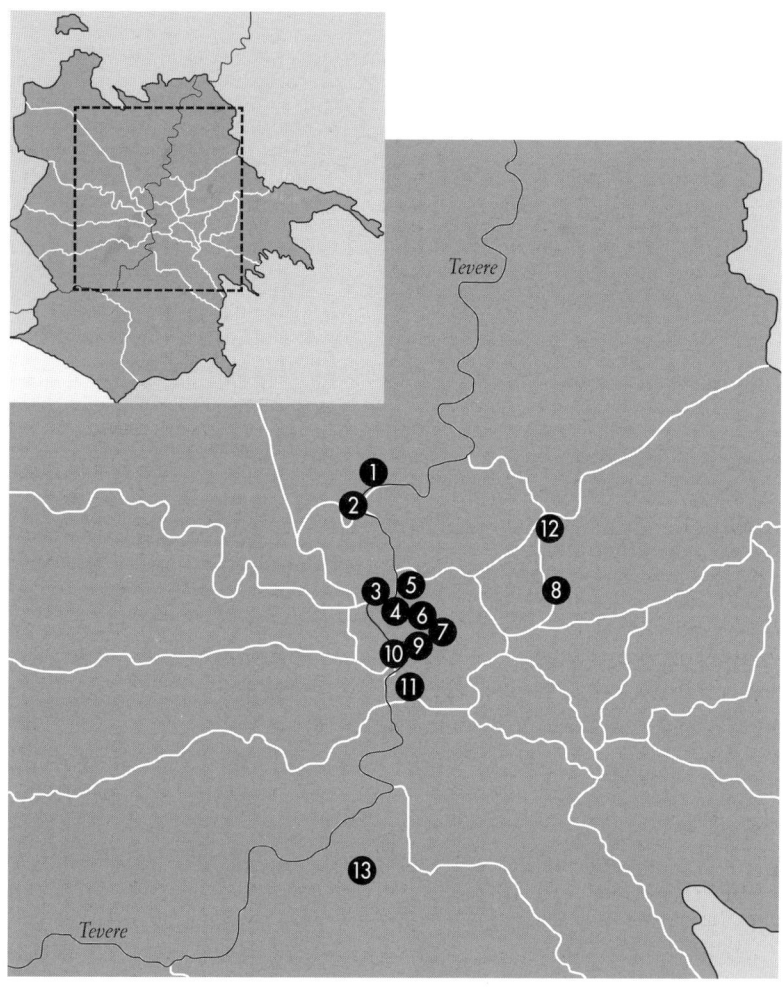

1. Palazzo Farnesina (Ministero Esteri)
2. Foro Mussolini
3. Casa Madre dei Mutilati
4. Corso Rinascimento
5. Piazza Augusto Imperatore
6. Piazza Venezia
7. Via dei Fori Imperiali
8. Città Universitaria
9. Viale Luigi Petroselli - Anagrafe
10. La Casa del Balilla a Trastevere
11. Ufficio Postale via Marmorata
12. Ufficio Postale piazza Bologna
13. Eur

PROLOGO
PAROLE, PIETRE, MITI

Il «fascismo di pietra» è la vistosa e indelebile impronta che il regime di Benito Mussolini ha lasciato sul suolo italiano per i secoli futuri. Nei monumenti, negli edifici, nelle strade, nelle piazze di antiche città d'Italia, come nelle città nuove fondate dal duce, si è materializzata una concezione dell'uomo, della vita e della politica che negli anni fra le due guerre mondiali sembrava prossima a diventare, nel mondo moderno, il modello di una nuova civiltà imperiale, che pretendeva di essere universale come universale era stata la civiltà romana nel mondo antico. Il fascismo condensava nel mito di Roma e dell'impero la sua visione del passato, del presente e del futuro. Pertanto, non si comprende il fascismo e la storia del fascismo, per tutto quello che ha significato in Italia, in Europa e nel ventesimo secolo, se non si comprende l'origine e la natura del mito fascista della romanità e dell'impero. Analizzare questo mito e ricostruirne la storia nei suoi aspetti essenziali, è stato lo scopo dell'autore di questo libro.

Roma e impero furono le parole più frequentemente usate nella retorica fascista. Furono espressione di miti che sedussero laici e cattolici, civili e militari, menti semplici e menti elette, specialmente durante i mesi della guerra d'Etiopia e nelle giornate della «riapparizione dell'impero sui colli fatali di Roma», quando fecero convergere attorno alla figura del duce il consenso pressoché unanime della popolazione e delle grandi istituzioni del paese, dalla monarchia alla Chiesa cattolica. Il 9 maggio 1936 fu l'apoteosi del duce, celebrata nello scenario di una Roma che era stata profondamente trasformata, in quattordici anni di regime totalitario, dalle nuove costruzioni urbanistiche e architettoniche del «fascismo di pietra», che materializzò in simboli perenni i miti della cultura fascista.

Uno storico di grande valore ha scritto che lo Stato totalitario era il regno della parola. Egli intendeva dire, con ciò, che il fascismo era stato il prodotto di una fabbrica del vuoto nel campo delle idee, e aveva riempito il suo vuoto ideologico con altisonanti espressioni verbali. Non sempre, tuttavia, gli storici di valore esprimono giudizi validi per comprendere la storia. Uno scrittore, altrettanto valente, ha detto che le parole sono pietre. E come le pietre, aggiungiamo noi, le parole possono essere usate per costruire o per distruggere, per difendere o per lapidare. Le parole sono pietre, e lo sono soprattutto quando esprimono un mito, una credenza che interpreta e definisce il significato della vita. Le parole che esprimono un mito suscitano entusiasmo, possono incitare ad agire per il bene come per il male: in quest'ultimo caso, le parole che esprimono un mito possono diventare pietre micidiali, perché muovono gli uomini alla lotta e indicano i nemici da combattere e annientare, affinché il mito trionfi.

Il fascismo fu il regno della parola? Può darsi. Ma le parole del fascismo erano pietre e miti che influirono per venti anni sul destino di milioni di persone. Roma e impero erano parole-pietre, parole-mito, con le quali fu soppressa la libertà degli italiani e la libertà e la vita di quanti, in Africa e in altri paesi europei, dove il fascismo fece guerra, non vollero rinunciare alla loro libertà per assoggettarsi alla gloria della nuova Roma imperiale. E per queste parole, Roma e impero, che erano pietre e miti, il fascismo continuò a combattere ininterrottamente dal 1935 fino alla sua disfatta, sfociata in una guerra civile fra italiani.

Il fascismo, nel campo delle idee, fu il prodotto di una fabbrica del vuoto? Può darsi. Raramente, tuttavia, una fabbrica del vuoto ha prodotto una così vasta colata di ideologia pietrificata, come quella lasciata dal fascismo nella capitale d'Italia: una pietrificazione ideologica che inizia col Foro Italico, già Foro Mussolini, scorre lungo il corso del Tevere, Via della Conciliazione, la Casa del Mutilato, Piazza Augusto Imperatore, attraversa con la Via dei Fori imperiali, già Via dell'Impero, l'area archeologica fra Piazza Venezia e il Colosseo, si dirama nella Città universitaria e nel quartiere della Garbatella, per sfociare poi nella glaciale, metafisica architettura della nuova Roma dell'Eur, la più integrale pietrificazione del mito fascista della romanità, iniziata quando il regime stava ormai per avviarsi al crollo finale.

Il mito fascista della romanità è stato argomento di vari studi, ma il suo significato, cioè l'origine, la natura, il contenuto e lo scopo di questo mito, è stato ed è ancora da molti frainteso. È frainteso specialmente quando si considera il culto della romanità null'altro che l'espressione grottesca della fabbrica fascista del vuoto ideologico, una vacua esibizione retorica delle velleità imperiali del duce, la prova manifesta della natura antimoderna del fascismo, che si illudeva di far risorgere la Roma e i Romani dell'antichità nell'Italia e negli italiani del ventesimo secolo. Ancora oggi molti storici affermano che l'uomo nuovo, che il fascismo voleva creare, era una replica del legionario romano. Altri considerano il mito fascista della romanità una conferma del provincialismo di una politica culturalmente arretrata, nutrita di umanesimo retorico. Si tratta di giudizi che derivano, in massima parte, da una scarsa conoscenza della storia effettiva del connubio fra Roma e fascismo, e da interpretazioni superficiali o polemiche del mito fascista della romanità, che impediscono di comprenderne la natura e il significato storico. In questo libro, si è cercato di delineare la storia del connubio fra Roma e fascismo, seguendola in tutto il suo corso, dall'inizio alla fine, assumendo come criterio di analisi una distinzione nell'atteggiamento del fascismo verso la Roma reale, la Roma antica e la nuova Roma imperiale che il duce intendeva costruire e in gran parte costruì.

Il fascismo non nacque con il culto di Roma. Nel programma fascista del 1919 il nome di Roma non compare e non vi è alcun riferimento alla romanità, né vi si parla di impero e di nuova civiltà imperiale. Roma, la romanità, l'impero sono ignorati anche nel programma del 1920. Inoltre, il fascismo delle origini odiava la Roma reale del suo tempo. Fu Mussolini ad innestare nel fascismo nascente il mito di Roma. Quando giunsero al potere, i fascisti avevano adottato il mito di Roma, ma continuavano a detestare la Roma reale, la città e i suoi abitanti. Per il duce e per i fascisti, la marcia su Roma fu l'inizio di una lunga marcia contro la Roma reale per trasformarla al fine di costruire la Roma fascista. Il disprezzo verso la Roma reale diede impeto alla furia distruttiva, con la quale il duce imbracciò il piccone per abbattere quanto più poteva della Roma esistente e far spazio alla riesumazione dell'antica Roma e alla edificazione della Roma fascista, vagheggiata come capitale di una nuova Italia imperiale e di una nuova civiltà universale. Nella storia due volte millenaria di Roma, pochi individui hanno avuto, come Mussolini, il potere personale per distruggere e ricostruire interi quartieri della città allo scopo di realizzare una nuova Roma secondo le ambizioni della propria immaginazione. Molti aspetti del mito fascista della romanità illustrati in questo libro sono forse poco noti, se non del tutto sconosciuti, mentre altri aspetti inediti sono emersi grazie alla combinazione dell'analisi del linguaggio verbale con il linguaggio simbolico, attraverso una indagine storica e antropologica.

Roma è lo scenario della storia narrata in questo libro, perché Roma fu il luogo principale dove il «fascismo di pietra» realizzò, con il maggiore impegno, originalità ed efficacia, la rappresentazione dei miti fascisti negli edifici pubblici, nelle vie, nei monumenti e nell'assetto urbanistico della capitale, avvalendosi dell'opera entusiasta dei principali architetti e artisti italiani dell'epoca. La nuova Roma costruita dal fascismo era la prefigurazione simbolica della nuova Italia e della nuova civiltà imperiale, che il fascismo, ispirandosi ad un rinnovato mito della romanità, aveva l'ambizione di creare attraverso l'esperimento totalitario. Se la Roma costruita dal fascismo è, per questo motivo, lo scenario iconografico della nostra storia, il tema principale del libro è una interpretazione del fascismo, dalle origini alla fine, analizzato attraverso il mito di Roma. Per Mussolini e il fascismo, Roma era sinonimo di Italia, di impero e di civiltà. Il mito fascista della romanità era un mito proiettato verso il futuro, verso la creazione di una nuova grande Italia ad opera di una nuova razza di italiani che dovevano essere i Romani della modernità.

Questo libro narra la storia del connubio fra Roma e fascismo. E la narra con le parole degli stessi protagonisti, del duce e dei fascisti, degli architetti e degli artisti che furono artefici del

Prologo. Parole, pietre, miti

«fascismo di pietra», accompagnandole con i commenti di osservatori e testimoni contemporanei, fascisti e non fascisti o antifascisti, scrittori italiani e stranieri, diplomatici, giornalisti e viaggiatori di nazioni potenti, che considerarono l'Italia fascista una grande potenza e contemplarono, sorpresi ammirati o inquieti, le costruzioni del «fascismo di pietra» e l'esecuzione dell'esperimento totalitario. Nella composizione dell'ultimo capitolo, l'autore si è avvalso dell'espediente di una licenza narrativa, immaginando il duce che trascorre le ore notturne, in un giorno durante la Seconda guerra mondiale, riflettendo sul mito di Roma e sugli effetti dell'esperimento totalitario per creare i Romani della modernità. Se la narrazione è frutto di invenzione, le citazioni testuali sono tutte originali, tali da conferire alla invenzione stessa un alto grado di verosimiglianza.

Le parole dei protagonisti e degli osservatori, alle quali si è voluto spesso dare risalto tipografico con il carattere corsivo, sono tratte da testi editi coevi, in gran parte forse poco noti, oltre che da documenti inediti di archivi italiani e stranieri. La loro funzione è di dare maggiore efficacia evocativa alla narrazione, e sono, per questo, parte integrante del suo svolgimento, così come di questo svolgimento sono parte integrante, ed essenziale, le oltre cento immagini, scelte dall'autore: più che costituire un apparato illustrativo, complementare al testo, queste immagini sono il linguaggio principale della narrazione. La storia raccontata in questo libro è stata originariamente pensata per immagini, e alle immagini, specialmente, l'autore ha affidato l'efficacia persuasiva della sua interpretazione del mito fascista della romanità.

Gran parte delle ricerche per questo libro è stata svolta presso la Biblioteca della Camera dei Deputati: al suo direttore, il dottor Antonio Casu, l'autore esprime il suo ringraziamento. Nella selezione delle immagini, costante e cordiale, oltre che competente, è stata la consulenza di Manuela Fugenzi; alla loro scelta hanno inoltre contribuito Franco Nudi ed Enrico Sturani, mentre la perizia di Michele Bommezzadri è stata indispensabile per risolvere complicati problemi di riproduzione fotografica. Alle persone appena citate, e a tante altre che non è possibile ricordare singolarmente senza stilare un lungo elenco, va la gratitudine dell'autore. Questa storia pensata per immagini sarebbe rimasta immaginaria senza la collaborazione di Luciana Cannistrà e Maria Fraddosio: forse, durante la preparazione del libro, sono state sfiorate dal sospetto che l'amicizia possa essere un espediente per reintrodurre la schiavitù. L'autore spera di fugare tale sospetto dedicando il libro alla loro amicizia, che si avvia a raggiungere la durata di quattro lustri.

FASCISMO DI PIETRA

1
PORCA ROMA

I fascisti che il 28 ottobre 1922 si accingevano a marciare sulla capitale per conquistare il potere, avevano un profondo disprezzo per la Roma reale, la città e i suoi abitanti. Poco meno di un anno prima, nel novembre 1921, quando i fascisti vi si erano radunati per il congresso nazionale che doveva decidere sulla trasformazione del loro movimento in partito, l'accoglienza della popolazione era stata indifferente, diffidente, sprezzante o apertamente ostile, anche se i partiti della borghesia liberale e conservatrice, cui si erano alleati i non numerosi fascisti romani, avevano conquistato il governo della città nelle elezioni amministrative dell'autunno del 1920, e avevano sorpassato i partiti di sinistra nelle elezioni politiche del maggio successivo. Nei giorni del congresso, i fascisti circolarono per la capitale «in un ambiente freddo o nemico», come ammise Mussolini[1]. Nei quartieri popolari e operai, come San Lorenzo, l'ostilità era molto forte. A Roma era stato costituito e operava attivamente un movimento antifascista in difesa del proletariato, gli «Arditi del popolo», una organizzazione paramilitare, pronta a combattere lo squadrismo con le sue stesse armi. I fascisti romani avevano già fatto esperienza dell'avversione che li circondava pochi mesi prima del congresso, quando avevano cercato di far proseliti ingiungendo in vari mercati il ribasso dei prezzi: invece di sostenere i fascisti, ricordava nel 1927 uno dei capi squadristi del Lazio, la gente li «ostacolò con

A fianco.
1. Carri e buoi nel Foro Romano, ca. 1890.

2. Scioperi e agitazioni a Roma nel «biennio rosso».

ogni mezzo e parecchi furono in quel giorno i feriti, i contusi, gli arrestati [...]. Roma era città difficilissima»².

Nella capitale, il fascismo aveva difficoltà ad attecchire. A Roma c'erano nazionalisti, arditi, e futuristi, che vi avevano fondato alla fine del 1918 un partito politico con un organo intitolato «Roma Futurista»; e per un paio di anni nella capitale avevano operato vari circoli di avanguardia, con manifestazioni artistiche e teatrali che dissacravano il culto della tradizione ed esaltavano il nuovo orgoglio italiano rinvigorito dalla guerra. Ma i fascisti romani non erano riusciti a diventare un movimento predominante, come era avvenuto ai fascisti nelle province della Valle Padana e della Toscana. E scarsa era stata la loro azione durante le agitazioni del «biennio rosso» nella capitale.

La borghesia romana non dovette attendere la loro iniziativa per contendere la piazza ai socialisti: nell'ottobre 1920, alla vigilia delle elezioni amministrative, i partiti costituzionali aderenti all'Unione nazionale avevano compiuto un pellegrinaggio all'Altare della Patria dove giurarono di combattere il bolscevismo per l'«onore di uomini e di italiani, per le tradizioni meravigliose e pure del nostro Paese, per le glorie nuove degli eroi recenti, per le morti e i dolori di guerra, per le ansie di 40 milioni di fratelli». Un analogo rito fu ripetuto il 21 maggio dell'anno successivo, alla vigilia delle elezioni politiche, con la partecipazione dei fascisti[3].

Il successo elettorale dei partiti d'ordine, l'organizzazione di leghe antibolsceviche di impiegati e studenti pronte a intervenire in

3. Dimostrazioni dei partiti d'ordine dopo la vittoria nelle elezioni amministrative del 1920.

caso di sciopero nei pubblici servizi, e soprattutto, forse, l'attiva presenza di un consolidato movimento nazionalista con le sue squadre di camicie azzurre, i «Sempre pronti», che aveva già conquistato l'adesione della borghesia patriottica romana, ostacolarono il proselitismo fascista. Più che alleati nella lotta antibolscevica, nazionalisti e fascisti a Roma, come nel resto del paese, erano concorrenti nella competizione per arrogarsi il privilegio di essere considerati l'avanguardia militante della nazione. Nel fascio romano, inoltre, c'erano urti frequenti fra una tendenza monarchica, favorevole all'alleanza con i nazionalisti e i partiti costituzionali, e una tendenza repubblicana radicale o rivoluzionaria. La commossa e solenne cerimonia della tumulazione della salma del Milite Ignoto nell'Altare della Patria, sotto la statua della Dea Roma, il 4 novembre 1921, con la partecipazione di centinaia di migliaia di persone, dimostrò che la borghesia della capitale era patriottica senza essere fascista[4].

Un giovane squadrista toscano, che fu nella capitale per il congresso fascista, annotava nel suo diario: «Di fascismo in Roma non c'era neppure a parlarne»[5]. Gli stessi fascisti romani provavano disagio nei confronti dei camerati delle altre province: «Difficile fascismo, quello di Roma» ricordava venti anni dopo Giuseppe Bottai, uno dei personaggi più illustri del fascismo romano, «di questa città, che era ad un tempo il bersaglio e la mèta; era la città vituperata e la città agognata; era la città contro cui si doveva combattere e la città per cui si combatteva». Il fascismo che era «dentro la città contro cui si polemizzava e si marciava era veramente un fascismo paradossale, arduo. E noi abbiamo sofferto, qualche volta, non solo il colpo dell'avversario, ma il dileggio degli stessi amici, dei nostri stessi camerati, tanto la nostra posizione era delicata e sottile»[6].

La decisione di tenere a Roma il terzo congresso dei Fasci di combattimento, facendo convergere nella capitale migliaia di squadristi dalle altre province, era un gesto di sfida, una dimostrazione di forza e un tentativo di conquista. Per boicottare il congresso, i ferrovieri romani avevano proclamato uno sciopero, al quale seguì subito uno sciopero generale ordinato dal comitato di difesa proletaria. Ciò non impedì ai fascisti di raggiungere la capitale: erano circa diecimila la mattina del 7 novembre, quando il congresso aprì i suoi lavori. «Mai Roma aveva visto fino allora tante camicie nere in giro per la città a gruppi e gruppetti rumorosi e spavaldi»[7], ha raccontato nelle sue memorie un fascista, che era allora studente di liceo nella capitale.

Portate «da treni guidati da ferrovieri fascisti, le squadre seguivano alle squadre, e dall'Esedra a Via Nazionale, era un incanalarsi di piccoli cortei con gagliardetti e fanfare sgangherate che alzavano al cielo stonatissime note, mentre giù dal tunnel del Tritone calavano al centro squadroni dell'Alta Italia con certi manganelli in mano, da farsi il segno della croce. E il mare nero aveva saturato il centro, sì che i quiriti si sentivano affogare fra tutte quelle nappe, quelle cravatte nere svolazzanti, quei ciuffi di capelli che sbucavano dai fez, quelle fiamme ornate di macabri teschi». Cantavano gli squadristi il loro inno «Me ne frego»: «Me ne frego di morir / me ne frego di Giolitti / e del sol dell'avvenire / [...] Me ne frego del Questore / del Prefetto e anche del Re»; e insultavano con i loro motteggi i governanti: «A Roma c'è un porco. Chi è questo porco? Bonomi. Lo metteremo in una pignatta, figlio di una vacca, che brodo ci farà». La Roma per bene, osservando questo spettacolo, commentava disgustata: «Ma sentite, commendatore, sentite! Che volgarità! Che gente!»[8].

L'atteggiamento spavaldo dei fascisti, il loro congresso, con «la montatura propagandistica che lo accompagnò», non servirono affatto ad accrescere le simpatie della popolazione romana verso il Fascismo; d'altro canto, i fascisti erano piovuti a Roma da ogni provincia d'Italia e nella maggior proporzione dall'Alta Italia come degli eroi della riscossa nazionale, considerando Roma come una città

4. Mussolini sfila a Roma per il congresso nazionale dei Fasci di combattimento, novembre 1921.

nemica da conquistare per vendicarsi dell'odio e del disprezzo con cui vennero circondati nei giorni del Congresso»[9]. Per gli squadristi, Roma e i romani rappresentavano la quintessenza della vecchia Italia indolente, decadente, pavida e corrotta, che essi volevano combattere e distruggere per portare al potere la nuova Italia nata dalla Grande Guerra. Nella capitale, annotava ancora nel suo diario il diciannovenne squadrista toscano, «c'erano i pezzi grossi, c'era il Vaticano, c'erano le Ambasciate, c'era la porchetta arrosto, la 'foietta' e il 'chi te lo fa fà', e il 'tira a campà', che tutto livellavano in una reciproca tolleranza»[10]. Alle squadre «che sopraggiungevano da tutta Italia, il sistema romano decisamente non andava, e così meno ci si capiva, più legnate volavano»[11].

Povera foietta, povera porchetta, povero soprattutto 'tira a campà' romano, da quando questi energumeni avevano preso il malvezzo di far salutare i gagliardetti, legnando i restii, tra i canti che si alzavano furibondi e prepotenti da spazzare le nuvole bianche aggruppate nel cielo. Forse in questo era il segreto per cui l'Italia non poteva ritrovare se stessa, la vecchia Italia, la vecchia Roma, le vecchie classi non comprendevano l'Italia delle trincee, l'Italia delle piazze. La vecchia città non aveva sofferto, le vecchie camarille

5. Piazza Colonna nei primi decenni del Novecento.

non avevano combattuto ma avevano fornicato con tutti, avevano tenacemente difeso con gretto egoismo le loro posizioni contro la nazione che si andava rinnovando, avevano speculato sulle cose più sacre, ed ora stordite, come gelose di tanta giovinezza, si ritiravano sdegnose nel cerchio delle polverose Sacre istituzioni[12].

Durante le sedute del congresso, animose furono le polemiche fra i fautori e gli avversari della trasformazione dei Fasci in partito, proposta da Mussolini. La gran massa dei fascisti delle province era tutt'altro che favorevole: la stessa parola «partito» suonava male per loro, evocando «il Parlamento, le corruttele, la negazione della vittoria». Essi temevano che, divenuto partito, «il nostro fascismo, questa chiara sorgente di energie, si impantani nelle mefitiche paludi di Montecitorio, che la giovinezza e la poesia del nostro movimento si contamini nelle alchimie romane, in una parola che il nostro David metta tanto di pancia di baffi e di barba»[13]. Alla fine, la proposta di Mussolini prevalse: fu approvata la costituzione del Partito Nazionale Fascista. Ma i fascisti delle province imposero al nuovo partito di conservare intatto, come propria struttura organizzativa, l'ordinamento militare dello squadrismo: nacque così il partito-milizia, concepito e organizzato come una forza di combattimento, che adottava ufficialmente la lotta armata contro gli avversari mirando alla conquista dello Stato[14].

Concluso il congresso, i fascisti, che assommavano ora a trenta o quarantamila, vollero ostentare la propria forza con un corteo nel centro della capitale: sfilarono da Piazza del Popolo a Piazza dell'Esedra, attraverso strade deserte, sostando in Piazza Venezia per rendere omaggio al Milite Ignoto. A pochi giorni dalla sua tumulazione, l'emozione patriottica dei romani si era raggelata di fronte al corteo dei fascisti.

Era una giornata autunnale, umida, livida, di una precoce temperatura invernale senza il sole romano che tutto stempera e ammorbidisce; in testa era Benito Mussolini accompagnato dai principali gerarchi dell'epoca e parecchi di essi meno di un anno dopo saranno i protagonisti della Marcia su Roma; poi venivano le rappresentanze fasciste secondo le regioni, ultima quella di Roma e del Lazio. Lungo i marciapiedi delle strade per cui sfilava il corteo ed erano le principali, le finestre e i balconi chiusi e solo dietro le persiane occhieggiavano i curiosi che temevano scontri e spari; era il deserto o quasi; agli incroci più importanti erano schierate le forze di polizia; solo dinanzi al Giornale d'Italia al Largo del Palazzo Strozzi un numeroso e ben ordinato gruppo di camicie azzurre, l'organizzazione nazionalista, rendeva omaggio ai gagliardetti neri col saluto romano e alzando i gagliardetti; alcuni simpatizzanti si erano raccolti a Piazza Venezia sulla scalea dell'Altare della Patria dove appena pochi giorni prima era stata tumulata la salma del Milite Ignoto[15].

Il deputato cattolico Egilberto Martire fu udito commentare in romanesco, con il direttore della biblioteca del Risorgimento nel Palazzetto Venezia, l'atteggiamento «glaciale, ostile dei romani» verso i fascisti: «So' venuti a Roma con le bandiere col teschio da morto e la scritta *me ne frego*; i romani hanno risposto: '*Ce ne fregamo tanto noi!*'»[16]. Anche Mussolini, parlando alla Camera il 1º dicem-

6. Mussolini durante il congresso fascista all'Augusteo, novembre 1921.
7. L'esterno dell'Augusteo durante i lavori di demolizione, gennaio 1937.

A fianco.
8. Le squadre fasciste sfilano dopo il congresso, novembre 1921.

bre, riconobbe che «il fascismo nelle sue masse, nelle sue masse profonde, non era preparato politicamente a conquistare le simpatie di Roma e non era preparato nemmeno moralmente»[17].

Il primo incontro con la popolazione romana fu per la massa fascista la rappresentazione di uno scontro simbolico fra due Italie incompatibili, fra la nazione e l'antinazione, fra gli italiani indegni di essere italiani e gli italiani degni di assumere con la forza il governo della nazione per guidarla verso nuove e grandi mete. Essi tornarono nelle province nutrendo una acuita avversione per la capitale.

Porca città veramente, questa Roma, fiacca, inerte, senza midollo, vile; e ha ragione il Popolo d'Italia *quando batte e ribatte sul danno che la Cloaca Massima ha fatto e fa all'Italia, e qui si ha la sensazione netta, quanto di marcio, quanta pantofolaia lentezza, quanta corruttela, quanto degenere meridionalismo, opprime il cuore della Patria.*

Mommsen ha detto che Roma non si può tenere senza un'idea imperiale? Se questo fosse vero gli attuali reggitori dovrebbero averla già perduta, perché di imperiale non ci sono rimasti altro che questi ruderi romani che si debbono vergognar di tanta decadenza.

Poi avemmo subito la sensazione che i pantofolai romani ci squadrassero dall'alto in basso, come plebe facinorosa e selvaggia che volesse invadere la Basilica Sacra; e sempre con disprezzo, mai con uno sguardo amico come erano soliti rivolgerci gli uomini e le donne delle nostre città[18].

Agli occhi dei giovani fascisti che volevano una Italia grande e moderna, Roma appariva una città di provincia, ma senza una propria autentica vitalità provinciale, quale vantavano i fascisti di Toscana e dell'Emilia Romagna, artefici principali del successo del fascismo come forza politica nazionale predominante: il colore locale, il pittoresco dei vecchi quartieri della capitale, che tanto seduceva gli stranieri, era per i fascisti l'aspetto più detestabile di una città vecchia, angusta, indolente, sonnacchiosa.

La sera, verso le nove, le vie diventavano deserte. Rischiarate come erano da poche e fioche fiammelle a gas, presentavano un aspetto quasi lugubre, mentre sul selciato umido battevano il passo le pattuglie di gendarmi intente a compiere il servizio di ronda.

Mentre i negozi si chiudevano per tempo e le luci delle case si spegnevano una dopo l'altra, la vita rimaneva concentrata con stanche pulsazioni intorno a Piazza Colonna, fra Via Condotti, Piazza di Spagna, il Babuino da un lato; la Maddalena, la Rotonda, Piazza Navona dall'altra.

Piazza Venezia, in quelle ore notturne, rimaneva già fuori mano. Peggio poi se, attraversata l'angusta Ripresa de' Barberi, si avesse avuto il piacere di vagabondare per Macel de' Corvi e la Pedacchia, inoltrandosi fra quel «saliscendi barbaresco che si stendeva dalla pendice del Campidoglio a Piazza Venezia e al Foro Traiano, e le cui prime case rimontavano al quinto secolo».

La nota di colore s'accentuava a mano a mano che si procedeva per Tor de' Specchi, Piazza Montanara e il Ghetto.

Reggeva il confronto anche il minuscolo ma denso quartiere di Macel de' Corvi: qui – come altrove – come ai Monti, come a Trastevere, il popolino considerava la pubblica via né più né meno che una specie di legittima appendice della propria casa, e ne faceva il suo quartiere generale per radunarsi in crocchi e giocare alla morra, mentre le comari sedute presso l'uscio sferrucchiavano la calze o – visione solenne – traevano alla rocca il fuso. Pendule dalle finestre, sciorinavano le biancherie, mentre dai davanzali o intorno ai piccoli balconi fiorivano i gerani e la maggiorana.

Piazze, vie e vicoli; case, casipoli e palazzi, ogni cosa splendidamente intrisa dalla patina del tempo.[19]

Trasformazioni e ammodernamenti avevano cambiato la fisionomia urbanistica, sociale e demografica della capitale nei decenni dopo la fine della teocrazia papale, e notevole era stato l'incremento del-

1. Porca Roma

la popolazione, che aveva quasi triplicato gli abitanti da 266 mila nel 1870 a 691.661 nel 1921. Roma, tuttavia, rimaneva meno popolosa di Milano e Napoli, ed era di gran lunga meno popolosa delle grandi capitali europee. Era prevalentemente città di servizi e di consumo più che città produttrice; dedita alle professioni liberali, al commercio e al turismo, con un robusto ceto impiegatizio che prolificava nella serra delle burocrazie ministeriali, ma con scarsa propensione alla industrializzazione, e persistenti caratteri di grosso borgo rurale, frequentato da contadini, braccianti e pastori, e fortemente segnata dalla distinzione, anche urbanisticamente definita, fra nobiltà di antico regime, borghesia, classi medie e ceti popolari. Una società, quella romana, dove affluivano continuamente nuovi immigrati di piccola borghesia, contadini, operai, artigiani e manovali, provenienti in prevalenza dalle regioni meno progredite dell'Italia centrale e meridionale, mentre il Veneto forniva gran parte delle donne di servizio[20].

Nella quasi proverbiale antitesi con Milano, capitale morale della nazione contrapposta alla capitale politica, Roma continuava a sfigurare, così come, per le nuove generazioni militanti dell'avanguardia modernista, essa sfigurava nel confronto con Napoli, culla della rinascita idealistica promossa da Benedetto Croce all'inizio del secolo, e con Firenze, che negli stessi anni partecipò a tale rinascita con riviste d'avanguardia come «Il Leonardo» e «La Voce». E fuori di Roma si era formata la nuova cultura nazionale, animata dalla visione di una futura grande Italia, con cui erano cresciuti i fondatori e i capi del fascismo. La stagione brillante della Roma dannunziana era tramontata da molto tempo; e, del resto, anche contro di essa era insorta la nuova cultura idealistica di Firenze e di Napoli. E non bastarono i vivacissimi circoli, caffè, riviste e teatri d'avanguardia, sorti nella capitale prima e specialmente dopo la guerra, a riscattare la sua immagine pomposa di città eterna addormentata nella gloria antica. Non capitale morale della nazione, Roma, ma neppure capitale intellettuale, anche se, da capitale politica qual era, esercitava comunque un potere di influenza sulla vita nazionale, che ai sognatori di una grande Italia appariva in massima parte immeritato e deleterio.

In Italia il benestare di Roma non è necessario per avere importanza. Roma non è la prima Università del Regno, e neppure dei più grandi giornali. Presa in sé, in molti suoi aspetti, Roma sarebbe una città un po' provin-

9. Abitazioni nella zona dei Mercati di Traiano prima delle demolizioni, 1931.
A fianco.
10. Piazzetta della Rupe Tarpea, 1929.

ciale (intellettualmente lo è), se non avesse la visita di uomini di tutte le parti del mondo e il contributo di italiani di tutte le parti d'Italia. Roma è il mondo del Quirinale, più il mondo del Vaticano, più la burocrazia d'ogni parte d'Italia, più la gente costretta a passarci per causa di qualche intoppo burocratico o di qualche necessità politica.

Perciò Roma è una città mista, dove il romano puro rappresenta una minoranza. Il romano puro ha dato ben poco alla vita intellettuale italiana. [...] Roma ha avuto sempre il carattere di un albergo di passaggio e la funzione d'una stazione ferroviaria centrale, al caffè della quale è comodo passar qualche ora, se si vuole veder sfilare mezza Italia, anzi mezzo mondo. Essa ha sempre una notevole accolta di persone intelligenti, un pubblico raffinato e vario, con buona percentuale di stranieri; ma è un pubblico senza radici locali, una raccolta spesso temporanea di persone, venute da luoghi lontani, da colture molto diverse, spesso stranieri, che non hanno avuto il modo di coordinare fra loro i bisogni intellettuali e di formare un ambiente omogeneo. [...]

È difficile che qualche cosa di nuovo nasca proprio a Roma, ma è altret-

tanto difficile che in Italia viva qualche cosa che voglia essere italiano e non cerchi la sua consacrazione in Roma. Essa è il mondo ufficiale, creato per mettere il marchio su ciò che è stato prodotto e che si impone a lei stessa. Dare l'ostracismo non può. Non ne ha la forza, come Parigi. Ma può tenere in mora qualche valore. Non è necessario, ma è bene passare da Roma per essere riconosciuti in Italia[21].

C'erano, certo, i ruderi monumentali dell'antica Roma, di cui andare orgogliosi, ma erano, appunto, ruderi: i resti di un glorioso passato remoto, che rendeva ancora più umiliante il confronto con la Roma attuale.

Probabilmente, non erano molti i fascisti delle province soggiogati dal fascino delle rovine monumentali della Roma pagana. Né i monumenti della Roma cristiana potevano apparire seducenti a un movimento fortemente impregnato di anticlericalismo. Per il resto, la vista della Roma reale non aveva nulla che potesse incantare i fa-

11. Via di San Pietro in Carcere, 1930.

A fianco.
12. Area urbana compresa fra il Colosseo, Piazza Venezia e il Circo Massimo, 1906.

scisti delle province. Il centro della capitale, al di fuori di poche strade nuove, come Via Cavour, Via Nazionale, corso Vittorio Emanuele, era rimasto in gran parte come era prima del ricongiungimento di Roma all'Italia unificata: un agglomerato di quartieri che si erano accumulati disordinatamente nel corso dei secoli, crescendo gli uni accanto agli altri, gli uni sugli altri, poggiando le fondamenta sulle rovine della Roma antica, incorporando nelle proprie murature archi, frontoni, colonne e capitelli. Gran parte delle vestigia romane erano sepolte o inghiottite da costruzioni di epoche successive. «Nelle arcate del Teatro di Marcello, fucine di maniscalchi, piccolissimi artigiani o fruttivendoli; ai piedi della Rupe Tarpea una silenziosa piazzetta su cui tendono il loro tavolo gli ultimi scrivani pubblici; da piazza Montanara sale verso il Campidoglio Via Caprareccia, con povere casette, viuccia di campagna a due passi dal cuore della città»[22].

Nel centro della capitale, attorno a piazze e piazzette, si stendeva un reticolo di strade strette e vicoli oscuri, umidi, sudici, fiancheggiati da solenni palazzi nobiliari lisi dal tempo, affiancati da costipate masse di abitazioni modeste e fatiscenti. Nelle vie e nelle piazze del centro le donne sedevano a lavorare, gli artigiani avevano il prolungamento delle loro botteghe, i venditori ambulanti esponevano la loro mercanzia, vagavano le galline e altri animali da cortile, e si

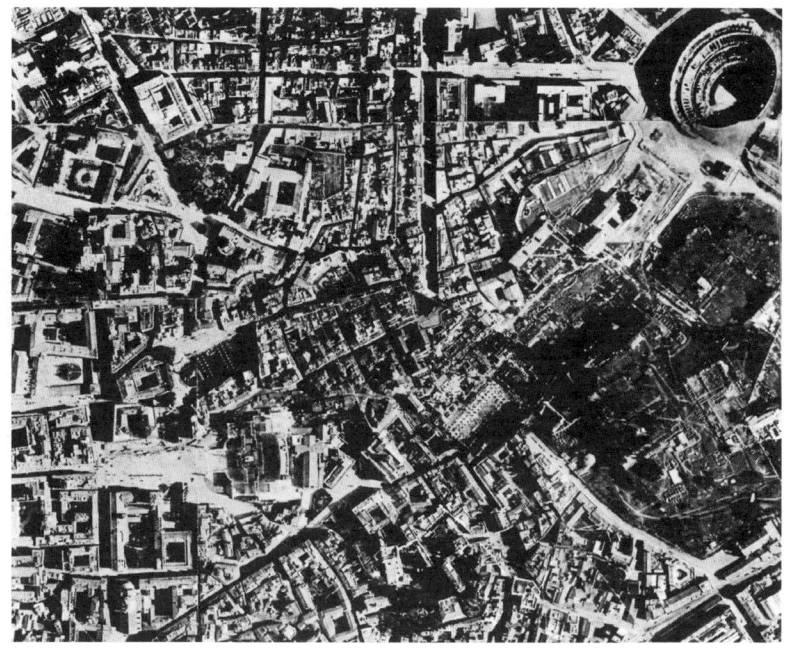

rincorrevano frotte di ragazzini. In Piazza di Spagna, le balie ciociare allattavano all'aperto. Piazza Venezia era attraversata dalle greggi in transumanza, che discendevano dalle montagne toscane per andare a svernare nell'agro romano.

I vecchi romani abitavano nelle strade intorno al Corso, nei quartieri rinascimentali in cui da non molto aveva aperto una corsia la nuova strada intitolata a re Vittorio, nei Borghi quelli che avevamo uffici od incombenze presso la S. Sede: il Trastevere era quartiere popolare e non borghese. Gl'immigrati avevano una netta preferenza per i «quartieri alti», tra Via Flavia e S. Maria Maggiore, nelle case che a noi paiono orribili e tali da costituire i quartieri più lesivi del prestigio di Roma, ma che con le loro camere ben squadrate e sufficientemente luminose, con le scale di marmo dalle trombe abbastanza spaziose, con le balconate sui cortili in cui penetrava il sole, segnavano molti punti di vantaggio sull'orribile alloggio della famiglia piccolo borghese nella vecchia Roma, dagli anditi bui, le scale di peperino altrettanto scure, le camere a livelli diversi, con gradini causa di ruzzoloni per bimbi e vecchi, talvolta il «luogo comodo» semplice sportello nella cucina[23].

Per recarsi a visitare il Colosseo, situato al limite meridionale della città, dove l'abitato cedeva alla campagna, nel 1921, l'ambiente del

13. Via Alessandrina e la Basilica di Massenzio, 1931.

A fianco.
14. «*Dove ora passa la Via dell'Impero*» (Via Alessandrina nel 1931).

percorso non era cambiato molto da quando lo aveva visitato mezzo secolo prima lo storico francese Ippolito Taine: «Tutto ciò ch'io vidi dalla vettura durante il tragitto era ributtante: luride straducole pavesate con biancheria sporca od esposta ad asciugare, vecchie costruzioni nerastre, imbrattate da infiltrazioni grasse, mucchi di immondizie, bottegucce, stracci, e su tutto, un'acquerugiola fine e tediosa. Le rovine, le chiese, i palazzi che vedo lungo il tragitto, tutto l'apparato antico mi sembrava un abito ricamato due secoli fa, ma vecchio di due secoli, cioè colorito, gualcito, pieno di buchi e pidocchioso»[24].

All'interno della vecchia città pontificia, compresa fra la riva orientale del Tevere e la distesa, vasta e insalubre, dell'Agro romano, distruzioni e costruzioni avevano modificato l'assetto urbanistico, sotto l'impulso di una frenesia edilizia, che aveva investito la capitale negli ultimi decenni dell'Ottocento. Antichi monumenti e ville con i loro palazzi e giardini erano stati sacrificati all'avidità speculatrice di nobili decadenti e di borghesi rampanti, alleati nel trarre il massimo profitto dalla costruzione di una capitale, che ambiva a divenire una città moderna. E moderna Roma sembrava esserlo, ma unicamente per il turbine affaristico scatenato dalla febbre edilizia, causa di rapidi arricchimenti e altrettanto rapidi fallimenti di banche e società, chiusura di cantieri, abbandono di opere incompiute e schiere di disoccupati. «Era il tempo in cui più torbida ferveva l'operosità dei distruttori e dei costruttori sul suolo di Roma», narrava Gabriele D'Annunzio, «una specie di follia del lucro, come un turbine maligno», da cui era-

15. Veduta aerea di Piazza Venezia e Altare della Patria, ca. 1920.

no stati afferrati non solo «gli uomini servili, i familiari della calce e del mattone, ma ben anche i più schivi eredi dei maiorascati papali, che avevano fin allora guardato con dispregio gli intrusi dalle finestre dei palazzi di travertino incrollabili sotto la crosta dei secoli»[25].

Nuove piazze e nuove strade erano state aperte nel vecchio centro; nuovi quartieri di abitazione erano stati costruiti, con caseggiati allineati in ordine e stile uniformi, come dimore per la piccola e media borghesia, mentre accampamenti di baracche o «villaggi abissini», come erano chiamati, erano sorti dentro la città e attorno ad essa, precarie abitazioni di manovali, operai, giornalieri e disoccupati, che la smania edilizia e la ricerca di un lavoro avevano fatto accorrere nella capitale.

Non che fossero mancate, in quegli anni, opere realizzate per conferire alla capitale del regno un aspetto grandioso. Nuovi edifici pubblici dalle dimensioni monumentali erano stati costruiti per dare vistosa solennità alla Roma della Terza Italia, come il Palazzo di Giustizia e il monumento a Vittorio Emanuele II, costruito nel cuore stesso della vecchia città, fra Piazza Venezia e il Campidoglio: monumento imponente con la sua mole biancheggiante, che appariva quasi compressa e assediata fra la massa dei vecchi quartieri che la fiancheggiavano, di fronte a una Piazza Venezia che allora aveva dimensioni più ristrette, successivamente ampliate. Iniziato a metà degli anni Ottanta dell'Ottocento, inaugurato mentre era ancora incompiuto nel 1911, in occasione del giubileo della Patria, il monumento non era stato completato neppure nel 1921, quando accolse la salma del Milite Ignoto, tumulato ai piedi di una statua della Dea Roma ancora di cartapesta. Il monumento, commentò «L'Illustrazione Italiana», «ha esercitato a quest'ora due generazioni d'artisti, e nessuno può dire quante altre dovranno faticarvi intorno nell'avvenire [...] la fabbrica tuttavia continua col ritmo di una funzione statale, che sembra avere per misura, non il tempo, ma l'eternità»[26].

L'incompiutezza del più ambizioso monumento concepito dall'Italia liberale per eternare nella pietra la gloria della Terza Italia, appariva ai fascisti convenuti a Roma per il congresso una patetica conferma della inettitudine della classe dirigente liberale a realizzare grandi imprese.

Nell'ultima seduta del congresso, ci fu ancora animata discussione sulla decisione di trasferire la direzione del partito nella capitale. Molti vecchi fascisti milanesi si opposero, sostenendo che la guida del fascismo doveva rimanere nella città lombarda per essere vicino «ai centri di lavoro intellettuale e manuale», e mantenere i contatti con le forze produttive dell'industria e dell'agricoltura. Molti capi squadristi temevano che la direzione del partito, trasferendosi nella capitale, avrebbe finito «col deviare dalle pure linee del Fascismo». Alla fine, il trasferimento fu approvato «per ovvie ragioni di opportunità», essendo Roma geograficamente più accessibile per le adunate dei fascisti di tutta l'Italia, oltre che sede dei centri istituzionali della vita politica e luogo principale per i rapporti con gli altri partiti[27]. Mussolini invece preferì mantenere il centro della sua attività politica nella capitale lombarda[28].

2
MUSSOLINI ANTIROMANO

«Eletto deputato io andrò a Montecitorio in volo. Bisogna dar subito la sensazione che non sono un sedentario». Questo diceva Mussolini nel marzo 1921 a un suo collaboratore, il quale gli fece osservare beffandolo che a Piazza Montecitorio non c'era spazio di atterraggio. Seccato, Mussolini replicò: «Ma sì, intendo dire a Roma. Roma ha bisogno di essere 'voronofizzata' un po'. È troppo vecchia, troppo scettica, troppo stanca»[1]. Serge Voronoff era un chirurgo e un biologo che aveva cercato una cura di ringiovanimento trapiantando nell'uomo ghiandole genitali di scimmia. La popolazione romana, disse Mussolini alla Camera il 1° dicembre dello stesso anno, commentando gli incidenti avvenuti nella capitale durante il congresso fascista, «è fondamentalmente edonistica, cioè portata a vivere tranquillamente la propria giornata, con una psicologia speciale, dovuta al fatto che sulle mura di Roma si sono abbattute orde e civiltà di tutti i tempi». E forse era per questo loro carattere edonistico, insinuava il duce, che i romani erano stati urtati dalla «simbologia fascista, pittoresca, se si vuole, ma ricordante troppo da vicino i simboli delle fasi estreme della guerra»[2]. E ancora, il 26 maggio 1922, Mussolini espresse su «Il Popolo d'Italia» un aspro giudizio su Roma, commentando l'aggressione al corteo funebre che accompagnava la salma di Enrico Toti al cimitero del Verano, con morti e feriti: «Roma è la città che conta il maggior numero di

A fianco.
1. Inaugurazione della XXII Legislatura a Piazza Madama, novembre 1904.

giornali antifascisti. Come non bastassero i quattro sovversivi, ce ne sono tre borghesi – poiché a Roma, bisogna ricordarlo, c'è il covo infetto della più predace e parassitaria borghesia, quella che, svergognata e insaziabile, succhia tutte le energie della nazione: la borghesia cagoiarda – che bisognerà, un giorno o l'altro, colpire a morte»[3].

La gravità degli incidenti era la prova manifesta dell'inettitudine dello Stato liberale a garantire l'ordine nello scontro fra le fazioni e contro i suoi dichiarati «acerrimi nemici»: per questo era «destinato a perire, vittima della sua viltà»[4].

E va posto il problema di Roma. Confrontate le cronache del dopoguerra di tutte le capitali d'Europa, non escluse Berlino, Vienna, Praga e Budapest – sì, anche Budapest – con le cronache di Roma, e troverete che Roma è stata la capitale più turbolenta, più uterina, più scombinata. Non parliamo di Parigi e di Londra, dove l'ordine pubblico non è mai stato – né gravemente, né lievemente – turbato; ma persino Berlino, che ha visto svolgersi nelle sue strade e nelle sue piazze il crollo spaventoso di tutto un impero, persino Berlino è stata, nel complesso, più tranquilla di Roma. Fra scioperi generali e parziali; fra scioperi generali e parziali di addetti ai servizi pubblici; fra invasioni di ministeri o di palazzi, Roma si è appalesata in questi tre anni del dopoguerra, come il quartiere generale della malavita nazionale, borghese e proletaria. In una città che ospita decine di ambasciate, che è sede dell'universale impero cattolico, che è meta al pellegrinaggio quotidiano di credenti da ogni parte del mondo, i servizi pubblici dovrebbero funzionare alla perfezione, il ritmo della vita dovrebbe essere operoso, ordinato e potente, come si conviene alla capitale di una grande nazione, l'ordine pubblico non dovrebbe essere mai turbato, mentre invece accade precisamente tutto il contrario e il tumulto incoerente, stupido, sanguinoso è all'ordine del giorno. In realtà a Roma, dove i romani veri sono una minoranza, sono calati e calano tutti i peggiori furfanti, i più sfrontati parassiti – e borghesi e proletari – che infestano la nazione. Tra i corridoi di Montecitorio e i salotti dei grandi alberghi, ci stanno benissimo, come ruffiani al lupanare. Bisognerà che il governo provveda. Roma non deve costituire un argomento per giustificare la diffamazione antitaliana che si pratica, così largamente, oltre Monte e oltre Oceano. L'ordine pubblico a Roma non deve essere mai, diciamo mai, turbato, perché Roma non è soltanto la capitale di Sua Maestà Savoia il co-

2. Mussolini antiromano

stituzionalista, ma è anche e soprattutto la capitale del mondo cattolico. Se a Roma i commendatori incagoiati, i capodivisione rammolliti, i quindicimila del Camerone e simile bastarda genia queste cose non le capiscono, la nazione provvederà altrimenti e curerà Roma, come si curano le piaghe infette che minacciano cancrena[5].

L'avversione di Mussolini per Roma aveva origine prima del fascismo. Nell'atteggiamento sprezzante nei confronti della capitale, ostentato dal duce e dai fascisti, confluivano pregiudizi e stereotipi di una tradizione antiromana che si era formata e ingrossata fin dall'epoca del Risorgimento. Anche molti antifascisti della sinistra repubblicana e socialista condividevano la tradizione antiromana. Lo Stato italiano, scriveva Antonio Gramsci nel gennaio 1920, «deve essere decapitato a Milano, non a Roma, perché l'apparecchio capitalistico di governo reale del paese non è a Roma, ma a Milano. Roma è la capitale burocratica, e a Roma la dittatura proletaria dovrà lottare non contro la potenza economica della borghesia, ma solo contro il sabotaggio dei burocrati [...]. Roma come città non ha nessuna funzione nella vita sociale italiana, non rappresenta nulla; subirà la dura legge dello Stato operaio contro i parassiti»[6].

L'unificazione italiana era avvenuta nel nome di Roma e con l'aspirazione ad avere Roma capitale d'Italia. Eppure non erano mancati, durante il Risorgimento, i patrioti che avevano diffidato del retaggio mitico della Roma pagana o cristiana, considerandolo pernicioso per una nazione che, conquistando unità e indipendenza, voleva incamminarsi sulla via del progresso e della modernità. Antiromani, cioè avversari del mito di Roma come fonte di ispirazione per formare una coscienza italiana moderna, ve ne erano stati tra i fautori dell'unità e dell'indipendenza, tra i monarchici e i liberali, i laici e i cattolici, seppure per motivi diversi[7]. Per i federalisti, Roma capitale rappresentava il simbolo negativo di uno Stato unitario accentratore, che essi decisamente avversavano a difesa delle molteplici e varie tradizioni della civiltà dei comuni e delle città, che avevano contribuito alla formazione della nazione italiana molto più della tradizione romana, e pertanto dovevano essere preservate e sviluppate in una Italia indipendente e federale. E nulla di buono essi si aspettavano dall'avere come capitale della nuova Italia unita una città che era da secoli la capitale della teocrazia papale, e incarnava in sé, nella sua cultura, nella sua società, nei costumi e nella popolazione, quanto di più opposto e contrario vi poteva essere all'avvenire di un'Italia moderna e attiva, incamminata sulla via del progresso sotto la guida della ragione e della scienza. A Roma i federalisti contrapponevano Milano, città moderna, illuminata, positiva, operosa, mentre Roma non aveva altro che il prestigio del nome, come affermava dieci anni prima della proclamazione del regno d'Italia Giuseppe Ferrari: un nome, aggiungeva, che evocava «i due sistemi retrogradi della conquista e della Chiesa», e non poteva «affascinare se non li ammiratori dei Cesari od i cattolici romani»[8].

Contrario a proclamare Roma capitale d'Italia era stato anche il monarchico liberale Massimo d'Azeglio, ostile alle idealizzazioni mitiche sia della Roma dei Cesari che della Roma dei Papi. Egli era convinto che l'ambiente della città, «impregnato di miasmi di 2500 anni di violenze materiali e di pressioni morali esercitate dai suoi successivi governi sul mondo», non era «il più adatto a infonder salute e vita nel Governo d'un'Italia giovane, nuova, fondata sul diritto comune; diritto del quale il Campidoglio, il Palatino, come il Vaticano furono con modi diversi la costante negazione»[9]. Per divenire veramente moderna, la nuova Italia avrebbe dovuto sottrarsi al fascino del mito romano: noi, disse D'Azeglio alla vigilia della proclamazione di Roma capitale d'Italia, dobbiamo avere «il coraggio d'accorgerci e di persuaderci che siamo qualche cosa anche noi, e che senza troppa modestia possiamo osare di farci da noi un nuovo Campidoglio che nella Storia de' secoli non avrà nulla da invidiare alla gloria dell'antico»[10].

Nei decenni successivi al 1870, le vicende romane e italiane fornirono agli antiromani nuovi argomenti per inasprire la loro polemica, mettendo a confronto il mito con la realtà, la retorica del glorioso passato della Roma antica, e di una vagheggiata Roma futura, con le non gloriose vicende della Roma reale, dopo la sua assunzione al ruolo e alla funzione di capitale del regno. All'uno e all'altro compito, infatti, la Roma reale parve subito inadeguata, così come, nel mezzo secolo successivo, essa apparve sempre gravemente inferiore ai fautori di una nuova romanità, che avrebbe dovuto esprimere, negli ideali e nella politica del

2. Mussolini antiromano

nuovo Stato, la missione universale di una Roma italiana, la Roma della Terza Italia. Nei cinquanta anni dalla breccia di Porta Pia, Roma aveva costantemente deluso, amareggiato e offeso l'orgoglio di quanti vagheggiavano una grande Italia con una grande capitale, centro moderno e vivo di energie intellettuali, morali e produttive. L'immagine della Roma reale si deteriorò sempre di più agli occhi degli esaltatori del mito di Roma, come Giosuè Carducci e Gabriele D'Annunzio: questi cantori ottocenteschi della romanità classica, si commovevano e si inorgoglivano alla visione dei resti monumentali della Roma pagana, e inneggiavano alle antiche glorie imperiali, incitando gli italiani a conquistare nuove glorie coloniali, ma provavano disprezzo e disgusto per la meschinità della Roma reale, specchio della pavida Italia rannicchiata nella politica del piede di casa e nei maneggi del trasformismo. Il generale discredito della classe dirigente e della rappresentanza parlamentare, che aveva in Roma la sua sede istituzionale, periodicamente coinvolta in disastri finanziari e politici; la fallimentare speculazione edilizia e lo scandalo della Banca romana, seguito dal naufragio del sogno colonialista di Francesco Crispi, che più degli altri statisti del regno aveva esaltato la grandezza romana come modello per una nuova grandezza italiana: tutti questi avvenimenti avevano consolidato l'immagine famigerata di Roma come città corrotta e corruttrice, indolente e parassitaria. Ai primi anni del Novecento, si parlava di Roma «come della città morta, squallida capitale d'impiegati e di preti»[11].

– Perché sta a Roma lei, signor Meis?
Mi strinsi ne le spalle e gli risposi:
– Perché mi piace di starci...
– Eppure è una città triste, – osservò egli, scotendo il capo. – Molti si meravigliano che nessuna impresa vi riesca, che nessuna idea vi attecchisca. Ma questi tali si meravigliano perché non vogliono riconoscere che Roma è morta.
– Morta anche Roma? – esclamai, costernato.
– Da gran tempo, signor Meis! Ed è vano, creda, ogni sforzo per farla rivivere. Chiusa nel sogno del suo maestoso passato, non ne vuol più sa-

> *pere di questa vita meschina che si ostina a formicolarle intorno. Quando una città ha avuto una vita come quella di Roma, con caratteri così spiccati e particolari, non può diventare una città moderna, cioè una città come un'altra. Roma giace là, col suo gran cuore frantumato, a le spalle del Campidoglio. Son forse di Roma queste nuove case? Guardi, signor Meis. Mia figlia Adriana mi ha detto dell'acquasantiera, che stava in camera sua, si ricorda? Adriana gliela tolse dalla camera, quell'acquasantiera; ma, l'altro giorno, le cadde di mano e si ruppe: ne rimase soltanto la conchetta, e questa, ora, è in camera mia, su la mia scrivania, adibita all'uso che lei per primo, distrattamente, ne aveva fatto. Ebbene, signor Meis, il destino di Roma è l'identico. I papi ne avevano fatto – a modo loro, s'intende – un'acquasantiera; noi italiani ne abbiamo fatto, a modo nostro, un portacenere. D'ogni paese siamo venuti qua a scuotervi la cenere del nostro sigaro, che è poi simbolo della frivolezza di questa miserrima vita nostra e dell'amaro e velenoso piacere che essa ci dà*[12].

Nel decennio precedente la Grande Guerra, era cresciuto il disprezzo e persino l'odio per la capitale, specialmente fra i giovani intellettuali di avanguardia, che aspiravano a rigenerare la nazione per creare una grande Italia moderna, liberandola dalla soggezione verso il retaggio della romanità, per lanciarsi alla conquista di nuove glorie nella competizione con le più grandi nazioni moderne.

Per le nuove generazioni Roma sintetizzava, nella realtà e nel simbolo, tutto quello che essi odiavano nell'Italia reale del loro tempo: lo Stato accentratore e burocratico, che assorbiva e sperperava le risorse della nazione; la dittatura parlamentare di Giovanni Giolitti, che corrompeva la vita politica e i partiti; la mentalità borghese affarista e pacifista, che alimentava la mediocrità delle aspirazioni collettive; il culto retorico delle glorie passate, che mascherava l'ignoranza dei mali che affliggevano il paese e l'incapacità a operare per condurre effettivamente la nazione sulle vie della modernità e della grandezza.

> *Roma è la sanguisuga centrale dell'Italia, il paese meno produttivo, il ritrovo di tutti i fannulloni e gli sbafatori, il centro della corruzione e della meschineria di spirito, il punto neutro che attira gli imbroglioni e le mezze coscienze e i cavalocchi e gli azzeccagarbugli e i becchi pagati e gli*

sfruttatori di donne e gli arrivisti politici e i giornalisti da appigionare e gli impiegati compiacenti; Roma rappresenta la causa fondamentale d'ogni nostra deficienza economica, morale e intellettuale, e rappresenta, nella sua stessa origine, il tributo d'imbecillità che noi paghiamo alla nostra tradizione retorica e bagolona. Non c'è in Roma e fuori di Roma nulla che provenga da Roma; non un pezzo da cinque lire circolante per il regno è prodotto di attività romana: Roma è la città che sfrutta tutta l'Italia, e il miglior modo di festeggiare l'unità italiana sarebbe quello di togliere a Roma tre quarti del potere mafioso che ha, restituendo alle provincie larghe autonomie [...]. Essa non è che la Mecca di tutti gli spostati e di tutti i vinti, che vi accorrono con tutte le ambizioni derise in provincia e con tutti gli appetiti insoddisfatti: letterati falliti, impiegati senza titolo, artisti senza idee, uomini politici che mercanteggiano il mandato rappresentativo; centro di varie clientele e di svariate camorre, delle influenze e dei favori illeciti, non può in nessun modo e sotto nessun pretesto, vantarsi di dare il tono alla vita italiana[13].

Nel 1910, l'anno precedente la celebrazione del primo cinquantenario dell'Italia unita, ci fu un coro di invettive antiromane sia da parte dell'avanguardia fiorentina, raccolta attorno alla rivista «La Voce», sia da parte dell'avanguardia futurista milanese. «Abbasso Roma» gridava a Firenze l'antinazionalista direttore de «La Voce» Giuseppe Prezzolini, proclamando la necessità di abbattere il mito di Roma per togliere alla capitale «la sua fama di città fatidica per l'italianità e quello schifoso cancro dell'accentramento burocratico in mezzo ad una popolazione scettica e indolente ch'è non ultima causa del troppo lento rifiorire della nazione»[14]. Prezzolini reiterò più volte gli appelli per una «guerra contro Roma», cioè una guerra «ai poteri ministeriali» che rendono la capitale «specialmente odiosa» perché «in essa avviene il traffico tra i voti dei deputati e i favori ministeriali per la elezione dei deputati»: «Abolire la possibilità di queste relazioni significa produrre la morte di Roma, togliere di lì quei predatori e parassiti che vi albergano»[15]. Da Milano, il capo dei futuristi, Filippo Tommaso Marinetti, si scagliava contro «Roma passatista», alla quale opponeva le città dinamiche della «Italia rinascente», Milano e Genova, i «grandi centri che fiammeggiano giorno e notte», mentre «piaghe purulente della nostra penisola» erano Firenze, Venezia e Roma, che «langue sotto la sua lebbra di rovine, con la sua circolazione sanguigna semestrale che l'oro degli stranieri spinge lentamente attraverso le arterie dei grandi alberghi», foraggiata unicamente dalla «industria del forestiero», una «industria immonda che trasforma i due terzi della popolazione romana in probabili alleati del nemico di domani». A Marinetti che li incitava a «isolare i ruderi dell'antica Roma, più epidemici e più mortiferi della peste e del colera», i romani rispondevano «con un sorriso ironico, inzuccherato di polvere archeologica e di grossolana ghiottoneria», beati di continuare «la loro vita di sorci polverosi, orgogliosi e contenti di mangiar briciole dei dolciumi che le *misses* masticano con denti poderosi, mentre arrotondano le bocche rosee e i loro occhi azzurri fra le immense gambe decrepite del Colosseo decapitato!»[16]. Tre anni dopo, il 21 febbraio 1913, durante una serata futurista, Giovanni Papini, il più focoso fra gli avanguardisti fiorentini convertito al futurismo, recitò al teatro Costanzi di Roma un virulento discorso contro la città, in cui sciorinò tutti i pregiudizi e gli stereotipi antiromani che erano in circolazione nell'Italia liberale. Fra le urla e gli schiamazzi del pubblico, Papini proclamò la sua «repulsione che in certi momenti arriva fino all'odio» per quello che Roma «rappresenta nel pensiero, nella storia in Italia», «l'urbe di tutte le retoriche», «il simbolo eterno e maggiore di quel passatismo ed archeologismo storico, letterario e politico che ha sempre annacquato e acciaccato la vita più originale d'Italia»[17].

Neppure le celebrazioni del giubileo della Patria, che ebbero nella capitale le cerimonie più solenni, in coincidenza con l'inizio della guerra coloniale in Libia, furono un'occasione per tacitare gli antiromani. I quali, anzi, presero pretesto dal giubileo della Patria per rinnovare la polemica contro Roma, capitale di una nazione che, proprio quando celebrava il suo primo cinquantenario di unità, appariva profondamente disunita da divisioni politiche, culturali, religiose. E neppure la conquista della Libia, salutata da D'Annunzio e dai nazionalisti imperialisti con acclamazioni alla rinascita della gloria romana sulle sponde dell'Africa mediterranea, inneggiando all'eroica impresa dei soldati italiani, che ripercorrevano le orme degli antichi legionari,

2. Mussolini antiromano

neppure la vittoria coloniale valse a innalzare il prestigio della capitale e ad azzittire i fustigatori della Roma reale[18].

Al coro delle invettive contro la «influenza nefasta che Roma esercita sulla vita nazionale» partecipò nel 1910 il giovane Mussolini, allora sconosciuto rivoluzionario socialista di Romagna e collaboratore de «La Voce»: «Roma, città parassitaria di affittacamere, di lustrascarpe, di prostitute, di preti e burocrati, Roma – città senza proletariato degno di questo nome – non è il centro della vita politica nazionale, ma sebbene il centro e il focolare d'infezione della vita politica nazionale. Anche il giornalismo romano, è quello di una grossa città di provincia, non certo di una capitale. I grandi giornali italiani, non si pubblicano nella capitale politica, ma nella capitale morale – non a Roma, ma a Milano. [...] Basta, dunque, con lo stupido pregiudizio unitario per cui tutto, tutto, tutto dev'essere concentrato a Roma – in questa enorme città vampiro che succhia il miglior sangue della nazione»[19].

La veemenza del Mussolini socialista contro la capitale echeggiava quasi alla lettera i pregiudizi antiromani dell'avanguardia fiorentina, che molto influenzò la sua formazione ideologica. Si trattava di un atteggiamento polemico diffuso nei confronti della Roma reale considerata il simbolo dell'Italia monarchica, parlamentare, liberale e borghese, combattuta con eguale vigore, ma per motivi e scopi differenti, sia dal socialista romagnolo sia dagli intellettuali dell'avanguardia modernista. Vi era tuttavia un altro motivo, oltre l'odio antiromano, che univa Mussolini agli intellettuali de «La Voce» e del futurismo, ed era l'*italianismo*, cioè la convinzione che l'Italia doveva assumere un ruolo da protagonista nella vita contemporanea, conquistare un nuovo primato, diventare il centro di una nuova civiltà moderna[20]. Per alcuni cultori dell'italianismo, la nuova civiltà italiana avrebbe potuto sorgere solo liberandosi dal retaggio della romanità; per altri, invece, era proprio l'eredità di Roma e il suo rinnovamento, la forza principale che avrebbe consentito all'Italia di riconquistare un nuovo primato di civiltà nel ventesimo secolo. Mussolini si schierò con i fautori di una nuova romanità quando, all'inizio della Grande Guerra, abbandonò il socialismo per convertirsi all'interventismo. E al mito di Roma.

FASCI ITALIANI DI COMBATTIMENTO

Sede Centrale MILANO
Via Paolo da Cannobio, 20

ORIENTAMENTI TEORICI
POSTULATI PRATICI

3
NUOVA ROMANITÀ

«Sai che mi vado riconciliando con Roma? Da ieri sera la città è in stato di dimostrazione continua, generale. Basta alzar la voce perché i passanti si fermino a gridar con te contro Giolitti. L'assenso è completo unanime da tutte le classi. Anche le donne del popolo, quelle che han figli alla guerra odiano 'quello che sta con li tedeschi'. L'indignazione è enorme. Stamani siamo entrati in Montecitorio, abbiamo rotto tutti i vetri e soltanto una gran bontà e un resto di debolezza ci ha impedito di bruciare l'aula. [...] Oggi un altro giolittiano è stato sorpreso in tram e bastonato. È un sistema eccellente perché son vigliacchi. [...] Si passa di dimostrazione in dimostrazione, di riunione in riunione. Ieri c'era tutta l'atmosfera della rivoluzione. Tutti eran disposti a rovesciare la monarchia. Il detto di Mussolini, guerra o rivoluzione, s'è imposto»[1].

Chi si stava riconciliando con Roma, nel maggio 1915, durante le «radiose giornate» della mobilitazione interventista, era Giuseppe Prezzolini, che nei confronti di Roma aveva fino a qualche anno prima dichiarato pubblicamente di nutrire una «avversione cartaginese sincerissima»[2]. Dalla fine dell'anno precedente, Prezzolini si era trasferito da Firenze nella capitale come corrispondente del giornale «Il Popolo d'Italia», fondato da Mussolini nel novembre 1914, dopo la sua conversione alla causa dell'interventismo. Per questo, Mussolini era stato espulso dal partito socialista, dove da due anni, come direttore dell'organo del partito

A fianco.
1. Frontespizio del programma fascista del 1920.

«Avanti!», era il capo più prestigioso e amato dalle masse per il suo intransigente impeto rivoluzionario, antinazionalista e internazionalista. Conciliandosi con la nazione e il patriottismo, il socialista Mussolini si riconciliò anche con Roma, cioè con la Roma interventista, che nel periodo della Grande Guerra riscattò la sua immagine deteriorata per apparire finalmente, ai fautori di una grande Italia, l'autentica capitale politica e morale della nazione, che si era incamminata sulla via della rigenerazione partecipando alla guerra europea[3]. All'inizio di gennaio 1915, commentando la partecipazione dei romani ai funerali di Bruno Garibaldi, circa trecentomila persone, Mussolini scriveva: «Cifra fantastica, moltitudine immane, degna di Roma e del popolo di Roma, degna anche di questa epoca – unica nella storia! – che vede comparire sulla scena del mondo le masse anonime e innumerevoli come le arene del mare»[4]. Per mesi, Mussolini incitò gli italiani alla guerra, mentre inveiva contro le «manovre parlamentari» degli avversari dell'intervento, professando di credere «con fede sempre più profonda, che il Parlamento sia il bubbone pestifero che avvelena il sangue della Nazione. Occorre estirparlo»[5].

Il 10 aprile Mussolini si recò a Roma per partecipare alle manifestazioni in favore dell'intervento, ma fu arrestato il giorno dopo e rispedito a Milano. Nella capitale, il principale attore della mobilitazione interventista fu D'Annunzio, aristocratico spregiatore della Roma borghese e popolare, e massimo glorificatore, in versi e in prosa, della Roma antica trasfigurata in mito, additata a modello per una più grande Italia.

Con le sue forbite concioni al popolo romano dal Campidoglio, il poeta infiammò gli animi incitando alla guerra e alla violenza contro Giolitti e i neutralisti. E all'indomani dell'entrata in guerra, il 24 maggio, D'Annunzio annunciò la rinascita della romanità.

Compagni, è l'alba. La nostra vigilia è finita. La nostra ebbrezza incomincia [...]. Il confine è valicato, il cannone tuona. La terra fuma [...]. Si combatte con armi, si guerreggia la nostra guerra, il sangue sgorga dalle vene d'Italia! Siamo gli ultimi a entrare nella lotta, e già siamo i primi incontro alla gloria.

3. Nuova romanità

Or ecco, intorno, tutto è silenzio. Roma tace. I suoi lauri sono immobili come le sue colonne.
Che è questo silenzio? Qual dio è presente? Ascoltate.
Dal silenzio che riempie la bocca dei suoi Archi, dei suoi Fori, delle sue Terme, dei suoi Circhi, Roma fa una potenza nuova, potenza vivente e formidabile [...].
Tra i monumenti che la torbida notte rendeva più vasti e più solenni, la volontà del popolo sembrava inalzarsi come il più vasto e il più solenne dei monumenti. Roma ridiventava romana, come al tempo austero della sua repubblica. Stanotte, a un tratto, noi abbiamo riavuto coscienza della romanità, nel senso più ampio di questa parola superba[6].

Con l'immaginifica magia della sua retorica evocatrice, il poeta fu il maggiore promotore di una nuova romanità, che ebbe origine dalla Grande Guerra e diede impulso, dopo la fine del conflitto, alla nascita di un nazionalismo rivoluzionario, di cui il fascismo fu espressione principale. Questo nazionalismo, animato dai miti del radicalismo nazionale, dell'italianismo e dell'esperienza stessa della guerra, proclamava la necessità di una rivoluzione italiana, e scese in campo sia contro i partiti della sinistra internazionalista, sia contro la classe dirigente liberale e le istituzioni parlamentari, per creare uno Stato nuovo e rigenerare la nazione, ispirandosi a un rinnovato mito di Roma, più come modello di virtù civiche e militari che come modello di organizzazione statale[7].

La nuova romanità dell'interventismo dannunziano si richiamava alla tradizione risorgimentale dell'idea di Roma, anche se, nei suoi ideali e nei suoi scopi, essa era profondamente diversa dal mito romano che aveva ispirato i patrioti e gli artefici dell'unità italiana, come radicalmente diversi furono gli effetti pratici che la nuova romanità del nazionalismo rivoluzionario ebbe per la vita degli italiani.

Il patriottismo italiano, nell'epoca risorgimentale, era nato e cresciuto nel mito di Roma. Dalle repubbliche giacobine, alla fine del Settecento, ai primi moti per l'indipendenza, nei decenni della Restaurazione, il richiamo alla gloria di Roma era stato incitamento a

Alle pagine seguenti.
2. D'Annunzio parla alla folla dal Campidoglio, 1915.

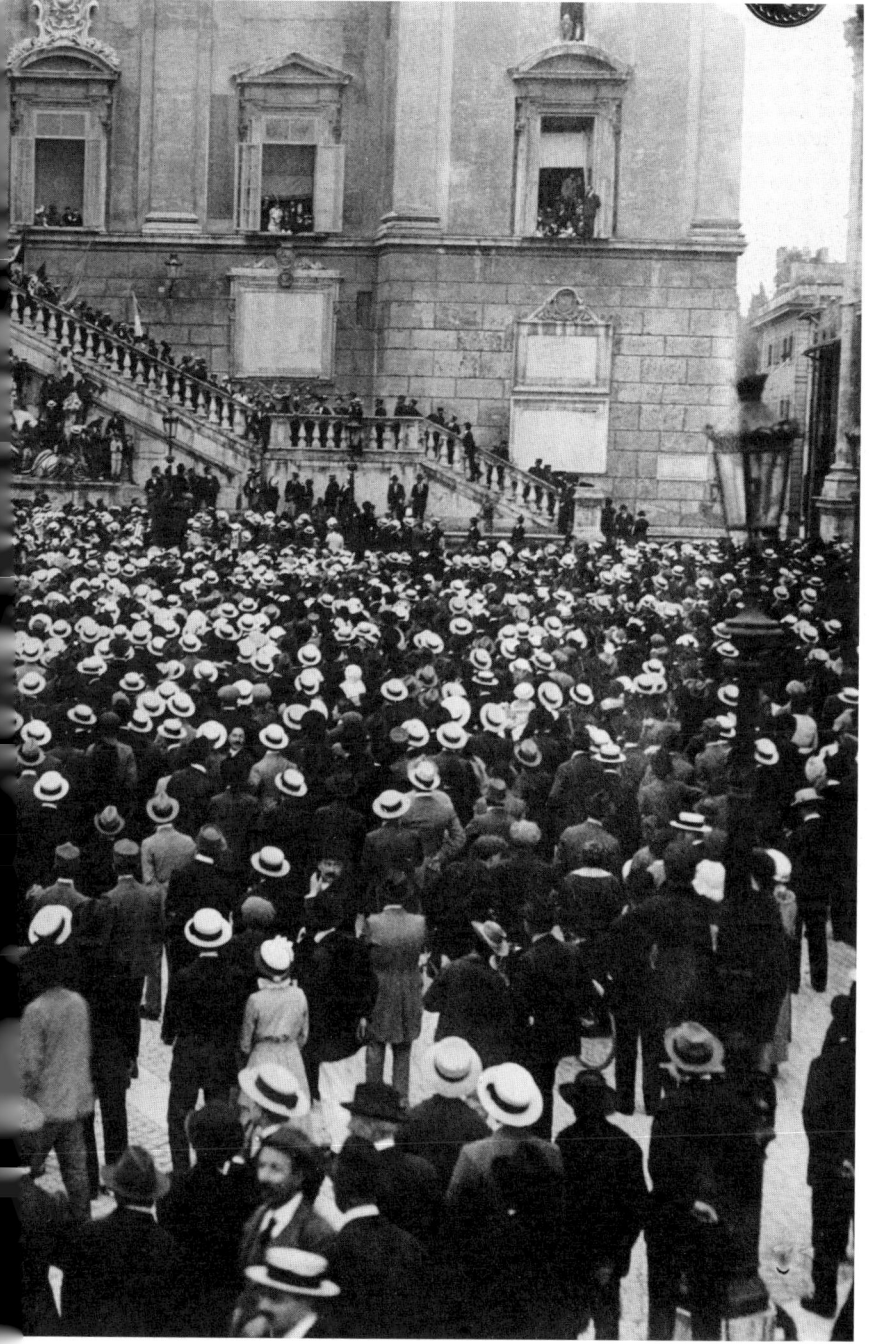

conquistare nuova grandezza per una nuova Italia liberata dallo straniero e riunita per la prima volta, dopo quattordici secoli, sotto la sovranità di un nuovo Stato italiano, fondato sul principio della libertà e della eguaglianza. Nel simbolo di Roma, centro di civiltà spirituale universale tanto nell'era pagana quanto nell'era cristiana, l'abate Vincenzo Gioberti aveva affermato il primato morale e civile degli italiani, che avrebbero rinnovato nell'era moderna la tradizione della romanità, conciliando la religione cattolica con la fede patriottica per la conquista dell'indipendenza. E anche quando la speranza di un risorgimento guidato dal papa era svanita, Gioberti aveva continuato a sperare nel rinnovamento dell'Italia e nell'avvento di una nuova Roma, «città sacra e civile», dove il potere spirituale di un papa senza potere temporale avrebbe pacificamente convissuto con il potere temporale del nuovo Stato italiano[8]. Ancor più fervido e appassionato era stato in Giuseppe Mazzini il sogno di una Terza Roma, capitale di una Terza Italia unita, indipendente, libera e laica: la Roma del Popolo, che sarebbe stata più grande della Roma dei Cesari e della Roma dei Papi come avanguardia della civiltà universale, tornando a essere, per la terza volta, «metropoli» e «tempio del mondo europeo». Inconcepibile, per Mazzini, un'Italia unita, libera e sovrana, senza Roma capitale, tanto per l'apostolo genovese l'idea di Roma si identificava con l'idea di Italia nella visione della nuova missione, che egli riteneva Dio avesse assegnato agli italiani nel progresso dell'umanità. E nel nome di Roma, Mazzini aveva spinto la sua visione della Terza Italia dalle Alpi fino alle coste dell'Africa mediterranea, ricordando che Tunisi, Tripoli e la Cirenaica formavano parte «di quella zona Africana che appartiene fino all'Atlante al sistema Europeo. E sulle cime dell'Atlante sventolò la bandiera di Roma quando, rovesciata Cartagine, il Mediterraneo si chiamò Mare nostro»[9]. Forse nessun altro fra i patrioti italiani, che ebbero il culto di Roma, riuscì quanto Mazzini a dare vigore, attualità e popolarità al mito di una nuova romanità come missione della Terza Italia, per «far Roma la mente della terra: il verbo di Dio tra le razze»[10]. Mai, tuttavia, egli avrebbe accettato di sacrificare la libertà dei cittadini per la grandezza della Terza Roma.

Il mito della nuova romanità predicata dal massimo teologo della religione patriottica esercitò un'ampia e durevole influenza sulla cultura politica italiana, oltre la cerchia degli adepti alla sua chiesa

3. Nuova romanità

laica e repubblicana. «Roma o morte» fu il grido di battaglia di Giuseppe Garibaldi nelle sue campagne per l'indipendenza e l'unità della patria, destinata ad avere per capitale la città eterna liberata dal potere temporale del papa. Il duce dei Mille echeggiava Mazzini, quando proclamava: «Roma per me è l'Italia [...] Roma è il simbolo dell'Italia una, sotto qualunque forma voi la vogliate. E l'opera più infernale del papato era quella di tenerla divisa»[11].

Persino il conte di Cavour, alieno dalla retorica, si era alla fine convinto che «senza Roma capitale d'Italia, l'Italia non si può costituire», come disse parlando al primo parlamento dell'Italia unita nel marzo 1861. Il poco retorico primo ministro del neonato regno d'Italia forse aveva sentito battere più forte il cuore per l'emozione, quando aveva affermato solennemente che Roma doveva diventare la «nobile capitale dell'Italia rigenerata», anche se confessava che, essendo lui «di indole poco artistica», avrebbe rimpianto «le severe e poco poetiche vie» della sua terra natale «in mezzo ai più splendidi monumenti di Roma antica e di Roma moderna»[12].

Al fascino di Roma non era facile resistere, osservava nel 1881 alla Camera il piemontese Quintino Sella, un ingegnere studioso di scienze e di economia, e non retore umanista; Roma, egli disse, aveva insegnato agli italiani «a volere una patria»: «Tutto ciò che sappiamo, tutto ciò che pensiamo, tutto ciò che sentiamo in fatto di patriottismo, lo dobbiamo all'antica Roma; per conseguenza, quando noi veniamo qui a Roma che fu la nostra maestra, sentiamo una riverenza di cui non potete farvi un'idea [...]. Io non ero stato a Roma, ma il culto che avevo per questo paese era immenso [...] siamo italiani per virtù di Roma, perché se non fosse per il sacro nome di Roma, per le tante sventure, le tante ostilità che ebbe l'Italia l'avrebbero spezzata, l'avrebbero annullata; fu Roma che la tenne viva»[13].

Dopo il 1870, in contrasto con la polemica antiromana, ma anche in polemica con i cultori della Roma pagana o cristiana, vi furono i fautori di una nuova romanità italiana. Questi vagheggiavano di rinnovare nella capitale d'Italia, con una propria originalità, una nuova grandezza in antitesi con la Roma imperiale e la Roma cristiana, facendo della Roma italiana il centro e il simbolo di una modernità laica e liberale, la capitale di una nazione che perseguiva la missione di diffondere i principi di nazionalità, di libertà, di emancipazione e di eguaglianza per gli individui e per i popoli. Nel mito risorgimentale della romanità, qui sommariamente rievocato nelle sue idee essenziali, fu sempre presente la concezione della libertà e dell'eguaglianza degli individui come fondamento per la dignità e la virtù del cittadino della nuova Italia.

Con il fascismo, invece, il mito della romanità assunse fin dall'inizio un orientamento antiliberale, che divenne più esplicito e deciso dopo la conquista del potere: non erano più i concetti di libertà e di eguaglianza dei cittadini a ispirare la romanità fascista, bensì i concetti di autorità, disciplina e gerarchia, pilastri di una nuova politica, che asseriva il primato dello Stato nei confronti degli individui, associandolo al primato della vocazione imperiale come missione della nuova Italia nata dalla Grande Guerra.

Nell'elaborazione di una nuova romanità autoritaria e imperiale, il fascismo fu preceduto, oltre che da D'Annunzio, dal movimento nazionalista di Enrico Corradini. Nel primo decennio del Novecento, Corradini era stato il più tenace assertore del mito di Roma come modello per una nuova aristocrazia di capi che, debellata la classe dirigente liberale, avrebbe dovuto condurre gli italiani guerrieri e conquistatori sulle orme dei legionari di Roma alla espansione imperialista nel Mediterraneo e in Africa. Alla vigilia della Grande Guerra l'ideologo del nazionalismo imperialista aveva proclamato: «Tutto il mondo è imperialista, e lo stato del globo non è se non un imperialismo degli uomini sugli altri viventi e sulle cose [...]. Bisogna rammentare che il disprezzo della morte è il massimo fattore di vita. E oggi, in mezzo a questi branchi di pecore e di omiciattoli che compongono in Italia le cosiddette classi dirigenti, datemi cento uomini disposti a morire, e l'Italia è rinnovata [...]. E in Italia oggi c'è chi pensa che sarebbe utile una rivoluzione la quale spazzasse via queste classi dirigenti, queste clientele avide e inette che abbiamo sul collo. Fra vent'anni, se non prima, tutta l'Italia sarà imperialista»[14].

Fu durante la guerra che Mussolini iniziò a evocare il mito di Roma nei suoi articoli su «Il Popolo d'Italia», incamminandosi nella scia di D'Annunzio e Corradini, pur senza mai citare i loro nomi come primi apologeti e predicatori di una nuova romanità. Non si può affermare con certezza che Mussolini, elaborando la sua idea di romanità, abbia tratto ispirazione da Corradini e da D'Annunzio, ma l'eco della loro retorica, come pure l'eco della

3. Nuova romanità

romanità di Gioberti e soprattutto di Mazzini, risuona evidente nella nuova romanità mussoliniana.

Nell'ottobre del 1917, quando decise di pubblicare nella capitale un'edizione de «Il Popolo d'Italia», Mussolini additò la Roma antica come un modello al quale ispirarsi per la condotta della guerra, coniugando l'idea di romanità con i concetti di disciplina, gerarchia, dittatura. «Non fermiamoci dinanzi ai diritti della libertà individuale. Spazziamo questo feticcio. [...] Diciamo la parola: *tutta la Nazione deve essere militarizzata*», ribadì il 9 novembre, dopo la rotta di Caporetto[15].

Dopo due anni, la nostra tenda [...] la piantiamo qui a Roma, nel cuore stesso d'Italia, fra queste mura che hanno visto gli eventi più grandiosi della storia umana. Non certo, senza qualche trepidazione, che deriva dalla voce segreta delle cose, le quali parlano in questa città unica il linguaggio dei secoli, e della solennità tragica di quest'ora di gloria e di sangue. [...] E chi dice Patria dice disciplina; chi dice disciplina, ammette una gerarchia di autorità, di funzioni, di intelligenze. Questa disciplina, laddove non sia liberamente e consapevolmente accettata, deve essere imposta, anche con la violenza, anche – ci permetta la censura di dirlo – con quella dittatura, *cui i Romani della prima Repubblica ricorrevano nelle ore critiche della loro storia. [...] Nel maggio del 1915 fu imposta la guerra; oggi bisogna imporre la vittoria.*

A questo mirano i nostri sforzi: questo è il nostro obiettivo, per questo ci siamo attendati – come i soldati in marcia – a Roma; in questa Roma che ha dato al mondo il prodigio dell'unità trina nel diritto, nella forza, nella bellezza. E se ci accade qualche volta di travalicare il segno, è per la passione che ci sospinge, passione non ignota agli italiani moderni che vivono quest'ora solenne; non ignota nemmeno agli antichi padri, le cui ombre conversano «lungh'esso il fiume sacro» che vide le fortune di Roma di ieri e vedrà quelle più grandi – noi fermissimamente lo crediamo – di Roma e dell'Italia di domani[16].

Alla fine del 1918, conclusa la guerra con la vittoria italiana, in un discorso a Fiume, Mussolini accennò anche alle ambizioni imperiali della nuova romanità italiana: «Il Mediterraneo tornerà nostro, come Roma tornerà ad essere il faro della civiltà del mondo»[17].

Il 23 marzo 1919, Mussolini diede vita ai Fasci di combattimento, un movimento che si definiva antipartito, repubblicano, antistatalista e libertario, e si proponeva, senza l'ambizione di durare nel tempo, di difendere la vittoria italiana, combattere il bolscevismo, promuovere una riforma democratica dello Stato. Il movimento fascista, tuttavia, non nacque all'insegna del mito di Roma. Il termine «fascismo» non aveva ascendenze romane, perché derivava non dal fascio littorio ma dal termine «fascio» inteso come sinonimo di associazione, in uso nel linguaggio della sinistra. Lo stesso simbolo del fascio di verghe legate insieme e sormontate da un'ascia, adottato come emblema del nuovo movimento, si richiamava alla foggia del fascio repubblicano reso popolare dalla rivoluzione francese, senza alcun esplicito riferimento al fascio dei littori romani. Nella testata dell'organo ufficiale del movimento fascista, «Il Fascio», non vi era l'emblema del fascio littorio, ma un pugno chiuso che serrava spighe di grano. Neppure l'appellativo di «duce», attribuito a Mussolini, era un richiamo alla romanità, ma apparteneva alla tradizione repubblicana, come generico sinonimo di guida: duce era stato chiamato Garibaldi, duce avevano chiamato Mussolini i suoi compagni socialisti forlivesi, e duce fu chiamato D'Annunzio negli anni della guerra e del dopoguerra. Fra i primi fascisti, Mussolini era comunemente chiamato il «compagno Benito» o il «professore», piuttosto che duce.

Nessun richiamo alla romanità era presente nelle dichiarazioni programmatiche del fascismo del 1919 e neppure nei più mo-

3. Testata dell'organo dei Fasci italiani di combattimento dal 1919 al 1921.

3. Nuova romanità

derati e pragmatici *Orientamenti teorici e postulati pratici* pubblicati nel 1920[18], dove era formalmente respinta l'accusa ai fascisti di essere imperialisti, e nessun accenno era fatto al destino imperiale del retaggio romano. Così come nessuna esaltazione della romanità si legge nel primo tentativo di esposizione delle idee del fascismo, fatta da un militante fascista all'inizio del 1922 in un libro, definito da Mussolini nella prefazione «la migliore pubblicazione sul fascismo fra quante ne sono uscite in Italia dal marzo 1919 ad oggi»[19]. La retorica della romanità non era frequente nel linguaggio dei primi fascisti, molti dei quali provenivano dall'avanguardia intellettuale che aveva disprezzato la Roma reale senza inneggiare al mito della Roma antica. Il disprezzo per Roma non si era attenuato neppure quando, dopo la fine della guerra e nell'euforia della vittoria, la città parve riacquistare prestigio come capitale dell'Italia vittoriosa in un conflitto mondiale, che l'aveva vista combattere e vincere il suo secolare nemico, l'Austria. Consacrazione simbolica del trionfo della nuova Roma interventista fu l'esposizione di cannoni austriaci davanti al Palazzo Venezia, che fino al maggio 1915 era stata la sede dell'ambasciata austriaca. Vi rimasero un anno, e furono rimossi per sgomberare la piazza in occasione della Sagra delle bandiere, celebrata il 4 novembre.

Soltanto nel corso del 1921, la romanità divenne la principale fisionomia simbolica del fascismo, che l'adottò per definire la sua individualità politica, la sua organizzazione, il suo stile di vita e di lotta, e gli obiettivi stessi della sua azione. Diventato un movimento di massa e la più forte organizzazione politica nel paese, imponendo la sua superiorità con l'esercizio della violenza squadrista, il fascismo si proclamò l'avanguardia di una rinascita della stirpe italiana, mirante alla creazione di uno Stato nuovo, che doveva rigenerare la nazione per rinnovare negli italiani della modernità lo spirito imperiale e universale della tradizione romana.

Principale artefice della conversione del movimento fascista al mito di Roma, fu Mussolini. Egli elaborò l'idea di una *nuova romanità fascista*, sviluppando il mito di Roma che aveva già più volte ri-

Alle pagine seguenti.
4. Cannoni austriaci esposti in Piazza Venezia dopo la vittoria, 1919.

chiamato durante la guerra. A Fiume, nel maggio 1919, Mussolini asserì l'incompatibilità fra la nuova romanità fascista e la democrazia: «L'Italia di Vittorio Veneto sente l'irresistibile attrazione verso il Mediterraneo che apre la via all'Africa. Una tradizione due volte millenaria chiama l'Italia sui lidi del continente nero che nelle reliquie venerande ostenta l'impero di Roma. Se l'Italia ha conosciuta la tragedia di Adua, lo deve all'insufficenza ideale della sua politica interna ed estera, cui va attribuito il nostro insuccesso a Cipro e la nostra esclusione da Tunisi. È la democrazia che ha snaturato la missione ed ha falsato la storia d'Italia, alla quale il genio del suo popolo aveva dato il valore di attrice e direttrice della storia europea»[20].

Più importante fu il discorso che Mussolini fece a Trieste il 20 settembre 1920, perché vi appaiono compendiati gli elementi fondamentali della sua concezione della romanità. Il primo elemento è il concetto della *universalità nel tempo*, che Mussolini considerava l'essenza propria della romanità e della sua permanenza nello scorrere dei secoli, associandola però all'italianismo, elaborato dopo la conversione all'interventismo e durante gli anni della guerra, per sostenere l'inizio di una rinascita della romanità nella nuova coscienza italiana espressa dal fascismo.

La ricorrenza del 20 settembre, come compimento dell'unità italiana con la liberazione di Roma, si prestava agevolmente alla fusione della romanità con l'italianismo, nel segno della permanente universalità di Roma. In cinquanta anni, disse Mussolini, l'Italia aveva realizzato «progressi meravigliosi» rivelando così «un dato di fatto: ed è la vitalità della nostra stirpe, della nostra razza» ma, aggiunse, «rivendichiamo l'onore di essere italiani, perché nella nostra penisola meravigliosa e adorabile – adorabile benché ci siano degli abitatori non sempre adorabili – s'è svolta la storia più prodigiosa e meravigliosa del genere umano», la storia di Roma: «Roma è il nome che riempie tutta la storia per venti secoli. Roma dà il segnale della civiltà universale; Roma che traccia strade, segna confini e che dà al mondo le leggi eterne dell'immutabile suo diritto. Ma se questo è stato il compito universale di Roma nell'antichità, ecco che dobbiamo assolvere ancora un altro compito universale. Questo destino non può diventare universale se non si trapianta nel terreno di Roma».

3. Nuova romanità

Il secondo elemento della romanità mussoliniana, chiaramente espresso nel discorso di Trieste, è la *romanità del cattolicesimo*, cioè l'idea che il cristianesimo era diventato una religione universale (significato originario del termine «cattolico») soltanto dopo che dalla Palestina fu trapiantato a Roma: «Attraverso il cristianesimo, Roma trova la sua forma e trova il modo di reggersi nel mondo. Ecco Roma che ritorna ancora una volta centro dell'impero universale che parla la sua lingua»[21].

Un terzo elemento fondamentale della romanità mussoliniana – esposto anche questo a Trieste, ma in un discorso successivo, tenuto il 6 febbraio 1921, sul tema della politica estera italiana – è il *destino imperiale* della stirpe italiana, che era il motivo della «fede illimitata» che Mussolini dichiarava di nutrire «nell'avvenire di grandezza del popolo italiano», perché il nostro «è, fra i popoli europei, il più numeroso e il più omogeneo»: «È destino che il Mediterraneo torni nostro. È destino che Roma torni ad essere la città direttrice della civiltà in tutto l'Occidente d'Europa. Innalziamo la bandiera dell'impero, del nostro imperialismo, che non dev'essere confuso con quello di marca prussiana o inglese», perché consisteva nella volontà di «fare dell'Italia una delle nazioni senza le quali è impossibile concepire la storia futura dell'umanità»[22]. Noi fascisti, ribadì Mussolini parlando ai fascisti romani il 2 agosto 1922, «abbiamo il mito della nazione insieme al mito dell'impero, della nazione intesa come storia, come civiltà, come espansione di civiltà»[23].

Dal destino imperiale, che ricongiungeva la nuova Italia all'antica Roma, Mussolini faceva scaturire un altro elemento della romanità fascista, la *vitalità della razza*: «Celebrare il Natale di Roma – scrisse il 21 aprile 1922 – significa celebrare il nostro tipo di civiltà, significa esaltare la nostra storia e la nostra razza, significa poggiare fermamente sul passato per meglio slanciarsi verso l'avvenire»[24]. Pur non professandosi razzista, Mussolini riteneva che «la razza è un fatto duro come il granito», come scriveva il 1º febbraio 1921, e questo fatto rendeva l'internazionalismo «una favola assurda», perché le «masse profonde non superano, né possono superare – ed è somma fortuna – il 'dato' insopprimibile della razza e della nazione»[25]. Il richiamo al «dato» della razza era adoperato in quel periodo da Mussolini specialmente nella polemica contro il bolscevismo, per sostenere che il fascismo, movimento antibolscevico, era nato, come disse a Bologna il 3 aprile 1921, «da un profondo perenne bisogno di questa nostra stirpe ariana e mediterranea, che a un dato momento, si è sentita minacciata nelle ragioni essenziali della esistenza da una tragica follia e da una favola mitica che oggi crolla nel luogo stesso ove è nata»[26].

Altro aspetto fondamentale della nuova romanità fascista, elaborata da Mussolini nel periodo precedente la conquista del potere, è la *funzione mitica della romanità*, formulata con chiare parole il 21 aprile 1922: «La Roma che noi onoriamo, non è soltanto la Roma dei monumenti e dei ruderi, la Roma delle gloriose rovine fra le quali nessun uomo civile si aggira senza provare un fremito di trepida venerazione [...] ma soprattutto la Roma che noi vagheggiamo e prepariamo, è un'altra: non si tratta di pietre insigni, ma di anime vive; non è contemplazione nostalgica del passato, ma dura preparazione dell'avvenire. Roma è il nostro punto di partenza e di riferimento; è il nostro simbolo o, se si vuole, il nostro mito. Noi sogniamo l'Italia romana, cioè saggia, forte, disciplinata e imperiale. [...] Bisogna, ora, che la storia di domani, quella che noi vogliamo assiduamente creare, non sia il contrasto o la parodia della storia di ieri. I romani non erano soltanto dei combattenti, ma dei costruttori formidabili, che potevano sfidare, come hanno sfidato, il tempo»[27].

Si ricollega, infine, al carattere mitico della romanità fascista, l'*attualità modernista* del mito di Roma, nel senso che il fascismo accoglieva il retaggio del passato romano non per nostalgia reazionaria né per venerazione antiquaria, ma soltanto in funzione dell'azione politica per la creazione del futuro: «Noi non siamo passatisti assolutamente legati ai sassi e alle macerie. Nelle città moderne tutto deve trasformarsi. Ai trams, alle automobili, ai motori, le vecchie strade delle nostre città non resistono più. Poiché in esse passa il flutto della civiltà. Si può distruggere per ricreare il più bello, grande e nuovo, ma mai distruggere col gusto del selvaggio che spezza una macchina per vedere che cosa c'è dentro»[28].

L'idea di proclamare il Natale di Roma «giornata fascista» era stata lanciata da Mussolini a Bologna il 3 aprile 1921: era la prima iniziativa mussoliniana per rendere ufficialmente operante il mito della romanità nello stile e nel rituale del fascismo. «In quel giorno – disse Mussolini – noi, nel segno di Roma eterna, nel segno di quella città che ha dato due civiltà al mondo e darà la ter-

3. Nuova romanità

za, noi ci riconosceremo e le legioni regionali sfileranno col nostro ordine, che non è militaresco e nemmeno tedesco, ma semplicemente romano». Lo stile militare della organizzazione e delle manifestazioni fasciste, aggiunse Mussolini, era un «ritorno alle origini», un ritorno «al nostro stile romano, latino e mediterraneo» col quale il fascismo rappresentava il modello della «solida disciplina nazionale» che voleva instaurare in Italia, perché «senza questa disciplina l'Italia non può divenire la nazione mediterranea e mondiale che è nei nostri sogni»[29].

La celebrazione del Natale di Roma fu immediatamente adottata dai fascisti, che se ne avvalsero come occasione per manifestare la propria forza, specialmente dove, come nella stessa Roma, essi non erano ancora riusciti ad affermarsi come movimento di massa. Nella capitale, la celebrazione del 21 aprile si svolse con una sfilata dei fascisti militarmente inquadrati, da Piazza del Popolo al Campidoglio, dove i gagliardetti dei Fasci del Lazio furono «solennemente inaugurati e battezzati con l'acqua capitolina». Dopo il battesimo dei gagliardetti, i fascisti giurarono fedeltà alla patria e proclamarono il diritto dei contadini «alla elevazione culturale, tecnica e finanziaria sino alla proprietà effettiva della terra»[30]. I fascisti milanesi non furono da meno nel celebrare la nuova romanità.

Nel nome e per il ricordo di Roma il popolo di Milano ha vissuto ieri sera un'ora di intensa gioia e di superbo entusiasmo.

Non una processione, non un corteo era quello che dalle mura del maniero sforzesco, attraverso il cuore della città e più oltre è passato in una fantastica visione di luci e di bagliori; ma una marcia ordinata, disciplinata, serrata a cui un'intima volontà comandava, come un solo grande nome – Roma! – aveva raccolto.

Duemila anni e la razza che non s'è imbastardita e non s'è infrollita ricorda e ritrova i suoi impeti, e rinnova i suoi gridi di gioia e di guerra, e ripete il nome grande ed eterno: Roma! Roma che è Italia, Roma che è il mondo, Roma che è tutta la storia e tutta la civiltà del mondo; Roma che è Forza, che è Luce, che è Giovinezza, che è Bellezza!

Così forse, certo, i legionari di Roma marciavano e lanciavano le grida di gioia e di fede e di guerra nei giorni del trionfo. Così come ieri sera i fascisti attraversarono Milano meravigliata e ammirata dello spettacolo nuovo e bellissimo [...]. Ora si può dire che tutta Milano si sia riversata

nel centro per assistere alla manifestazione italiana e romana che segna la bella rinascita della Patria.
Ed il grido che di sovente si ode è questo: viva l'Italia nuova! L'Italia nuova e vittoriosa e sicura di sé, della sua forza, della sua giovinezza eterna che si ribattezza in quest'orgia meravigliosa di canti e di inni nel nome eterno e glorioso di Roma.
E questa che passa è l'Italia nuova, come lo spirito che anima questa folla gioconda e fiera è lo spirito divino di Roma[31].

Esaltando il mito di Roma come mito fondamentale del fascismo, e proclamando il 21 aprile «giornata fascista», Mussolini mirava a conferire al fascismo una legittimazione storica, presentandolo come una rinascita dello spirito romano nella nuova Italia nata dalla guerra, e come l'avanguardia della nazione rigenerata, che aveva il diritto di imporre la sua supremazia, anche con la violenza, per conquistare il potere e imporre una disciplina di «stile romano» a tutti gli italiani. Nel mito di Roma, inoltre, Mussolini mirava a unificare il movimento fascista, che nel 1921 era ancora eterogeneo nelle sue varie matrici provinciali, predisponendo le condizioni per poter affermare effettivamente la sua supremazia di duce su un movimento di massa, che si era sviluppato indipendentemente dalla sua iniziativa e dalle sue direttive[32]. Durante l'estate del 1921, infatti, Mussolini dovette fronteggiare una gravissima crisi nel fascismo, provocata dalla rivolta dei capi dello squadrismo provinciale contro la sua decisione di sottoscrivere un patto di pacificazione con i socialisti e di avviare la trasformazione del movimento fascista in partito politico. Nel congresso di Roma la crisi fu superata. Mussolini fu riconosciuto duce del fascismo, ma il partito fascista – come abbiamo visto – nacque identificandosi con lo squadrismo, assumendo la forma nuova e inedita del partito-milizia, un partito che non solo aveva un proprio esercito armato, ma concepiva la politica stessa come una milizia di combattimento contro i «nemici interni» della nazione[33]. La costituzione del partito favorì tuttavia l'intento mussoliniano di affermare la propria autorità di capo supremo del partito. E al fine di rafforzare tale autorità, il duce si avvalse del mito della romanità come motivo ideale cui fare appello per disciplinare l'eterogenea massa che componeva il fascismo.

5. Mussolini a Roma con Bottai durante una dimostrazione, 1921.

Secondo le direttive per l'ordinamento delle squadre diramate dalla direzione del partito e dal comando generale delle squadre all'inizio del 1922, i Fasci, volendo «rinnovare in tutto la tradizione latina ed italica», modellarono la loro organizzazione «per quanto è applicabile, sull'organizzazione militare Romana»[34]. I fascisti furono divisi in «principi» e «triari» o «riserve»: «I principi o camicie nere che costituivano le prime schiere degli eserciti romani, sono pel Fascismo i combattenti di azione più viva, gli arditi», mentre i triari «o riserve che costituivano la milizia pesante, il nerbo degli eserciti romani, sono la riserva del Fascismo, coloro che guardano le spalle ai combattenti, gli anziani, la forza possente e paziente delle retrovie, il nerbo spirituale della milizia fascista di cui si fa parte per età o per speciali condizioni».

I «principi» erano istituiti «per dare al Partito la caratteristica, sancita dagli Statuti, d'essere il Fascismo una milizia civile al servizio della Nazione». Essi erano mobilitati quando «sia necessario far mostra di disciplina e di forza, o per tutelare il Partito dalle violenze di altri partiti, o per gravi calamità pubbliche, o in speciali contingenze della Nazione, e quando la forza dello Stato si mostri deficiente o inadatta agli scopi». Compito dei «principi» era anche «lo sviluppo delle energie morali e delle attribuzioni fisiche e l'allenamento a contrarre l'abito d'una disciplina individuale e collettiva». A tale scopo, i «principi» dovevano istituire «campi di allenamento sportivo e militare, per formare al più presto in tutti i giovani le qualità morali e fisiche che sono necessarie alla creazione della Nazione Armata», e assumere «l'iniziativa di risvegliare in tutta la Penisola lo spirito d'ordine e di partecipazione attiva alla vita morale e politica della Nazione».

L'assegnazione del fascista ai «principi» o ai «triari» non era libera, ma era decisa dai comandi di legione della milizia, in accordo con i dirigenti dei Fasci: chi non accettava la decisione era considerato indegno. Il fascista che veniva meno all'obbligo della disciplina e dell'obbedienza era condannato come impuro, indegno o traditore, secondo la gravità dell'infrazione. La milizia fascista, «strettamente subordinata agli organi politici del Partito», non doveva considerarsi soltanto «il braccio del Partito ma una unità inscindibile con esso così che ogni fascista è un milite della idea senza distinzione ed il Fascismo intero è milizia, ogni violazione di questo fondamentale principio è *tradimento*».

Modellate sull'esercito romano erano anche l'organizzazione militare e la gerarchia della milizia fascista, suddivisa in squadre composte da venti a cinquanta fascisti, ogni squadra comandata da un capo-squadra e due vice capi-squadra, chiamati decurioni; quattro squadre formavano la centuria, comandata dal centurione; quattro centurie formavano la coorte, comandata dal seniore; da tre a nove coorti formavano la legione, comandata dal console; a capo della gerarchia era il comando generale. Tutti i gradi della gerarchia militare, secondo l'ordinamento del 1922, erano elettivi. Di ispirazione romana erano anche le insegne del partito fascista: i gagliardetti con il fascio, le aquile, e il gesto di saluto con il braccio teso.

La nuova romanità permeò il partito fascista in ogni suo aspetto – l'ideologia, la cultura, la retorica, lo stile, i simboli, i rituali, l'organizzazione militare – anche se la corrispondenza della romanità fascista col modello storico romano era in molti casi arbitraria, immaginaria, o semplicemente inesistente[35].

L'adozione della romanità per definire l'identità del partito fascista non attenuò tuttavia l'odio dei fascisti per la Roma reale. «Tutto il Fascismo – ricordava molti anni dopo Giuseppe Bottai – fu una rivolta dell'Italia contro Roma, contro la capitale inerte, insufficien-

3. Nuova romanità

te, meschina. Negli articoli di Mussolini e nelle canzoni degli squadristi risuonava la stessa ironia sprezzante verso quella Roma». I fascisti romani, che condividevano questo spirito antiromano, si «consideravano pattuglie distaccate nella città nemica. Questa loro strana situazione ritardò, forse, la propagazione del Fascismo in Roma, perché il loro atteggiamento offendeva l'orgoglio dei romani di Roma, ma accentuando i contrasti, affrettò il precipitarsi dell'avversione in amore, della ripulsione in volontà di conquista»[36].

Il mito di Roma contribuì a fomentare l'avversione dei fascisti per la capitale del regime parlamentare, mentre nello stesso tempo il fascismo se ne avvalse per giustificare, in nome della nuova romanità che esso incarnava, e ribadire, specialmente nel 1922, la pretesa di essere un movimento di rinascita nazionale, che aveva il diritto di combattere gli avversari con qualsiasi mezzo, anche la violenza, per conquistare il potere e rigenerare la nazione. I giovani squadristi che bivaccavano attorno alla capitale, il 28 ottobre, disprezzavano la Roma reale, ma nello stesso tempo, preparandosi a marciare su di essa, ne subivano il fascino storico, con l'eco di reminiscenze scolastiche. «La storia patria era stata messa a soqquadro in quei giorni: il sacco di Roma riandava alla memoria come una terribile imitazione», ricordava anni dopo, in un racconto, uno scrittore fascista che partecipò alla marcia su Roma. «Qualcuno faceva il calcolo delle ricchezze storiche di Roma e certe manifatture scolastiche, certe credenze inveterate, certe supposizioni crudeli potevano avere, da un momento all'altro, una spiegazione sincera. La Città dei Cesari a pochi passi; la città padrona del mondo, la ragione prima di ogni trapasso di tempo, era ad un tiro di rivoltella. [...] Roma manteneva un nome onorifico e decaduto e su quel nome speculava sino all'avarizia». Con la testa piena di fantasie di conquista, le «folle rivoluzionarie si eran partite dalle Alpi, per vedere Roma e pagarla col sangue. 'Roma è mia'. Così tra patimenti di ogni genere, tra la pioggia e la fame, Roma era stretta d'assedio». Nei giorni della marcia su Roma, il disprezzo degli squadristi per la capitale si convertì in frenesia di assalto: nonostante ciò «Roma rimaneva altera, con tutto il suo fascino, nella mente dei giovani e la conquista ne era tanto più aspra e desiderata»[37]. E fu nel mito di Roma che il fascismo mosse guerra alla Roma reale, alla «porca Roma», capitale della Italietta liberale, parlamentare, chiacchierona, vile e inetta, che aveva impedito alla Terza Italia nata dal Risorgimento di diventare una Grande Italia.

La nuova corrente aristocratica formatasi e potenziatasi attraverso la guerra e il fascismo si trovò di fronte il problema: o rifare Roma Capitale dal di fuori, o rifarla dal di dentro. O prolungare indefinitamente la situazione rivoluzionaria del triennio 1920-1922; costringere l'Italia tutta a una specie di lungo febbrone, che facesse traspirare molti veleni, maturare molti bubboni; vivere alla macchia e manovrar fuori degli organismi costituzionali, svolgendo un nuovo corpo storico, originale, capace di sostituirsi un giorno, di un sol colpo, al vecchio organismo cancrenoso. Oppure muovere direttamente al centro; prendere Roma così com'era, coi suoi abiti e le sue istituzioni, e sviluppare la rivoluzione gradualmente, dal centro alla periferia [...]. La seconda via fu scelta, come sempre accade, soprattutto per le necessità dell'ambiente: lo Stato di diritto troppo debole, il fascismo troppo forte, le squadre d'azione troppo agguerrite e pronte, l'opinion pubblica troppo disposta a concedersi un esperimento di governo fascista (l'opinion pubblica era da un pezzo disposta a mettere il governo nelle mani di chicchessia, purché questi avesse la compiacenza di governare). Inoltre, c'era il fenomeno diffuso del mussolinismo, cioè fiducia nell'uomo per se stesso, indipendentemente dalle idee sue e dal suo movimento.

Pertanto fu decisa la «marcia su Roma», che avrebbe dovuto piuttosto chiamarsi «marcia contro Roma», contro quella Roma di cui si è detto[38].

I fascisti che sfilarono nella capitale da trionfatori, il 30 ottobre 1922, appena un anno dopo essere stati accolti con ostilità dai romani, continuavano a considerare Roma una città infida e nemica, da conquistare e soggiogare, perché il fascismo vi era ancora estraneo. Mussolini sapeva di non poter fare alcun affidamento sul fascismo romano, mentre, da Milano, conduceva concitate trattative telefoniche sulle condizioni per la formazione del nuovo governo, la notte del 29 ottobre. «Non credo che il Re voglia abdicare. Roma è di umore mutevole, lo so; ma non conta. Il fascismo romano nell'economia della nostra mobilitazione conta ancor meno»[39].

Il compimento della marcia su Roma fu l'inizio di una lunga marcia del fascismo contro la Roma reale, condotta nel mito della Roma antica, per rigenerare la capitale e creare la Roma fascista, per una nuova Italia imperiale.

6. La marcia su Roma, 30 ottobre 1922.

4
IL RIGENERATORE

«Sino dai giorni della mia lontana giovinezza, Roma era immersa nel mio spirito che si affacciava alla vita. Dell'amore di Roma ho sognato e sofferto, e di Roma ho sentito tutta la nostalgia. Roma! e la semplice parola aveva un rimbombo di tuono nella mia anima. Più tardi, quando potei peregrinare fra le viventi reliquie del Foro e lungo la Via Appia e presso i grandi templi, sovente mi accadde di meditare sul mistero di Roma, sul mistero della continuità di Roma»[1].

Con queste parole, pronunciate in Campidoglio il 21 aprile 1924, quando gli fu conferita la cittadinanza romana, Mussolini presidente del Consiglio dichiarò il suo amore per Roma, dandogli il vigore di una antica, costante e tenace passione. Due anni dopo, dalla ufficiale biografia *Dux*, scritta dalla sua intima amica e collaboratrice Margherita Sarfatti (che, secondo alcuni, sarebbe stata maestra di romanità a Mussolini, ignorante d'arte e di architettura), i lettori apprendevano che l'adolescente Benito scriveva su libri e quaderni, e incideva sulla corteccia degli alberi e sui banchi di scuola, il nome di Roma: «*Roma* era, per lui, la mamma e l'amorosa; e scriveva quella parola, sempre la stessa, dai dieci ai sedici anni, con frenesia. Forse era 'una voce', come 'le voci' che udiva Giovanna nel verziere di Domrémy. Come la pastorella di Lorena, il contadinello di Romagna doveva chiamare all'armi e operar prodigi 'per la grande pietà' d'Italia»[2].

A fianco.
1. Fasci littori originali del I secolo d.C.

La precocità dell'amore di Mussolini per Roma, con allusione a una mistica predestinazione evocata dal confronto con Giovanna d'Arco, non risulta confermata da nessun documento o testimonianza attendibile sui suoi anni giovanili. È però possibile che l'adolescente Mussolini, studente in un collegio a Forlì diretto dal fratello di Giosuè Carducci, si sia appassionato al mito di Roma attraverso la lettura del poeta che inneggiava alla Roma pagana. Soltanto in un'occasione, tuttavia, nei suoi più tardi scritti giovanili, si trova traccia di un richiamo alla romanità. Si tratta di un articolo sul poeta tedesco Augusto von Platen, pubblicato il 3 luglio 1909, quando Mussolini lavorava come giornalista a Trento.

L'articolo esordiva rievocando il fascino che l'Italia aveva esercitato nel corso dei secoli sulle «anime superiori»: «Dopo essere stata per molti secoli meta di agognata conquista alle orde barbariche, l'Italia è stata ed è meta al pellegrinaggio reverente di tutti i grandi geni del nord. Alla madre mediterranea, a quella che il buon vecchio Plinio chiama: *omnium terrarum alumna et parens, omnium terrarum electa, una cunctarum gentium in toto orbe patria*, si sono volti, spinti da un irresistibile sentimento di nostalgia, i creatori delle altre nazioni d'Europa. Laggiù brilla ancora il faro della civiltà. Volger di secoli e mutar di fortune non l'hanno spento. Roma, come ai tempi del buon Augusto, è ancor la città verso cui muovono uomini di tutte le patrie, e chi ama Roma deve amare l'Italia»[3]. La singolarità di questo accenno alla romanità è la sua connessione a una celebrazione dell'Italia, fatta da Mussolini ricordando gli scrittori e i poeti stranieri che ne furono innamorati: «Da Byron a Goethe, da Musset a Lamartine, da Klopstock a Schiller, da Shelley a Wagner, da Nietzsche a Ibsen... la patria comune del genio fu ed è l'Italia». E forse può apparire altrettanto singolare per un socialista rivoluzionario, che si professava antinazionalista e internazionalista – e che pochi giorni prima della pubblicazione dell'articolo citato aveva dichiarato che i socialisti non avevano patria e dovevano negare la patria per unificare l'umanità –, scrivere un elogio dell'Italia del proprio tempo perché non somigliava più all'Italia definita da Metternich «espressione geografica» e da Lamartine «terra dei morti»: «L'Italia attuale va perdendo le caratteristiche di un cimitero. Dove un tempo sognavan gli amanti e cantavan gli usi-

4. Il rigeneratore

gnoli, oggi fischiano le sirene delle officine. L'Italiano accelera il passo nello stadio dove le Nazioni corrono la grande Maratona della supremazia mondiale. Gli eroi hanno lasciato il posto ai produttori. Dopo aver combattuto si lavora. L'aratro feconda la terra e il piccone sventra le vecchie città». Dalla constatazione della vitalità dell'italiano moderno, scaturiva una previsione: «L'Italia si prepara a riempire di sé una nuova epoca nella storia del genere umano».

Il panegirico dell'Italia moderna non era accidentale nel giovane Mussolini, che condivideva con i giovani de «La Voce» la fede nella conquista di un nuovo primato italiano, spirituale e culturale, così come condivideva, nella polemica contro Roma capitale, la denunzia dell'abisso «incolmabile» che separava «rappresentanti e rappresentati, parlamento e nazione», «due organismi che non si comprendono più e vivono avulsi l'uno dall'altro», come scriveva nel 1908: «Il paese che lavora, che evolve; il paese che cerca attraverso la mala politica delle classi dirigenti di migliorare se stesso e di rendere l'aere più puro; il paese nuovo, libero, conscio della missione dei popoli che si riaffacciano alle scene della storia; il proletariato infine che eleva faticosamente con lotte e dolori il livello della sua vita spirituale e fisica, non può sentirsi rappresentato da quell'accolita di parrucconi dall'idee ammuffite come l'ambiente di Montecitorio»[4].

Tuttavia, anche se, come taluni suoi apologeti hanno sostenuto, l'adolescente Mussolini nutrì una passione per la romanità, come certamente la nutrì per l'italianismo, tale passione non fu tanto ardente da indurlo a recarsi nella città eterna, a peregrinare fra le «viventi rovine» della Roma antica. Risulta, infatti, che Mussolini avrebbe fatto il suo primo viaggio a Roma solo nel novembre 1912, per partecipare alla riunione della direzione del partito socialista, dopo il suo successo al congresso socialista di Reggio Emilia, nel luglio di quello stesso anno, e poco prima della nomina a direttore dell'«Avanti!»[5]. Per analoghi motivi, Mussolini tornò a Roma nel marzo e nel luglio dell'anno successivo, e di nuovo nel gennaio 1914[6]. E vi tornò ancora nell'aprile 1915 per le manifestazioni interventiste. E, di nuovo, ma occasionalmente, nell'immediato dopoguerra, per riunioni e manifestazioni del movimento fascista. Dopo la elezione a deputato, nel maggio 1921, i suoi viaggi nella capitale divennero più frequenti per partecipare alle sedute della Camera. Ma di tutti questi soggiorni a Roma, Mussolini non ha lasciato alcun racconto, impressione, commento o ricordo sul suo primo incontro con le vestigia della Roma antica. Margherita Sarfatti, nell'edizione inglese della sua biografia (ma la notizia non compare nella edizione italiana), afferma di aver accompagnato Mussolini a girare per i musei di Roma e i Fori, ma non specifica se ciò accadde prima o dopo la marcia su Roma[7].

Da altre testimonianze attendibili sappiamo, però, che l'avversione di Mussolini per Roma continuò a manifestarsi per qualche tempo anche dopo l'assunzione al potere. Talvolta, con qualche collaboratore, il duce si scagliava contro «questa Roma pettegola e nemica», come la definiva nell'estate del 1923: «Io ti dico che in questa Roma, che non ci ama, esistono ben 45 focolai di antifascismo. Io li ho individuati»[8]. Ma in pubblico, il linguaggio era diverso, sebbene non privo di ambigue risonanze, quando contrapponeva l'avversione dei fascisti per la Roma reale al loro amore per la Roma antica, o per l'ideale Roma capitale agognata dai patrioti del Risorgimento. Per esempio, nel marzo del 1923, parlando ai mutilati, Mussolini volle ricordare che le colonne marcianti su Roma «confluivano con un sentimento che io conoscevo, con un sentimento assai affine a quello che dovevano avere certi popoli di altre epoche, che si precipitavano verso la città eterna. Un sentimento di rancore e di infinito amore; di rancore, perché vedevamo in Roma non soltanto la Roma dei secoli, ma una Roma di abbietti politicanti, di burocrati tardigradi, di mestieranti e di affaristi». Accanto allo sdegno, aggiungeva il duce, c'era tuttavia «l'infinito amore per questa città dalle origini lontane e misteriose, uno dei centri dello spirito in tutte le epoche della storia, popolata di quattro milioni [sic!] di uomini al tempo di Augusto, da poche migliaia nei tempi oscuri del Medioevo, mentre oggi si avvia a diventare il cuore potentissimo della nostra vita mediterranea»[9].

Nel 1924, tuttavia, ogni rancore verso Roma sembrava scomparso dall'animo del duce. Egli ora dichiarava di amare moltissimo la capitale, più della stessa Milano, come disse a un ammiratore inglese del fascismo: «Dapprima Roma borghese non mi

2. Mussolini con Bottai all'uscita dal Campidoglio, ca. 1926.

piacque, ma questa è una città che ci penetra ed assimila. Essa è la più bella e splendida capitale del mondo»[10].

In realtà, nessun cambiamento era avvenuto nella fisionomia urbana, umana e sociale della città, subito dopo la marcia su Roma, tale da giustificare l'improvviso innamoramento del duce, rispetto al periodo in cui, prima da socialista poi da fascista, aveva lanciato improperi contro la mediocre capitale politica di un'Italia meschina e imbelle. Nulla era cambiato: ad eccezione, ovviamente, del governo del paese e del governo della città[11]. Ma era un'eccezione gravida di importanti e straordinarie conseguenze per il futuro di Roma e per il futuro dell'Italia, anche se pochi, dopo l'ascesa del fascismo al potere, si resero conto che in Italia si stava attuando un esperimento nuovo di dominio politico, messo in opera da un partito-milizia che pretendeva di incarnare la volontà della nazione, arrogandosi il monopolio del potere per imporre a tutti gli italiani la propria volontà al fine di realizzare la grandezza della nazione.

Una delle manifestazioni più clamorose di questo atteggiamento, insieme al perpetuarsi della violenza squadrista contro gli avversari, fu l'esaltazione dell'avvento di Mussolini al governo come un evento epocale nella storia d'Italia, celebrato nel 1923 con l'emissione di un francobollo e di una moneta in oro da cento lire, recanti il simbolo del partito fascista, il fascio littorio, trasformato in simbolo della nazione.

La foggia del simbolo fascista però era mutata, sia per essere più simile al modello originario del fascio dei littori sia per fugare ogni traccia della tradizione repubblicana, simbolizzata dal fascio con l'ascia in cima, ereditato dalla rivoluzione francese[12]. In realtà, col pretesto di rendere filologicamente più corretto il fascio littorio del fascismo, il duce iniziava la «fascistizzazione» del simbolo romano, con l'avallo di eminenti antichisti. Alcuni di essi deplorarono la riapparizione del «fascio littorio nei tempi della rivoluzione francese, in cui, in odio al passato feudale e dispotico, si vollero collocare in onore i vetusti simboli di Roma, perché servissero, con incongruenza stridente, ad illustrare l'avvento di idee demagogiche, quei simboli, tra i quali il primo posto spettò al berretto frigio, alludente in vero, non già ad una ordinata e consapevole libertà di popolo, ma ad una tumultuosa e prava licenza di plebaglia». Era pertanto merito del duce, asseriva Pericle Ducati, vicerettore dell'università di Bologna, aver «impugnato eroicamente» il fascio littorio in «tempi fortunosi, turbolenti e vili, che straziarono la nostra Italia», per farla risorgere «nel nome dell'alma Madre, di Roma»[13]. «L'Italia riprende così col simbolo littorio per volontà di un Duce romano la missione gloriosa di Roma», ripetè un decennio più tardi un valente archeologo, Giulio Quirino Giglioli[14]. Con il fascismo, il fascio littorio divenne simbolo di autorità, disciplina, gerarchia: ma proprio in questo significato, la pretesa fedeltà alla tradizione di Roma era smentita, sia pure involontariamente, dagli stessi apologeti del «Duce romano», quando scrivevano che il fascio littorio, nella Roma antica, simbolo «augusto e terribile [...] del diritto di vita e di morte e del potere, conferito dal popolo e esercitato in nome del popolo, dava al popolo sicurezza e libertà. 'Assertori di libertà' erano i littori e di essi si servivano gli antichi per compiere la cerimonia della liberazione dello schiavo»[15]. Invece, nel fascismo al potere, il fascio littorio e il richiamo alla romanità divennero emblemi di un regime che menava vanto della distruzione della libertà dei cittadini, professandola come una affermazione della sua nuova, moderna romanità.

Nella nuova foggia, ricalcata sull'antica, all'indomani della marcia su Roma, il fascio littorio fu il simbolo della ambizione del partito fascista alla conquista del monopolio del potere politico e alla sua identificazione con la nazione. Con questo esplicito intento, il duce promosse imponenti cerimonie per celebrare, il 28 ottobre 1923, il primo anno di governo fascista, con riti marziali che intendevano ammonire minacciosamente gli antifascisti e gli italiani tutti, e far capire che l'avvento del fascismo al potere, fondato come era sulla forza della milizia, non era revocabile attraverso le procedure legali di uno Stato parlamentare. Noi, disse Mussolini il 24 ottobre 1923, «teniamo Roma non per la nostra ambizione, non per il nostro profitto, non per miserabile vanità di persone. La teniamo e la terremo contro chiunque. La terremo fino a quando l'opera che abbiamo iniziata non sia completa, fino a quando tutte le opposizioni più o meno meschine e miserabili non saranno infrante per sempre»[16].

«Spirito totalitario» definì questo atteggiamento prepotente e bellicoso del fascismo, l'antifascista liberale Giovanni Amendola, commentando le cerimonie per l'anniversario della marcia su

3. Moneta da L. 100 coniata per il primo anniversario della marcia su Roma, 1923.

Roma. Ebbe così origine un nuovo termine del linguaggio politico, «totalitarismo», che fu subito usato dagli antifascisti, e successivamente dai fascisti, per definire il metodo di azione adottato dal fascismo, fin dalla marcia su Roma, per soggiogare gli italiani alla sua volontà, sottoponendoli a un esperimento di rigenerazione individuale e collettiva[17].

Per Mussolini, punto di partenza e componente essenziale dell'esperimento totalitario era la rigenerazione della Roma reale. Egli voleva trasformare la città «che sonnecchiava sotto le cure di una burocrazia sorda di orecchie e di cervello»[18], per farla diventare la grande capitale moderna di una nuova Italia imperiale: «Pensiamo di fare di Roma la città del nostro spirito», aveva detto Mussolini il 20 settembre 1922, «una città, cioè, depurata, disinfettata da tutti gli elementi che la corrompono e la infangano, pensiamo di fare di Roma il cuore pulsante, lo spirito alacre dell'Italia imperiale che noi sogniamo»[19].

Da quel momento, per il duce, Roma e Italia si identificarono, nel bene e nel male, nella realtà e nel simbolo, nella celebrazione del passato, nella polemica contro il presente, nella visione del futuro. E attraverso la identificazione fra l'antica Roma e la nuova Italia, il fascismo sanciva la propria pretesa di essere, in quanto movimento che rinnovava lo spirito romano, il partito destinato a rigenerare l'Italia per guidarla alla conquista di un nuovo impero. La nuova romanità fascista divenne il modello per costruire la nuova italianità fascista.

Roma è veramente il segno fatale della nostra stirpe, Roma non può essere senza l'Italia, ma l'Italia non può essere senza Roma.

Il nostro destino di popolo ci inchioda alla storia di Roma. Noi prendemmo Roma per purificare, redimere ed innalzare l'Italia; noi terremo Roma solidamente fino a che il nostro compito non sarà totalmente compiuto. E state tranquilli, o cittadini, state tranquilli, o voi legionari delle camicie nere, che l'opera sarà continuata. Sarà continuata con una tenacia fredda, oserei dire matematica e scientifica. Noi marceremo con passo sicuro e romano verso le mete infallibili. Nessuna forza ci potrà arrestare, perché noi non rappresentiamo un partito o una dottrina o un semplice programma: noi rappresentiamo ben più di tutto ciò. Portiamo nello spirito il sogno che fermenta ancora nel nostro animo: noi vogliamo

4. Il rigeneratore

forgiare la grande, la superba, la maestosa Italia del nostro sogno, dei nostri poeti, dei nostri guerrieri, dei nostri martiri[20].

Dal 1923 al 1926, in concomitanza con la distruzione del sistema liberale e la fondazione del regime fascista, molti furono i richiami di Mussolini al mito di Roma, che valsero a completare la sua personale elaborazione della nuova romanità fascista.

Dopo l'ascesa al potere, ogni traccia di disprezzo antiromano scomparve dagli scritti e dai discorsi del duce: furono anzi frequenti le sue pubbliche dichiarazioni di ammirazione per la capitale e gli attestati di stima per i suoi abitanti. Nelle parole di Mussolini presidente del Consiglio, subito dopo la marcia su Roma, la capitale appariva già redenta e trasformata, come per miracolo, in una città attiva e moderna. Di tale trasformazione, il duce volle rendere consapevole la stessa popolazione romana: «Roma – disse al popolo dell'urbe il 9 aprile 1924 – non è già la capitale d'un piccolo popolo di antiquari. Guardatevi attorno, e vedrete già tumultuosi nelle strade di questa incomparabile città una somma sempre più intensa di traffici, un compito sempre maggiore di energie». L'elogio della capitale era probabilmente un tributo alla maggioranza dei romani che nelle elezioni politiche del 6 aprile avevano dato alle liste fasciste quasi il sessanta per cento dei voti. E un elogio del duce alla popolazione romana era anche la pubblica smentita della «imbecillissima menzogna» che a Roma non si lavora: «Roma lavora! A Roma vi sono per lo meno centomila autentici lavoratori: forse più equilibrati, più coscienti, più devoti al loro dovere che altrove!»[21]. Il popolo romano, ribadì Mussolini il 31 dicembre 1925, durante la cerimonia di insediamento del primo governatore della capitale, «ha dato in questi ultimi anni, e specialmente in questo che si conclude oggi, prove ammirevoli di ordine e di disciplina. Esso è degno di vivere nella più grande Roma che sorgerà dai nostri sforzi, dalla nostra volontà tenace, dall'amore e dal sacrificio concorde e consapevole di tutte le genti d'Italia»[22]. Ma il vero destinatario degli elogi mussoliniani, per la rapida trasformazione della capitale, era il fascismo, al quale il duce rivendicava il merito di aver restituito a Roma l'autorità e il prestigio di capitale d'Italia: «Da tre anni Roma è veramente la capitale d'Italia. I municipalismi sono scomparsi. Il fascismo ha, tra gli altri, questo non ultimo merito di avere dato moralmente e politicamente la capitale alla Nazione. Roma è oggi altissima nella nuova coscienza della patria vittoriosa»[23].

Con simili discorsi, il duce intendeva azzittire definitivamente i fascisti delle province, che continuavano a imprecare contro la capitale. Fra il 1923 e il 1925, i fascisti intransigenti, in massima parte ras provinciali con i loro squadristi, avevano reiterato le invettive contro Roma. Essi temevano che l'ambiente della capitale avrebbe finito col corrompere lo spirito rivoluzionario del fascismo. Contro Roma polemizzavano, in nome di un fascismo puro e puritano, gli intellettuali «strapaesani» de «Il Selvaggio» di Mino Maccari e gli integralisti antimodernisti de «La Conquista dello Stato» di Curzio Suckert (non ancora Malaparte): «Avremmo dovuto riempire Roma di morti, nell'ottobre scorso: quanta gente da corda nella grande famiglia dei crociani, dei salveminiani, dei patrioti bontà loro, e dei retori! Il popolo ci avrebbe baciato le mani. Non già il popolo turpe di Roma capitale, che vuol mangiare e bere e ragionar di poppe grasse e d'anche rotonde, e non vuol altro, ma il popolo rude sceso a Roma da tutte le terre», aveva dichiarato Suckert nel 1923[24].

Riferendosi a questi fascisti antiromani, nell'ultimo congresso del partito tenuto a Roma il 22 giugno 1925, Mussolini disse di voler «combattere una piccola stortura che affiora qua e là nelle province. [...] Tale stortura io combatto recisissimamente ed è la stortura antiromana. Signori, io sono romano! Signori, è ora di finirla con i municipalismi!». Ogni fascista doveva «sentire l'ineffabile orgoglio di essere un gregario di questa immensa e superba capitale» perché non era vero «che a Roma non vi sia il fascismo e che Roma sia una specie di sentina. In ogni caso la farebbero gli italiani, perché i romani sono la minoranza di Roma; ma poi tutto ciò è nemico, o signori, di quella concezione dell'impero che è la base della nostra dottrina. E l'unica città che nelle rive del Mediterraneo, fatale e fatato, abbia creato l'impero è Roma»[25].

La polemica antiromana venne messa al bando dal regime: lo constatava, nell'ottobre di quello stesso anno, la rivista del go-

4. Il rigeneratore

vernatorato di Roma, «Capitolium», ricordando come fino a poco tempo prima «era segno di spirito forte dir male di Roma: parassita delle altre regioni, pitocca dello Stato, attendamento d'impiegati, città di fannulloni e di affittacamere. Guai a chi avesse osato accennare all'eredità dell'antico passato». Ignorando o tacendo che il duce stesso aveva spesso detto male di Roma, la rivista attribuiva ora a Mussolini «il merito di debellare apertamente e vigorosamente questa antiromanità» agendo come *«vir novus*, che bruscamente di dosso scuote la polvere di Montecitorio, rovescia i sacri testi del vecchio parlamentarismo mezzo francese e mezzo inglese, e si riallaccia alla pura tradizione romana»[26].

Non mancarono, negli anni seguenti, stoccate polemiche antiromane, dirette verso le stesse gerarchie del regime che si erano insediate stabilmente nella capitale, come in un romanzo del 1930, *L'italiano di Mussolini* di Mario Carli, già esponente dell'estremismo fascista romano. Il protagonista, ardimentoso fascista pugliese, era un deputato che si era poco familiarizzato con Montecitorio, nonostante la Camera, dopo le elezioni plebiscitarie del 1929, fosse tutta in camicia nera: disgustato dall'ambiente della capitale, aveva preferito dedicarsi all'attività di agricoltore dissodando e bonificando le sue terre perché sentiva «che c'erano anche a Roma alcune zone da bonificare, paludi morali rimaste *come prima*, cioè prima della Rivoluzione [...]. Ebbe subito, nettissima, la sensazione del tanfo che emanava da certe cloache dell'Urbe»[27]. Ma queste stoccate antiromane erano isolati mugugni di esponenti del fascismo intransigente e squadrista, che erano stati emarginati o si erano allontanati sdegnati e delusi dall'imborghesimento della rivoluzione, oppure erano tenuti lontano dai vertici del potere perché rissosi e piantagrane.

Dopo essersi giovato del mito di Roma per dare legittimazione storica e consistenza ideologica al fascismo, il duce invocava il mito di Roma per indurre alla disciplina i fascisti delle province, che pretendevano di essere la più genuina espressione del fascismo rivoluzionario, in polemica con il duce stesso. Contemporaneamente, l'esaltazione mussoliniana del ruolo di Roma capitale unica della nazione, ponendo fine alla distinzione e alla contrapposizione fra una capitale politica e una capitale morale, contribuì a legittimare la politica accentratrice dello Stato nuovo, che il fascismo si accingeva a costruire con spirito e metodo totalitari, per unificare moralmente la nazione sotto l'egida del partito fascista, al fine di creare una nuova razza di italiani modellati a immagine e somiglianza del fascismo e del duce.

L'impresa di rigenerazione nazionale iniziò con la rigenerazione della capitale.

Quando gli fu conferita la cittadinanza romana, in Campidoglio, il duce enunciò con tacitiana concisione i suoi progetti per il rinnovamento di Roma, distinguendo i problemi della capitale in due categorie: i «problemi della necessità», che derivavano dallo sviluppo inevitabile della città, schematicamente compendiati nel binomio «case e comunicazioni»; e i «problemi della grandezza», per i quali il duce forniva già la soluzione: «Bisogna liberare dalle deturpazioni mediocri tutta la Roma antica, ma accanto all'antica e alla medioevale, bisogna creare la monumentale Roma del ventesimo secolo. Roma non può, non deve essere soltanto una città moderna, nel senso ormai banale della parola; deve essere una città degna della sua gloria, e questa gloria deve rinnovare incessantemente per tramandarla, come retaggio dell'età fascista, alle generazioni che verranno»[28]. Circa due anni dopo, il 31 dicembre 1925, il duce diede al governatore della capitale appena insediato, le direttive e gli ordini per creare la nuova Roma dell'era fascista: «Le mie idee sono chiare, i miei ordini sono precisi. Sono certissimo che diventeranno una realtà concreta. Tra cinque anni Roma deve apparire meravigliosa a tutte le genti del mondo: vasta, ordinata, potente come fu ai tempi del primo impero di Augusto. Voi continuerete a liberare il tronco della grande quercia da tutto ciò che ancora l'aduggia. Farete largo attorno all'Augusteo, al Teatro di Marcello, al Campidoglio, al Pantheon. Entro cinque anni, da Piazza Colonna, per un grande varco, deve essere visibile la mole del Pantheon. Voi libererete anche dalle costruzioni parassitarie e profane i templi maestosi della Roma cristiana. I monumenti millenari della nostra storia devono giganteggiare nella necessaria solitudine. Quindi la Terza

4. Case sui resti del Foro di Cesare, 1932.

Roma si dilaterà sopra altri colli lungo le rive del fiume sacro, sino alle spiagge del Tevere»[29].

Quando il fascismo consolidò il monopolio del potere, il progetto della nuova Roma mussolinea era già chiaramente delineato nei suoi tratti essenziali. E il duce si mise subito alacremente all'opera per far abbattere quanto più era possibile della Roma reale che lo disgustava. Soprattutto gli ammassi di vecchie e fatiscenti abitazioni, che nel corso dei secoli si erano ammucchiati sui ruderi dei Fori imperiali.

Mussolini si impegnò personalmente, con decisione e ostinazione, per realizzare a ritmo accelerato la costruzione della nuova Roma fascista, grande e imperiale come lui la sognava. «Vedrà che faremo di Roma. Tra cinque anni, il Pantheon, il Teatro Marcello, la tomba d'Augusto saranno liberati. Tra dieci anni avremo costruito un grande teatro d'opera, e intanto riadattiamo il Costanzi. Tra quindici anni avremo finito una strada lunga venti chilometri, larga sessanta metri lungo i Colli Albani, tutta ville e palazzi». Così parlò Mussolini nel 1926, illustrando i suoi progetti a Ugo Ojetti, influentissimo critico d'arte e massimo tenore del giornalismo italiano dell'epoca, nonché autorevole commentatore della trasformazione urbanistica di Roma. Annotando nel diario le dichiarazioni mussoliniane, Ojetti osservava: «Vibra tutto, a petto gonfio, a testa alta, felice. È un innamorato di Roma, un 'romaniolo', che adora la madre e la rivuole regina senza confronti. Tra cinque, tra dieci, tra quindici anni [...]. I ministri d'una volta non potevano dire nemmeno tra un mese»[30].

Nonostante il suo improvviso innamoramento per la capitale, dopo l'ascesa al potere, permaneva in Mussolini un'avversione profonda per la vecchia Roma dei quartieri pittoreschi, con il suo «colore locale» che affascinava gli stranieri, ma mandava in bestia i fascisti. Anche quando era socialista, Mussolini aveva condannato l'industria del forestiero come una umiliazione per la nuova Italia, perché faceva apparire gli italiani un popolo di albergatori, cantastorie e mandolinari, che sollazzavano servilmente i turisti attratti a Roma unicamente dalle antiche rovine e dal pittoresco dei vecchi quartieri.

... questi vecchi labirinti di vicoli senza marciapiede, dove rumoreggia la vita popolare. Al pianterreno dei palazzi fatiscenti si illuminano le botteghe. Ricordi incantati del Borgo, di Campo de' Fiori, di Piazza Montanara. Sul selciato sempre umido, gli ultimi carri fanno tintinnare la loro ferraglia. Un odore di legumi e di pesce arriva a zaffate nell'aria tiepida. La strada scivola nell'oscurità fra le volte dei negozi, tutte piene di una luce violenta e fiabesca; il passante, mescolato alle ombre, segue il suo cammino sotto un cielo stellato, in un rumore quasi orientale, fra le imprecazioni, lo schioccare delle fruste tra i banchi variopinti di paste dorate, fiaschi impagliati, limoni, zucchine e cocomeri. Come non esser commossi? Queste strade turbolente, dove conducono? Soltanto a luoghi illustri: questa al Vaticano, quella al Quirinale, quell'altra al Pantheon [...]. La strada viva e la pietra morta si aggrovigliano come l'edera e le rovine. La Città Eterna non è uno di quei luoghi dove uno possa andare a spasso indifferente, a caso. Anche il viandante più frivolo, il più incolto, prova il brivido del passato – verità vecchia e ba-

5. Il Tempio di Ercole in Piazza Argentina, 1928.

nale, così banale, come ha detto un viaggiatore, che uno si vergogna quasi a scriverla[31].

Deciso a farla finita con la Roma vecchia e pittoresca, il duce si dedicò con eroico furore alle opere di demolizione per isolare i monumenti della Roma antica[32]. Egli diede impulso alla prosecuzione degli scavi archeologici già avviati ma soprattutto promosse nuovi scavi, con più celere ritmo di esecuzione, per portare alla luce, come disse il 9 aprile 1927 alla Società romana di storia patria, «i monumenti più augusti dell'antichità, non rifatti perché ogni rifacimento sarebbe una stolta profanazione, ma semplicemente dissepolti o liberati dalle parassitarie incrostazioni accumulate in secoli di abbandono»[33]. Commentando al Senato il 18 marzo 1932 il nuovo piano regolatore per la capitale, Mussolini disse che il piano rispettava «in sommo grado tutto ciò che rappresenta la testimonianza vivente della gloria di Roma antica. Ma un conto, o signori, sono i monumenti, un conto so-

no i ruderi, un conto è il pittoresco o il cosiddetto colore locale. [...] Tutto il pittoresco sudicio è affidato a Sua Maestà il piccone, tutto questo pittoresco è destinato a crollare e deve crollare in nome della decenza, della igiene e, se volete, anche della bellezza della capitale»[34].

Il piccone divenne il simbolo della frenesia con la quale Mussolini volle personalmente partecipare alla distruzione dei quartieri vecchi e pittoreschi. Durante il ventennio, giornali e cinegiornali diedero grande risalto all'immagine del duce, ora in uniforme ora in borghese, che in cima al tetto di una casa sferrava il primo colpo di piccone per dare inizio ai lavori di demolizione.

La liberazione della «grande quercia» iniziò subito dopo la marcia su Roma.

Nel 1923 furono iniziate le demolizioni per isolare e restaurare il tempio della Fortuna Virile, inaugurato da Mussolini nel novembre 1925, e il tempio rotondo di Vesta nella zona del Foro Boario. Nel 1924 i picconatori cominciarono a demolire le case che coprivano i Mercati e il Foro di Traiano, il Foro di Augusto e il Foro di Cesare, alla sinistra dell'Altare della Patria. L'anno successivo furono avviate demolizioni e scavi in Piazza di Torre Argentina per recuperare un'area di templi dell'epoca repubbli-

A fianco.
6. Mussolini in visita agli scavi del Teatro di Marcello, 1928.

7. Demolizioni per la liberazione del Teatro di Marcello e la costruzione della Via del Mare, 1932.

cana: la nuova zona archeologica portata alla luce fu inaugurata dal duce il 21 aprile 1929.

Il 21 aprile 1926 Mussolini diede il primo colpo di piccone per il recupero del Teatro di Marcello, riaprendo il doppio ordine di archi, che erano stati interrati, murati o trasformati in botteghe, liberandolo dalle case che vi si erano addossate, come pure fu distrutta l'intera area di abitazioni, chiese e vie adiacenti a Piazza Montanara; e scomparve la piazza stessa, «popoloso ritrovo di negozianti di oggetti rustici, di contadini, di ciarlatani, di venditori ambulanti [...] certamente uno dei luoghi più caratteristici della Roma del passato»[35].

Emerso dall'isolamento e restaurato, il Teatro di Marcello fiancheggiava ora il primo tratto della Via del Mare, inaugurata da Mussolini il 28 ottobre 1930. La nuova arteria fu ottenuta demolendo case e chiese situate fra l'Ara Coeli, Piazza San Marco e le pendici del Campidoglio, lungo la stretta Via Tor de' Specchi, che scomparve per far posto alla nuova, ampia strada che, prolungandosi lungo il corso del Tevere, avrebbe dovuto collegare il centro della capitale al mare, alle spiagge e al porto di Ostia. Intanto, nuove vie già conducevano i romani al mare. Il 21 aprile 1925 era stata inaugurata la ferrovia che collegava Roma a Ostia in trenta minuti. Tre anni dopo, il 28 ottobre, fu inaugurata l'autostrada del mare. Da 119 abitanti nel 1921, Ostia Mare era salita a 779 nel giugno 1927 e raggiunse i 3500 sette anni dopo[36]. Ricongiungere Roma al mare e rianimare nei romani la passione per il mare faceva parte dei progetti mussoliniani di rigenerazione della capitale e dei suoi abitanti, per suscitare in essi un nuovo spirito imperiale.

Fra il 1928 e il 1930, riprendendo la distruzione dei vecchi quartieri che coprivano il colle del Campidoglio, già operata dai governi liberali per creare lo spazio al monumento a Vittorio Emanuele II, furono demoliti palazzi, chiese e case situate alla destra dell'Altare della Patria, comprese le abitazioni medievali addossate alle pendici del Campidoglio e alla Rupe Tarpea, definite nel 1929 dalla rivista del governatorato «una moltitudine di lacere e sudice casupole», che con la loro presenza «in uno dei luoghi più illustri della terra», erano «una prova dell'insensibilità storica e patriottica, nella quale il popolo romano continuava a svigorirsi dopo una sì lunga, muta e rassegnata inerzia politica»[37]. I lavori di «raschiamento» del Campidoglio e della Rupe Tarpea furono presentati dalla propaganda fascista come una liberazione dei luoghi più sacri della Roma antica dalle costruzioni che vi si erano aggrappate nel corso dei secoli, deprecate come indegne profanazioni della antica maestà romana e della dignità di una capitale moderna. Al mito della restaurazione archeologica della Roma antica furono disinvoltamente sacrificate, decretandone la totale cancellazione, case, chiese, palazzi e abitazioni che erano testimonianze storiche non insignificanti della Roma medioevale e rinascimentale. Fra le vittime del sacrificio edilizio vi furono la casa di Michelangelo, già spostata all'epoca della costruzione del monumento al re Vittorio, e la casa del pittore Giulio Romano.

Pur non disapprovandone lo scopo, vi erano intellettuali romani, anche fervidi fascisti, che provarono un sentimento di tristezza nell'assistere alle demolizioni che cancellavano quartieri della vecchia Roma a loro familiare, pensando alle famiglie che avevano dovuto abbandonare le proprie abitazioni, destinate alla distruzione per fare largo alla nuova Roma mussolinea: «Le case atterrate sembrano comunicare, con le loro sembianze di

8. Trasloco di sbaraccati, 1927.

disastro, la coscienza d'intimi drammi non rivelati», commentava nel 1931 Francesco Sapori, scrittore e critico d'arte, che per anni aveva lavorato in uno studio sulla torre di Palazzo Venezia[38].

Migliaia di famiglie della piccola borghesia, di artigiani e di operai, sfrattate dalle case demolite, furono trasferite con un esodo forzato nei grossi alberghi popolari costruiti alla Garbatella per ospitarle, o andarono a popolare le nuove borgate frettolosamente edificate nella periferia, formate da schiere di casupole con una o due stanze e servizi igienici comuni, mentre le baracche e i «villaggi abissini», eliminati dal centro, risorgevano ai margini della capitale: queste famiglie furono le vittime sacrificate alla rigenerazione della Roma reale e alla costruzione della nuova capitale monumentale e moderna dell'Italia fascista.

Una mattina del luglio 1928. Mentre il sole s'arrampica pel cielo, alcuni colpi di scure risuonano nella vuota serenità di Piazza San Marco.

Durante la notte hanno portato dei mucchi d'assi. Si prepara una filagna attorno alle case che devono cadere, e che gli inquilini hanno già abbandonate [...].

Ad uno ad uno i coppi vengono calati a terra; così pure le travi dei solai, strozzate dalle corde. I demolitori paiono soldatacci dissipati e irruenti, intesi ad un flagello [...]. I tetti scoperchiati, i muri fessi dal piccone, le cappe dei camini a nudo, lasciano pensare a bombardamenti, a frane, a incendi. Il calcinaccio incipria ogni cosa intorno.

Con una diligenza che dà noia, il capomastro governa i quadri drammatici di questo increscioso spettacolo.

A poco a poco il quartiere si sbriciola, si sfalda, crolla. Ritorna in polvere [...].

Sospesi tra gli avanzi sghembi, monchi, incavernati, i mastri tirano i muri con delle funi, piegando da una parte per metterci tutta la loro forza, finché avviene un rovinio sonoro dentro una nuvola bianca.

Viscere di case; non c'è più nulla che assecondi la vita domestica. Le condutture dell'acqua vennero tolte prima degli infissi e dei fili della luce elettrica. Il piccone ha creato delle prospettive bizzarre, che la statica contende, travolge di ora in ora.

Scale mozze senza pianerottoli, corridoi scoperchiati, archi colpiti al cervello, nicchie sfigurate, stucchi in briciole. Frammezzo al tentennio delle travature che piombano a terra con squarci e scrosci, ondeggiano varii aspetti di devastazione: pareti zoppe, intonachi rosi, tracce lasciate dai contorni dei mobili, carte francesi scolorite. Profili di testiere dei letti, particolari logori, chiodi rimasti, son quasi espressione di torpore, di agonia, in quelli ambienti disserrati, senza più voci umane. [...]

I profili delle case semidistrutte, governati dal vuoto, dall'immobilità, dalla solitudine, appaiono verso sera come uno scempio cencioso e miserando. Nelle ore lavorative, i mastri sradicano il vecchiume ed estraggono dagli incoerenti rottami, come creature superstiti da un naufragio, pietre, cotti, impannate. Nelle lastre e nei pezzi di vetro sparsi si riflette il sole con mobili, vivacissimi baleni, che abbarbagliano la vista di chi passa. [...]

Gli autocarri portano via i materiali e i detriti, nei quali il colore candido della calce s'alterna a quello rossocupo della pozzolana. [...]

La zona del Foro Italico è ormai irriconoscibile da quello che era.

La fiancata poderosa del Vittoriano si leva sù con gigantesco orgoglio

9. Via Tor de' Specchi, 1929.

nel nuovo spazio che la circonda. Passando di corsa, i veicoli fanno altro rumore nell'area aperta e vasta[39].

Il 28 ottobre 1931 iniziarono i lavori per l'apertura di una nuova strada che avrebbe collegato Piazza Venezia al Colosseo: denominata inizialmente Via dei Monti, la strada doveva contribuire a snellire il traffico nel centro della capitale, in previsione di un crescente aumento delle automobili in circolazione, e funzionare, nello stesso tempo, come via di collegamento verso i Colli Albani, per avviare l'espansione della città in questa direzione.

I lavori, condotti con ritmo frenetico per consentire l'inaugurazione della nuova strada nel decimo anniversario della rivoluzione fascista, richiesero un'enorme opera di demolizione: furono totalmente distrutti i fabbricati esistenti fra il Foro di Traiano e Via Cavour, fu cancellato il quartiere cinquecentesco costruito sui Fori di Augusto e Nerva, per un totale di 5500 vani abitati, e fu spianata gran parte della collina della Velia, alle spalle della basilica di Massenzio, con la rimozione di oltre 300 mila metri cubi di terra, roccia e ruderi[40]. Alla volontà di isolare e far grandeggiare i monumenti dell'antica Roma, nei programmi demolitori di Mussolini si aggiungeva la necessità di adeguare il centro della città allo sviluppo del traffico automobilistico previsto per una grande metropoli moderna.

Bisogna prima di tutto ampliare le strade, che sono troppo strette e incompatibili con la circolazione intensificata delle grandi metropoli. In certe vie del centro [...], dove non ci sono marciapiedi, due vetture non riescono ad incrociarsi. Alcune di queste viuzze, come quelle che portano a Piazza San Luigi dei Francesi, sono attraversate dalla linea tranviaria, per cui al pedone è appena possibile introdursi fra il veicolo e il muro radente. Si cercherà di far circolare altrove questi mezzi di trasporto collettivi per evitare l'imbottigliamento.

È egualmente indispensabile dare ai monumenti antichi una «aureola di spazio» che la democrazia ha loro negato. Infatti sono tutti soffocati da una cinta di vecchie e sordide stamberghe, e non si notano se non quando si giunge a pochi metri, in faccia a loro. Il prodigioso Colosseo, iniziato sotto Vespasiano e completato da Tito, non è visibile

10. Lavori per la costruzione di Via dell'Impero, 1932.

dal Foro. Il Pantheon costruito da Agrippa in onore della vittoria riportata da Antonio su Cleopatra è talmente nascosto da innumerevoli stamberghe, che lo si scopre solo quando ci si para davanti. Il Teatro di Marcello ha visto nidificare nelle sue arcate delle sordide bottegucce. L'Augusteo – il mausoleo di Augusto – è diventato una sala da concerto. Il Foro romano, che rimane probabilmente il più singolare complesso di monumenti dell'antichità latina, e anche il più commovente, come pure il Foro di Traiano, non sono visibili che a pochi metri.

Si amplieranno le strade e le piazze demolendo senza pietà le costruzioni ingombranti. Per il percorso delle linee tranviarie si potrà ricorrere a dei tunnel, in attesa di costruire la metropolitana, alla quale stiamo già pensando. Il Palazzo Capitolino e il Teatro di Marcello saranno liberati dalle piccole botteghe che li accerchiano. La Rupe Tarpea sarà finalmente offerta allo sguardo dei curiosi. La Piazza del Campidoglio, che è situata ad altitudine sensibilmente superiore rispetto a Piazza Venezia, sarà collegata a questa da una rampa che aggirerà sulla sinistra il monumento a Vittorio Emanuele II.

Sarà anche possibile, muovendosi quasi in linea retta, recarsi dalla stazione alla città nuova attraverso un viale che segue la riva sinistra del Tevere. L'esecuzione di questi progetti darà a Roma l'aspetto di una città armoniosa e moderna. Di una città che, mentre si slancia risolutamente verso il progresso, conserva un culto religioso per le vestigia del suo im-

menso passato. Di una città di affari, anche, dove il tempo per andare da un punto all'altro, sia altrettanto economizzato. Di un centro urbano, infine, dove i costruttori hanno la lodevole cura di conciliare igiene e bellezza[41].

L'opera di sventramento e di demolizione dei vecchi quartieri, per isolare i monumenti antichi, fu effettuata senza eccessiva attenzione al significato e al valore storico, urbanistico e artistico delle costruzioni destinate alla distruzione, spesso soltanto perché erano espressione tipica della Roma vecchia e pittoresca, che strideva con la visione fascista della Roma mussolinea, immaginata come una grande metropoli moderna. E per realizzare la nuova Roma, il duce, assecondato da zelanti archeologi, architetti e urbanisti, consenzienti o accomodanti che fossero, non esitò a far demolire anche vestigia della Roma antica se ostacolavano la costruzione dello «spazio fascista», come la *Meta Sudans* nei pressi del Colosseo, oppure a far nuovamente seppellire, sotto la Via dell'Impero e sotto le aiuole adiacenti, l'84 per cento dei 76 mila metri quadrati dei Fori imperiali che erano stati scavati. Ne rimase alla luce soltanto il 15 per cento a far da fondale scenografico alle sfilate del regime[42].

La liberazione, il restauro e l'isolamento delle vestigia romane per inserirle nella nuova Roma fascista erano la concretizzazione di una visione monumentale della storia, che mescolando l'antico e il moderno, come disse Mussolini al popolo romano il 28 ottobre 1926, aveva rigenerato la città eterna e le aveva restituito, in forma moderna, lo splendore che aveva ai tempi di Augusto.

Qui voglio aprire una parentesi per fare un elogio di tutto il popolo italiano in genere e del popolo di Roma in particolare. Io ho sempre respinto le ironie dei tempi in cui c'erano troppe capitali in Italia e non ce n'era una sola come doveva essere. Ed ho voluto che Roma, che è Roma di tutti i tempi e per tutti i popoli da tremila anni, non fosse una città di stanchi burocrati e di viaggiatori intenti a scrutare, qualche volta a non capire, le nostre memorie antiche.

Ho voluto che accanto alla Roma antica, che deve risorgere in tutto il suo splendore poiché è cosa unica al mondo, ci fosse anche la Roma mo-

4. Il rigeneratore

derna, viva, operosa, vibrante, degna capitale del grande Stato fascista. E l'ho voluto anche perché il popolo di Roma da quattro anni a questa parte dà uno spettacolo magnifico di disciplina, di dignità, di consapevolezza[43].

Gli sventramenti e le distruzioni compiute per far grandeggiare nella solitudine i monumenti dell'antica Roma non furono solo la conseguenza di una capricciosa furia devastatrice, alimentata dall'ignoranza e dalla vanità del duce, con la complicità di compiacenti collaboratori, per soddisfare la loro ambizione. Se ignoranza e vanità ebbero comunque parte nel rifacimento fascista del centro di Roma, parte più importante e decisiva ebbero la concezione fascista della nuova romanità e la funzione modernistica, assegnata dal duce al mito di Roma e alle sue vestigia monumentali, nella costruzione della nuova Roma mussolinea e nella formazione della coscienza nazionale degli italiani. Lo rilevava nel 1932 lo scrittore Emil Schreiber, osservando che la vecchia Roma dalle strade strette, poche automobili, molte carrozzelle, e l'imponente presenza del passato con le sue vestigia da museo, contrastavano con le ambizioni di «un paese che non nasconde affatto il suo gusto per il modernismo e il suo desiderio di potenza. [...] Al momento del suo avvento al potere, Mussolini aveva dichiarato che l'Italia non era un museo. Oggi, questo stesso passato egli lo utilizza per eccitare il patriottismo dei suoi compatrioti»[44].

L'archeologia, per Mussolini e per il fascismo, aveva una preminente funzione simbolica, subordinata alla realizzazione della Roma fascista. L'uso mussoliniano dell'archeologia era coerente con la sua concezione della storia come arsenale di miti per l'azione. Mussolini – per usare una distinzione fatta da Friedrich Nietzsche, filosofo che ebbe grande influenza sulla sua cultura e la sua personalità – era indifferente alla «storia antiquaria», che ha il culto reverenziale per il passato; disprezzava la «storia critica», che sottopone il passato a indagini distaccate dalle esigenze della vita attuale, mentre era un fervente cultore della «storia monumentale». «Se l'uomo vuole creare cose grandi – aveva affermato Nietzsche – ha in genere bisogno del passato, se ne impossessa per mezzo della storia monumentale»[45], senza curarsi del danno che infligge al passato, perché «intere, grandi parti di esso vengono dimenticate, spregiate, e scorrono via come un grigio e ininterrotto flusso, mentre emergono come isole solo singoli fatti abbelliti»[46]. Allo stesso modo, dai ruderi della Roma antica il duce recuperava tutto quanto poteva contribuire alla costruzione della Roma mussolinea, senza riguardo per quanto, delle vestigia della Roma imperiale, medioevale o rinascimentale, era distrutto, pur di far spazio alla nuova Roma da lui immaginata. Il duce, in pratica, non agì diversamente da quanti, nei secoli passati, avevano attinto alle rovine romane materiale per edificare, a Roma o altrove in Italia e in Europa, palazzi, chiese e case. Egli intervenne personalmente per imporre l'esecuzione delle demolizioni, quando potevano essere ostacolate dagli scrupoli degli studiosi cultori della «storia antiquaria». «Continui a *demolire* e se necessario demoliremo anche le melanconie del senatore Fedele, che si commuove ridicolmente, per un *mucchio* di latrine»: con questo perentorio ordine al governatore di Roma, il 20 settembre 1931, il duce replicava alla richiesta di salvare dalla distruzione, durante gli scavi per l'isolamento del Teatro di Marcello, un gruppo di case che erano «l'unico esempio rimastoci di casa popolare della Roma medioevale». E nel febbraio successivo, Mussolini tornava sull'argomento, se pur con minore intransigenza: «Oggi, 1º febbraio, passando dall'ormai famigerato lungotevere Pierleoni, ho visto i professori Muñoz e Fedele aggirarsi attorno al non meno famigerato rudere. Se lo si vuol lasciare, ne riparleremo, ma questo non deve più oltre ritardare la demolizione delle case circostanti che imprimono a quell'angolo di Roma un aspetto più che africano. Del pari, procedendo verso lieto compimento la sistemazione del Colle Oppio, vanno senza indugio demolite le casette e i tuguri terminali che lo fronteggiano vicino al Colosseo. Una piazza ci sta benissimo in quel punto di traffico intenso»[47].

Alla vigilia del primo decennale dell'era fascista, interi quartieri di epoca medioevale, rinascimentale e barocca, con palazzi, case, chiese, vie e piazze, erano stati cancellati nel centro della vecchia Roma. «La trasformazione di Roma, in seguito a tutti

4. Il rigeneratore

questi lavori – scriveva Schreiber – è di tale ampiezza che fra qualche anno l'aspetto della città sarà completamente differente da quello della Roma medioevale e rinascimentale come l'hanno conosciuta i turisti che hanno visitato l'Italia prima del fascismo»[48]. Gran parte della vecchia Roma fu sacrificata per far posto, accanto alle riesumate vestigia della Roma antica, alle nuove strade, ai nuovi monumenti e ai nuovi spazi urbani, che il duce volle costruire nel cuore della capitale per destinarli alle adunate di massa, ai riti, alle cerimonie e alle parate marziali della nuova Italia imperiale.

5
ROMA MUSSOLINEA

«Metà di Roma è in demolizione! Nel cuore della città eterna case su case vengono abbattute per liberare il monumento a re Vittorio Emanuele II e aprire una nuova grande strada che raggiungerà il Colosseo costeggiando i Fori: la Via dell'Impero»[1].

Gli stranieri che visitavano la capitale all'inizio degli anni Trenta erano impressionati dalle demolizioni in corso, affascinati dalla antica Roma che il duce stava resuscitando, stupiti dalla nuova Roma che egli stava costruendo.

La Via dell'Impero, lunga novecento metri e larga trenta, fu inaugurata il 28 ottobre 1932, durante le celebrazioni per il primo decennale della rivoluzione fascista, con una sfilata del duce in divisa della milizia fascista, su un cavallo bianco. Dopo il completamento della eliminazione degli edifici che ancora coprivano parte dei Fori, il restauro dei ruderi recuperati con gli scavi archeologici, e la sistemazione di aiuole fra la zona archeologica e Via dell'Impero, il duce volle che davanti a ciascun Foro fosse innalzata una statua dell'imperatore che l'aveva fatto costruire. Nel 1934, sulle mura di sostegno della basilica di Massenzio, furono affisse lastre di marmo che rappresentavano le fasi dell'espansione geografica di Roma, dalle origini al periodo di massi-

A fianco.
1. L'obelisco Mussolini al Foro Mussolini, 1938.

Alle pagine seguenti.
2. Demolizioni per costruire Via dell'Impero, 1932.

ma estensione dell'impero. Un'ultima lastra fu aggiunta nel 1936 per illustrare il nuovo impero fascista.

Che cosa è la via dell'Impero? La via dell'Impero è una strada viva, agitata e piena di traffico che congiunge due nuclei importantissimi di Roma e nello stesso tempo è anche una strada solenne, austera, archeologica che collega il Colosseo al palazzo Venezia, attraverso un pittoresco disordine di architettoniche memorie. Questo doppio carattere della strada, carattere funzionale e aulico, è il segreto del suo successo urbanistico: vita e storia vi si innestano allegramente nelle forme più disparate e con uno sfoggio scenografico che soltanto Roma può allestire. Le solenni cadenze del Foro di Augusto, la plastica nudità della basilica di Costantino, il ritmo largo e adagiato del Foro di Cesare, l'ellenica e pittoresca sovrapposizione medioevale attorno al grande emiciclo del Foro Ulpio, la rustica semplicità delle costruzioni affiancate alla basilica costantiniana danno a questa strada spunti infiniti di ordinato disordine. E, nello sfondo, da una parte il Colosseo, l'edificio più standardizzato e più razionale del mondo antico, e dall'altra il palazzo Venezia, costruzione sintetica, onesta e aderente allo spirito dell'architettura moderna. In questo mondo variato e pieno di energici contrasti si accordano tutte le architetture di largo respiro e di grande ritmo. Non possono accordarsi, invece, la menzogna, la rettorica falsa, l'adulazione meschina e balbettante, l'enfasi bolsa del dilettante o dell'isterico. Questo è il regno delle idee chiare, semplici, eterne[2].

Via dell'Impero fu l'opera urbanistica più spettacolare realizzata dal regime nel primo decennale dell'era fascista. Modificando radicalmente una considerevole parte del vecchio centro della capitale, la nuova strada era la consacrazione del trionfo della Roma mussolinea sulla Roma reale, che il fascismo aveva disprezzato, combattuto e conquistato dieci anni prima. Dopo dieci anni di residenza nella capitale, Mussolini dichiarava a sua volta di essere stato conquistato dal fascino di Roma: «A Milano – disse a Emil Ludwig nel 1932 – avevo sempre vissuto volentieri; ma Roma, che prima conoscevo solo come ospite, mi sembrava affascinante. Il suolo storico sul quale si agisce ha un potere magico. La coscienza di vivere a Roma ha suscitato in me durante questo decennio una quantità di pensieri»[3].

Nel primo decennio del regime, insieme ai lavori di demolizione e agli scavi per far grandeggiare nell'isolamento i monu-

5. Roma mussolinea

menti restaurati dell'antica Roma, il fascismo lavorò molto per effettuare, dopo la conquista politica, una «conquista monumentale» della capitale, attuata mediante la fascistizzazione del suo spazio urbano ovunque fosse possibile, occupandolo con i propri riti, i propri simboli, i propri monumenti[4]. Anche le vestigia della Roma antica, in un certo senso, furono «fascistizzate», essendo inserite nello scenario simbolico e rituale della Roma mussolinea, come retaggio dell'archetipo mitico della romanità fascista, testimonianze del «tempo sacro» delle origini, al quale la religione politica fascista si richiamava[5].

Dal 1932, Via dell'Impero fu il luogo principale per le parate delle Forze armate, della Milizia e delle organizzazioni del partito fascista. Concepita come arteria funzionale allo snellimento del traffico nel centro della capitale e come direttrice principale per lo sviluppo della città verso i Colli Albani, Via dell'Impero assunse immediatamente un significato simbolico, suggellando per i secoli a venire, con un'impronta imponente e indelebile, la continuità fra la romanità antica e la romanità fascista. La ricerca di una nuova simbiosi fra tradizione e modernità fu il motivo ispiratore costante, ma spesso contraddittorio, delle opere urbanistiche e architettoniche promosse dal duce per edificare la nuova Roma monumentale dell'era fascista.

La trasformazione di Roma avvenne contemporaneamente alla costruzione del regime totalitario, con l'eliminazione dei partiti e delle associazioni non fasciste, la concentrazione del potere nella persona di Mussolini, capo del governo e duce del fascismo, il consolidamento del ruolo del partito fascista come pilastro del regime, custode della rivoluzione e artefice della rigenerazione degli italiani. Nel 1929, il Gran Consiglio, organo supremo del partito fascista istituito subito dopo la marcia su Roma e presieduto dal duce, divenne il supremo organo costituzionale dello Stato italiano, con la prerogativa di fornire al re la lista di eventuali successori alla carica di capo del governo, e di intervenire nella successione al trono. Il fascio littorio, nella nuova foggia adottata dopo la marcia su Roma, con la scure affiancata lateralmente alle verghe, fu dichiarato emblema dello Stato nel 1926 e incorporato tre anni dopo nel nuovo stemma dello Stato italiano. Nel 1928 fu decretato che ogni nuovo edificio

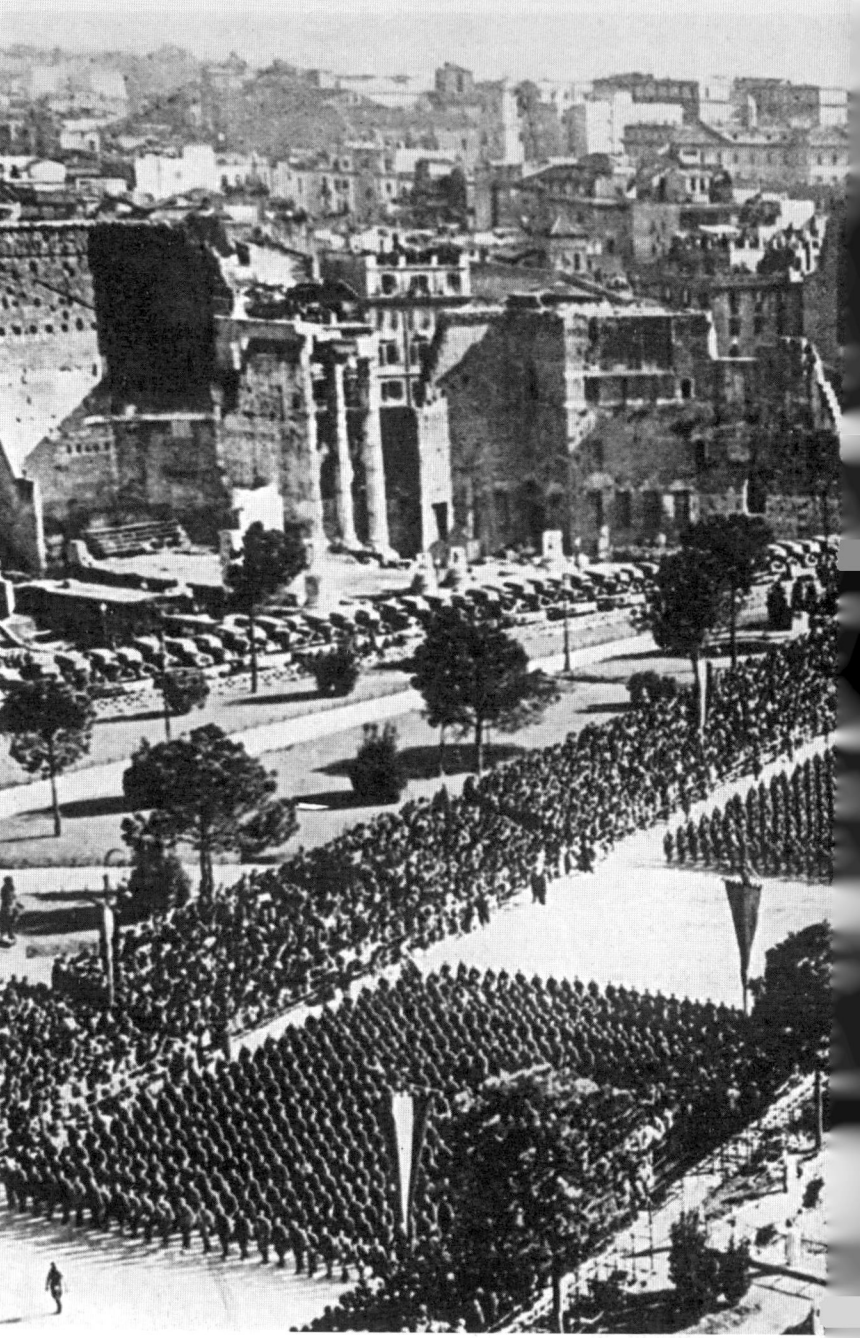

Alle pagine precedenti.
3. Parata in Via dell'Impero, ca. 1935.

4. La fontana dell'Acqua di Trevi nei giardini di Piazza Mazzini, 1927.

pubblico doveva fregiarsi del fascio littorio[6]. Dai monumenti ai tombini, dagli edifici alle strade, ai ponti e alle fontane, nella capitale come in ogni città, paese, borgo e villaggio d'Italia il simbolo fascista divenne onnipresente.

Consacrazione simbolica della conquista totalitaria del potere fu anche la fascistizzazione del calendario, con l'adozione della data della marcia su Roma come inizio dell'anno della nuova «era fascista». Introdotto da Mussolini nel 1923, l'uso di indicare l'anno dell'era fascista accanto all'anno dell'era cristiana fu adottato ufficialmente nel 1927[7]. L'anno fascista era scandito da un calendario di ricorrenze, riti e cerimonie, deliberato annualmente dal Gran Consiglio; tre giornate erano riservate alla celebrazione degli avvenimenti storici del regime e del partito: il 23 marzo, data di fondazione dei Fasci di combattimento, fu dedicato alle forze giovanili organizzate dal partito, con lo svolgimento del rito della Leva fascista; il 21 aprile, per celebrare le forze del lavoro e della produzione, e il 28 ottobre, inizio dell'anno fascista, per rievocare ed esaltare l'avvento al potere delle camicie nere. Durante il regime, altre ricorrenze entrarono a far parte del calendario, come la conquista dell'Etiopia (5 maggio) e la proclamazione dell'impero (9 maggio). Le cerimonie più solenni per la celebrazione delle giornate fasciste si svolgevano a Roma, alla presenza del duce o del segretario del partito. Nuovi spazi e nuove costruzioni furono create nella capitale per ospitare i riti del culto del littorio: le esigenze della liturgia di massa furono parte importante nei progetti di trasformazione della vecchia Roma e di costruzione della nuova Roma mussolinea.

Tutta la vasta area compresa fra il Colosseo, i Fori imperiali, l'Altare della Patria e Piazza Venezia divenne lo scenario per le celebrazioni del fascismo e le grandi adunate di massa per ascoltare la parola del duce dal balcone di Palazzo Venezia. L'ampio spazio aperto fra l'Altare della Patria e Palazzo Venezia, dopo le demolizioni dei quartieri esistenti, fu denominato Foro italico e successivamente Foro dell'impero fascista. Piazza Venezia assunse così, nella simbologia e nella liturgia del regime, il carattere del «centro sacro» della religione fascista, dove erano celebrati i riti più solenni del culto del littorio: ciò conferì allo stesso Palazzo Venezia, divenuto dal 16 settembre 1929 la residenza di lavoro del duce, un valore di predominanza simbolica e politica nella rappresentazione dello Stato fascista, rispetto al Palazzo del Quirinale dove risiedeva il re[8].

Il monumento a Vittorio Emanuele II, il massimo luogo di culto patriottico realizzato dall'Italia liberale, per il quale il duce e i fascisti non nutrivano simpatia, fu relegato in una dimensione simbolica ausiliaria rispetto a Palazzo Venezia. Margherita Sarfatti lo derideva come «un nuovo falso altare di ricostruzione pergamea» o «nuovo falso tempio prenestino»[9]. Ai propri caduti, il fascismo volle dedicare un monumento e uno spazio sacro, collocando sul colle del Campidoglio un'ara formata da uno squadrato blocco di granito rosso, frammento di un obelisco egizio proveniente da una villa romana. Pur conservando la dignità sacrale di Altare della Patria come tomba del Milite Ignoto, e restando per questo motivo la meta obbligata delle ricorrenze patriottiche e degli omaggi cerimoniali di autorità politiche e militari, e di governanti e rappresentanti di paesi stranieri, il Vittoriano divenne uno degli elementi costitutivi dello scenario celebrativo fascista, come una vasta tribuna per gli spettatori dei riti del littorio[10].

La costruzione della nuova Roma impegnò nel corso del ventennio molti fra i più importanti e più originali architetti e artisti italiani dell'epoca, come Enrico Del Debbio, Mario De Renzi, Adalberto Libera, Gaetano Minnucci, Luigi Moretti, Giuseppe Pagano, Mario Ridolfi, Mario Sironi, e principalmente Marcello

5. L'ara dei caduti fascisti sul Campidoglio, 1926.

5. Roma mussolinea

Piacentini, fra loro il più potente, e uno dei maggiori artefici della Roma mussolinea. Al mito fascista della nuova romanità aderirono non soltanto architetti e artisti che avevano il culto della tradizione, ma anche i più giovani fautori dell'architettura razionale e di un'estetica della nuova romanità fascista, che fosse ispirata da una dinamica e spregiudicata modernità.

Il nostro movimento ha un solo movente altissimo: la volontà di portare l'Italia al suo posto anche nell'arte madre che è l'architettura. Ciò che ieri non fu possibile, anche per la crisi disastrosa causata dal dopoguerra, da irrompere di egoismi di masse e da inettezza di Governi, oggi che il popolo italiano ritrova il suo equilibrio e ritempra le sue forze sotto il simbolo e nello spirito del Popolo Romano, le energie risorte possono comprendere e ricreare. E soprattutto liberandoci dal vecchiume della nostra decadenza decorativista, ritornare quello che furono gli antenati fondatori di imperi costruttori. [...] Questa architettura assumerà sempre più il carattere nazionale e più – allontanandosi dall'inizio – ci avvieremo verso la maturazione delle forme perfette, più vedremo come essa sarà portata al massimo splendore da quel popolo italiano che deve riconquistare, anche in questa arte, quel posto che i costruttori di Roma gli hanno assegnato nel mondo[11].

Era dai tempi dei pontefici che avevano contribuito a trasformare grandiosamente la città, attraverso demolizioni, sventramenti e costruzioni, chiamando a loro servizio i grandi architetti e artisti della loro epoca, che non si radunavano a Roma tanti talenti per operare trasformazioni altrettanto grandiose. Molti di essi non erano solo fascisti di tessera, allettati dall'interesse o dall'ambizione, sedotti da un duce mecenate e patrono generoso, senza sentirsi coinvolti ideologicamente, in quanto architetti e artisti, nella creazione del «fascismo di pietra». Quale che fosse il loro diverso modo di intendere l'arte e il fascismo, essi misero al servizio dello Stato fascista il loro talento e la loro perizia perché aderivano politicamente al fascismo, erano affascinati dall'esperimento totalitario, che incitava intellettuali e artisti a costruire una nuova civiltà, ed erano essi stessi, con la loro opera, artefici della cultura e dell'arte del fascismo: creatori e interpreti dei miti totalitari del fascismo, quanto lo era Mussolini, e forse, per molti aspetti, lo erano molto più del duce stesso. Se le massime ideologiche del duce, impresse nelle strade, nelle case e nelle piazze, sono state cancellate dall'antifascismo e dal tempo, la pietrificazione dell'ideologia fascista, realizzata dagli architetti e dagli artisti, è rimasta indelebile a rappresentarne i miti e gli ideali.

Pur ispirandosi alle idee e alle direttive del duce, essi contribuirono in modo personale, secondo il loro talento e la loro capacità, e talvolta con polemico spirito di indipendenza, a dare espressione ai miti fascisti materializzandoli nelle loro opere[12]. Consapevoli del significato e della funzione politica della loro opera, architetti e artisti collaborarono con entusiasmo alla attuazione dell'esperimento totalitario, nel campo delle loro competenze, convinti di partecipare con Mussolini alla creazione di una nuova civiltà italiana, che avrebbe rinnovato nel ventesimo secolo la missione universale della civiltà romana. Il «fascismo di pietra» fu il risultato di un eclettico sincretismo stilistico, espressione della varietà di interpretazioni della romanità fascista, secondo differenti e talvolta opposte concezioni estetiche, fra tradizione classicista e innovazione razionalista. Tuttavia, anche se fra loro, gli artisti e gli architetti fascisti, non diversamente dagli intellettuali e dai filosofi fascisti, non erano unanimi nel modo di intendere e interpretare il rapporto fra tradizione e modernità, lavorarono tutti nella stessa direzione, alla ricerca di uno stile estetico adeguato a rappresentare la nuova civiltà fascista[13].

Il duce si schierò pubblicamente in favore dell'architettura razionale e incitò gli artisti a creare uno stile fascista che fosse assolutamente moderno, anche se spesso cedette, specialmente dopo la conquista dell'impero, alle pressioni dei sostenitori del classicismo. Questi ultimi, capeggiati da Piacentini, furono abbastanza abili nel temperare la retorica decorativa del loro classicismo romaneggiante, per adeguarsi all'esigenza di apparire moderni, semplificando e irrigidendo l'imitazione della romanità classica. Tuttavia, per esplicita volontà di Mussolini, non ci furono direttive coercitive per definire lo stile unico di un'arte o architettura di Stato. Ciò che maggiormente appassionava il duce non era il dibattito sulla scelta di un autentico stile fascista, ma la prosecuzione decisa, costante e celere della costruzione della

6. Il nuovo Serbatoio di Via Eleniana, 1935.
7. La Casa Madre dei Mutilati, 1928.

Roma imperiale dell'era fascista, scegliendo di volta in volta lo stile che soddisfaceva la sua idea di monumentalità.

Il sincretismo eclettico del «fascismo di pietra» appare evidente se si mette a confronto, per esempio, lo stile massiccio, imperioso e militaresco di taluni edifici, come l'imponente e ruvido Serbatoio, opera dell'architetto Raffaele de Vico, l'arcigna severità, da maniero medioevale, adottata da Piacentini nella Casa Madre dei Mutilati o nel ministero delle Corporazioni, da una parte, e dall'altra lo stile egualmente volitivo e deciso, ma nitido e solare, adottato da Moretti per la Casa del Balilla.

La diversità di concezioni e di stile fu spesso motivo di aspre polemiche fra architetti e artisti, ma non impedì loro di cooperare in talune delle più importanti opere del «fascismo di pietra», come la nuova Città universitaria, inaugurata dal duce il 31 ottobre 1935, all'inizio della guerra in Etiopia. Alla sua realizzazione, sotto la direzione di Piacentini, che ebbe l'incarico di progettare il piano generale e coordinare i lavori, collaborarono architetti di diverse generazioni e di diverse tendenze stilistiche, ma l'eclettismo che ne risultò non ha privato la Città universitaria di una propria fisionomia unitaria, espressione esemplare del connubio fra classicità e modernità, perseguito dal «fascismo di pietra».

Altro importante esempio del sincretismo fascista, forse simbolicamente il più significativo fra le opere del «fascismo di pietra», è il Foro Mussolini, situato a nord della città, in un'area pia-

8. La Casa del Balilla a Trastevere, 1936.
9. Piazzale della Minerva e Rettorato nella Città universitaria, 1937.

neggiante fra il Tevere e le pendici di Monte Mario. Il Foro Mussolini, che nella denominazione intendeva affermare non solo il richiamo alla tradizione romana, ma la volontà fascista di eguagliarla, era un complesso di edifici, costruiti su iniziativa di Renato Ricci, presidente della organizzazione giovanile fascista Opera Nazionale Balilla, per ospitare le istituzioni dove formare fisicamente e ideologicamente i nuovi dirigenti dell'organizzazione. Concepito secondo «un unico progetto architettonico», il Foro Mussolini doveva essere «una fucina di educatori e dirigenti politici destinati, o meglio votati, al più gigantesco esperimento di educazione di Stato che la storia ricordi», e doveva rappresentare, dal punto di vista storico e politico, «un monumento che, riallacciandosi alla tradizione imperiale romana, vuole eternare nei secoli il ricordo della nuova civiltà fascista, legandola al nome del suo Condottiero»[14].

La molteplicità delle funzioni assegnate al Foro Mussolini, pedagogica, sportiva, politica, monumentale e simbolica, furono armonicamente realizzate, con originale sintesi fra classicità e modernità, dall'architetto Enrico Del Debbio, che dal 1927 al 1933 ebbe l'incarico di dirigere l'ufficio tecnico dell'ONB per la progettazione delle Case del Balilla. «Vorremo noi creare con forme nostre e sincere *allo scopo, al tempo, al materiale*, la Roma moderna [...]. L'arte non è misera ricopia cristallizzata ma nuova creazione»[15] aveva scritto il giovane Del Debbio nel 1918: dieci anni dopo, egli mise in pratica i suoi proposti nella costruzione del Foro Mussolini.

Il nucleo centrale del Foro era l'edificio dell'Accademia Fascista di Educazione Fisica, composto di due blocchi simmetrici, congiunti da un blocco centrale trasversale, intonacati in colore rosso pompeiano, sul quale si stagliavano, con ritmica cadenza, alte finestre incorniciate da sottili colonne sormontate da timpani spezzati di marmo bianco. Attraverso un passaggio ad arco, sotto il blocco centrale dell'edificio, si accedeva allo Stadio dei Marmi, costituito da dieci ordini di gradinate, che potevano contenere ventimila spettatori. Lo stadio era coronato da sessanta statue marmoree alte quattro metri, raffiguranti, con nuda virilità, muscolosi atleti distinti secondo la loro specialità sportiva. Alle spalle dell'Accademia, era lo Stadio dei Cipressi, formato da terrazze tagliate nel fianco della collina, con una capienza di centomila spettatori.

Alle pagine precedenti.
10. Veduta aerea del Foro Mussolini, ca. 1930.

11. Lo Stadio dei Marmi con le statue di atleti donate dalle province italiane.
12. Mosaici di pavimentazione del Foro Mussolini.

Nell'ampio piazzale antistante il complesso architettonico si ergeva il massimo simbolo monumentale del Foro Mussolini: un gigantesco monolite di marmo bianco, alto diciotto metri, dedicato al duce, al quale era stato donato da un gruppo di industriali di Carrara nel 1927. Il taglio del monolite nella cava di Carrara e il suo trasporto nella capitale, per terra, per mare e per fiume, prima montato su un carro trainato da sessanta buoi, poi condotto per mare su un naviglio costruito appositamente, col quale fu risalito il Tevere fino ad approdare nei pressi del Foro Mussolini, furono rappresentati come un'impresa epica, che durò oltre tre anni, fra la partenza dalla cava nel 1928 e l'installazione nel Foro Mussolini, avvenuta nel maggio del 1932. Sul monolite, opera dell'architetto Costantino Costantini, era inciso verticalmente, a grandi caratteri, «Mussolini Dux».

Inaugurato dal duce il 4 novembre 1932, il Foro Mussolini, sebbene ispirato alla romanità antica, era stato concepito e realizzato per essere un modello della nuova romanità fascista. Oltre che essere «un complesso di edifici, di stadi e di campi soddisfacenti alle più moderne esigenze dello sport», spiegava nel 1933 Mario Paniconi, uno degli architetti che collaborarono alla sua costruzione, «si è voluto che il Foro Mussolini avesse un significato più alto e più completo, quasi una celebrazione solenne alla imperitura giovinezza e forza italica, quasi un inno al Fascismo che questa giovinezza ha inquadrata, organizzata, animata, per avviarla ai più alti, immancabili destini. Ne è sorto un insieme monumentale che si può riallacciare per ricchezza di marmi, per opere d'arte, per grandiosità di linee ai più solenni monumenti dell'antichità romana»[16].

Dall'anno dell'inaugurazione fino agli anni della guerra mondiale, il Foro Mussolini continuò ad ampliarsi, con variazioni che ne modificarono la struttura originaria, ma non alterarono, anzi accentuarono la sua funzione simbolica e monumentale per perpetuare nei secoli la nuova romanità fascista. Nuove opere furono aggiunte al complesso originario, come il Palazzo delle Terme, iniziato nel 1933 e ultimato nel 1937, con una grande piscina coperta e decorazioni parietali a mosaico raffiguranti personaggi mitologici e atleti in attività ginnica e sportiva.

In asse con l'obelisco Mussolini, fra il 1933 e il 1935 fu realizzata la Fontana della Sfera, opera degli architetti Mario Paniconi e Giulio Pediconi, simbolo cosmico di perfezione e di eternità, costituita da un blocco di marmo con un diametro di tre metri, situata alla fine di un ampio viale, denominato Piazzale dell'Impero, pavimentato in marmo bianco e decorato con mosaici a tessere nere, raffiguranti eventi e opere del fascismo, personaggi della mitologia, scene bucoliche, arti e mestieri, flora e fauna, esercizi ed emblemi delle attività sportive, accompagnate da stilizzate sagome di fasci littori e dalla sigla ONB, ripetuta frequentemente insieme alla parola DUCE, come a voler rappresentare visivamente le grida scandite di un coro. Ai lati del viale furono collocati, allineati in due sequenze, squadrati blocchi di marmo, su ciascuno dei quali era incisa una epigrafe che ricordava un evento fondamentale del fascismo, sin dalla fondazione del «Popolo d'Italia».

Nell'aprile 1936 fu inaugurata da Mussolini la Casa delle Armi, opera di Luigi Moretti, un architetto di venticinque anni, chiamato da Ricci nel 1933 a sostituire Del Debbio nella direzione dell'ufficio tecnico dell'ONB e nella pianificazione urbanistica del Foro Mussolini[17]. La Casa delle Armi, in puro stile razionalista, con bianche e nitide superfici marmoree, introdusse un elemento innovativo nella fisionomia originaria del Foro Mussolini. Il Foro, affermava Moretti nel 1936, «non è teoria freddamente, se pure completamente, utilitaria di edifici e campi sportivi; è espressione e affermazione di imperiale volontà Fascista. I suoi marmorei edifici, la straordinaria bellezza del paesaggio, le opere d'arte insigni che vi sono profuse, ne fanno il nuovo centro monumentale della Roma di Mussolini»[18].

Per eternare il culto del duce, nel 1933 Ricci aveva pensato di innalzare nel Foro una «statua del fascismo» in bronzo, alta ottanta metri, poggiante su un basamento di venti metri, tale da «far impallidire il ricordo del leggendario Colosso di Rodi», come scriveva egli stesso nella relazione inviata a Mussolini; l'interno del basamento sarebbe stato sistemato «a grandi, luminosi saloni, in modo da poter degnamente ospitare la Mostra permanente della Rivoluzione Fascista e il Sacrario dei Martiri Fascisti»[19]. Collocato sul più alto dei colli dominanti il

13. Il duce inaugura il Palazzo delle Armi, 1936.

Foro Mussolini, il colosso avrebbe dovuto sovrastare un'altra gigantesca opera concepita da Ricci, l'Arengo della nazione, un piazzale di centoventimila metri quadrati capace di contenere trecentomila persone, «destinato alle grandi sfilate degli atleti, ai raduni di popolo, e soprattutto a quei singolarissimi colloqui tra il DUCE e gli italiani che, alle grandi svolte della nostra storia recente e presente, paiono veramente domandare una vastità eroica»[20].

La storia e la leggenda delle grandi sculture sono, si può dire, antiche quanto il mondo. Racconta Plutarco che un tempo si voleva, in onore di Alessandro, scolpire sul monte Athos la figura del re macedone che doveva portare in una mano la città e nell'altra la foce di un fiume. Le sculture gigantesche dell'epoca romana dicono pure come le figure di grande dimensione siano state sempre tentate dall'arte. E circa la leggenda che ha creato il colosso di Rodi vien fatto di considerare come la fantasia popolare di tutti i tempi abbia creato le cose di cui abbisogna la storia quasi per completarsi, e che la storia stessa non ha, talvolta, la forza di realizzare. L'iniziativa quindi, pur conservando caratteristiche di assoluta originalità negli annali dell'arte contemporanea, tro-

va un riscontro nelle epoche auree della storia dei più grandi popoli dell'antichità. Prima di ogni altra considerazione generica sull'opportunità e l'utilità dell'iniziativa, è bene precisare che non si tratta della statua del DUCE, *anche se la caratteristica testa della gigantesca figura ha forse qualche richiamo ai lineamenti maschi di Mussolini. Saranno i posteri a riconoscere il* DUCE *nella figura quasi mitologica di questo Ercole moderno protettore di Roma [...]. Nel campo dell'arte il Foro Mussolini è, forse, nel mondo moderno l'unico monumento che può avvicinarsi alle grandi creazioni dell'antichità.*

Il Colosso, grandiosa espressione figurativa della potenza dell'Italia fascista, lungi dall'essere impresa banale cui, con insolenza, ha alluso un povero giornale di provincia, assurge alla concezione di un'opera d'arte attorno alla quale si riuniranno orgogliosi gli italiani, stupiti ed ammirati gli stranieri di tutto il mondo[21].

Nessuno dei due ciclopici progetti di Ricci fu realizzato, per motivi economici e per vicende politiche, ma la mancata realizzazione, come nel caso di altri ambiziosi progetti previsti per la Roma mussolinea, non sminuisce il loro interesse per comprendere il significato culturale e mitico del «fascismo di pietra».

Il Foro Mussolini è stata la prima e organica concretizzazione della Roma mussolinea, rappresentando un modello effettivo di integrazione fra le varie arti nella composizione monumentale, un'integrazione ottenuta non per meccanico affiancamento o giustapposizione, ma per l'impulso di un motivo ispiratore unitario, una genuina ricerca di grandiosità costruttiva, che oscillò continuamente fra la romanità ampollosa del neoclassicismo modernista e la sobrietà essenziale del modernismo razionale, che rivendicava a sé una romanità più autentica perché creativa e non imitativa. La grandiosità monumentale fu caratteristica di gran parte degli edifici pubblici e delle opere urbanistiche che hanno lasciato nella capitale, come in molte altre città d'Italia, l'impronta indelebile del «fascismo di pietra». Il fascismo ebbe il culto della monumentalità come espressione collettiva di una civiltà che vuole lasciare la sua impronta nella storia sfidando il tempo, conferendole per questo un significato simbolico e sacrale. La monumentalità fascista, dichiarava Mario Sironi, era la «espres-

5. Roma mussolinea

sione architettonica della società fascista, dello Stato, della Religione, del Comando, dei simboli dominanti [...] per racchiudere in una grande unità i caratteri della nostra civiltà»[22].

E come tale, aggiungeva il pittore, essa deve dare «un volto, una sensazione visibile e chiara di quella fede, della sua forza, della sua misura, della sua potenza». In questo senso, la monumentalità fascista aveva significato e funzione religiosa, nell'ambito della sacralizzazione politica operata dal fascismo: il Foro Mussolini, Piazza Venezia, Via dell'Impero furono i principali luoghi per la celebrazione collettiva del culto del littorio. A questa funzione di *monumentalità religiosa* doveva tendere l'integrazione delle arti nella costruzione della Roma mussolinea, ispirata dalla consapevolezza della loro funzione mitica e simbolica nel senso specifico della politica fascista[23].

All'inizio del secondo decennio della rivoluzione fascista, il duce aveva già messo mano ad altre demolizioni nel centro della capitale. Il 22 ottobre 1934 era sul tetto di una casa in Via Soderini, e prima di «cedere la parola al piccone» e dare inizio ai lavori per l'isolamento dell'Augusteo, Mussolini ricordò che «per fare la Via dell'Impero furono rase al suolo molte vie: Via Alessandrina, Via San Lorenzo, Via del Lauro, Via della Salara vecchia, Via della Croce, Via Bonella, Via del Priorato, Via delle Marmorelle, Via Cremona, Via dei Carbonari, Via San Lorenzo ai Monti, scoprendo un'area di metri quadrati quarantamila. Quando ora si passa per Via dell'Impero bisogna fare un considerevole sforzo mnemonico per ubicare le vie scomparse»[24].

Tutto l'imponente lavoro di demolizione e di costruzione compiuto dal regime fascista, avvenne sotto lo sguardo autoritario e vigile del duce, che voleva occuparsi personalmente di ogni cambiamento, riservandosi sempre e su ogni cosa la decisione finale. «Il Duce segue giorno per giorno, ora per ora, l'attuazione del vasto programma fin nei suoi più minuti particolari», affermava Antonio Muñoz, ispettore generale delle antichità e belle arti del governatorato e uno dei maggiori artefici degli sventramenti della vecchia Roma. Illustrando alla fine del 1934 la «grande opera di trasformazione di Roma, che da dodici anni si va compiendo sotto i nostri occhi, nella formazione del nuovo volto che l'Urbe Eterna va assumendo», Muñoz descriveva la città, che «ancora dodici anni or sono, pigra e sonnacchiosa, seguiva a fatica la marcia dei tempi, oggi trasformata in un operoso cantiere, pulsante di vita, che circola nelle sue arterie vecchie e nuove, e avviata a divenire la più bella metropoli moderna»[25].

> *Roma è un cantiere. Finché c'è il sole, un'eco di picconi, di gru e di autocarri che si sforzano, sovraccarichi di rena del Tevere, ti raggiunge sempre. Sempre c'è una quinta che cala, uno scenario che appare, una bandiera di muratori in cima a un tetto appena finito. Alla periferia, l'ultima casa alta si profila nei campi, nei pascoli, come nel mare la prua del bastimento: una settimana dopo l'altra, la prua della città ha navigato, è più lontana. E nel centro un metodico terremoto colpisce una zona alla volta: quel che è eterno ne emerge, splendido, in mezzo alle macerie di quel che è vecchio. I quotidiani locali pubblicano continuamente fotografie della città, perché i cittadini possano dire di conoscerla. Roma è giovane, nasce ogni giorno. Se in essa si sente qualche volta gridare, è fra gli operai vicini ai mucchi di materiali, e gli operai che mettono i mattoni più alti, su, dove la costruzione cresce. Questi gridi verticali, tutto il ritmo di questa creazione quotidiana reagisce al clima soave e spinge a fare*[26].

Quando l'impero riapparve sui colli fatali di Roma, la capitale appariva per molti aspetti irriconoscibile rispetto a quel che era all'inizio dell'era fascista. Nel 1936 Roma aveva 1.179.037 abitanti, diventando la città più popolosa d'Italia. Dal 1921 al 1936, la sua popolazione, per natalità e per immigrazione, era cresciuta del 74 per cento rispetto al 36 per cento di Milano. Oltre 800 mila persone si trasferirono nella capitale durante gli anni del regime. Questa massa di immigrati era composta prevalentemente da operai, artigiani, manovali addetti alle costruzioni, attratti dalla nuova febbre edilizia e dalle condizioni di povertà provocate dalla grave crisi del 1929. Moltissimi furono anche, fra gli immigrati, i burocrati, i militari, i professionisti, gli intellettuali.

La pletora delle organizzazioni fasciste, dal partito alle organizzazioni dipendenti, che avevano il loro quartier generale nella capitale, la proliferazione degli enti statali e parastatali, l'espansione dello Stato totalitario incrementarono la fisionomia burocratica della capitale. Nei cinque anni precedenti la proclamazione dell'impero, gli addetti alla pubblica amministrazione erano passati da 84.966, pari al 19,6 per cento della popolazione attiva nel 1931, a 101.368, pari al 20,5 per cento nel 1936. Gli addetti all'industria erano diminuiti dal 35,7 al 35 per cento, mentre gli addetti all'edilizia aumentarono da 14.187 nel 1927 a 17.673 nel 1936[27].

Notevole fu anche la migrazione interna alla città: dopo il 1931, quasi 150 mila romani, specialmente negli strati popolari, si spostarono dal centro alla periferia, in seguito alle mutazioni urbanistiche imposte dal regime e al rincaro delle abitazioni nei quartieri del centro. Pur con molte contraddizioni, il fascismo contribuì alla modernizzazione della capitale, impegnandosi a risolvere anche i «problemi della necessità» nel campo edilizio, sociale e assistenziale, intensificando la costruzione di scuole, case, ospedali, centri educativi e sportivi, che facevano capo alla Opera Nazionale per la Maternità e l'Infanzia, al Dopolavoro e alle organizzazione giovanili del partito. Durante il regime, tuttavia, si acuì nella capitale la netta divisione gerarchica fra i quartieri della borghesia e dei ceti medi, collocati nel centro e nel nord della capitale, e i quartieri dei ceti popolari, nella zona meridionale e nelle nuove borgate costruite in periferia[28].

Nonostante la campagna contro l'urbanesimo, considerato un fenomeno deleterio che minava la sanità della stirpe, preservata dal contatto con la terra, il duce considerava l'accrescimento della popolazione nella capitale un segno di vitalità e un fattore inevitabile della sua modernità, al pari della moltiplicazione delle automobili e dell'accrescimento del traffico nella nuova Roma, che aspirava a diventare faro e guida di civiltà per il mondo intero. La storia, aveva affermato Mussolini nel 1921, quando non era ancora ossessionato dal fenomeno

Alle pagine seguenti.
14. «*Ingorgo di traffico dove tre strade si incontrano*», Porta Pinciana, 1937.

dell'urbanesimo, «è stata sempre fatta dalle grandi città. Può qualche volta la storia finire in un piccolo villaggio, ma è concesso soltanto alle grandi agglomerazioni umane, alle grandi città, di determinare gli eventi capitali della storia»[29].

La nuova Roma fascista era una metropoli di dimensioni europee, in continua espansione, anche se l'espansione avveniva disordinatamente, lasciando insoluti molti «problemi della necessità», aggravandoli talvolta e producendone di nuovi, proprio per conseguenza della sua crescita demografica – dalla carenza di alloggi alla povertà diffusa fra gli strati popolari, alla crescente disoccupazione che solo in parte veniva riassorbita dalla febbre edilizia del regime.

Si sta formando in Italia una capitale. Per chi vive a Roma da più di dieci anni, è un'emozione quotidiana vederla crescere e complicarsi, prodotto di cento fatti sociali e psicologici, di cento spostamenti [...]. Proprio questa impressione d'una vita che corre, che ci logora [...]. Io me la ricordo venti anni fa, e allora era soltanto lo scheletro della città di oggi, la mummia rimasta per secoli. [...] Pareva una città di paccottiglia, e credo che anche il commercio locale, ad eccezione di qualche negozio di lusso, assorbisse le peggiori merci d'Italia. Roma era tutto e assai più di quel che mostrava. Una lunga domenica della provincia italiana. Vita sociale non esisteva, altro che quella dei nobili. [...] Bastavano, per la parata d'una vita sociale, le comparse al teatro, alle corse, ai quattro o cinque convegni annuali, ed era aspirazione e trionfo di ognuno ritrovarsi nelle lunghe liste dei cronisti mondani. [...] E poi c'era il Corso, la domenica, che le grosse famiglie dei mestieri più seri e fondati, osti e affittacamere, popolavano di lunghe file di carrozzelle su e giù. E tutto questo è finito, e questa città che si è tanto odiata, pur rimanendovi, come la rappresentante della piattezza, dell'opportunismo più ospitale, è diventata una capitale. [...] Non si cresce di seicentomila persone in vent'anni senza che una città lo lasci vedere, anche se antichissima [...] è questo il nuovo aspetto di Roma. La quale, scenografica com'è, tutta grandiosamente esteriore, e fatta per significare la pompa e il trionfo, influisce a suo modo sugli animi. [...] Spogliarsi di tutto e accettare le novità più scrocchianti, è proprio un segno d'oggi, indica una capacità di rinnovarsi, è un grandioso fenomeno che a un certo punto dovrà pure tradursi in termini suoi, in un modo d'essere, di vivere, di pensare[30].

5. Roma mussolinea

I «problemi della grandezza» furono il pensiero dominante nella visione mussoliniana della nuova Roma. Tutto, nella Roma dell'era fascista, doveva essere grande e crescere in grandezza. Ancor più che il numero degli abitanti in Roma, erano cresciuti in grandezza la sua autorità e il suo prestigio, come notavano i visitatori stranieri. Roma era diventata, in ogni senso, il centro politico, morale e intellettuale dello Stato, della nazione e del fascismo, che con lo Stato e con la nazione si sentiva ormai identificato. Con il fascismo, scriveva nel 1933 il giornalista svizzero Paul Gentizon, era avvenuta la «consacrazione della Città Eterna come metropoli del regno. La capitale di un grande paese non può essere soltanto un complesso più o meno sontuoso di strade, monumenti e uffici pubblici: deve essere anche l'anima, il cervello, un centro spirituale. Con le nuove istituzioni, Roma, da capitale politica quale era stata fino ad oggi, è diventata la capitale morale e intellettuale della penisola. Un nuovo passo, sotto il segno del littorio, verso l'unità integrale dell'Italia»[31]. A Roma avevano sede le massime istituzioni e organizzazioni del regime; le massime istituzioni culturali create o incrementate dal fascismo, come l'Istituto dell'Enciclopedia Italiana, l'Accademia d'Italia, l'Istituto Nazionale di Cultura Fascista, l'Ente Radiofonico, Cinecittà; a Roma si erano trasferite o erano sorte riviste politiche, culturali e scientifiche fra le più influenti e autorevoli del regime. E Roma era la meta agognata dai giovani di provincia che nutrivano ambizioni politiche, letterarie, artistiche.

Erano gli anni del grande travaglio urbanistico di Roma, quando cominciavano a cadere i quartieri addossati al Vittoriano e ancora si sboccava in Piazza San Pietro attraverso i borghi densi di un traffico pedonale, messo in pericolo dallo sferragliare precipitoso dei tram. L'Augusteo era ancora soffocato da un denso ammasso di vecchie case, rotto da vicoli dai nomi presuntuosi, nei quali si affollavano trattoriole da pochi soldi la cui più altisonante insegna era quella del «Re dei re dei cuochi», dove con lire una e settantacinque saziavamo l'appetito mangiando una minestra di fagioli, una polpetta con patate, una pera e un bicchiere d'acqua. [...]

15. Opere del regime nella capitale, 1937.

5. Roma mussolinea

L'avidità di quegli anni era grande. Volevamo vedere tutto, visitare i musei, quelli vaticani, quelli nazionali, quelli capitolini, riconoscere i luoghi goethiani, dannunziani, carducciani, reinventare le corse dei berberi da piazza Colonna a piazza del Popolo, per quella via del Corso per la quale vedemmo passare Trilussa e riconoscemmo Cesare Pascarella mentre entrava nel portone di casa sua. Eravamo piccoli, sperduti, soli, senza speranza. Ma la conquista di Roma era il sogno ambizioso della nostra prima giovinezza[32].

Alla vigilia della riapparizione dell'impero sui colli fatali, non era millanteria affermare, come faceva Muñoz, che era giusto, «nella storia delle vicende edilizie dell'Urbe, registrare a grandi lettere l'epoca di Mussolini, come sono ricordate nei secoli quelle di Augusto, di Leone X, di Sisto V»[33].

I lavori per la demolizione della vecchia Roma e l'edificazione della Roma mussolinea proseguirono senza interruzione durante la campagna coloniale per la conquista dell'Etiopia. Nei sette mesi di guerra, il duce continuò a inaugurare nuove opere monumentali nella capitale, a fondare o inaugurare città nelle Paludi Pontine bonificate. Dopo la proclamazione dell'impero, nuovi progetti furono ideati e messi in cantiere per estendere la conquista monumentale della capitale da parte del «fascismo di pietra». Furono proseguiti i lavori per l'isolamento dei monumenti antichi, mentre si avviarono i lavori per costruire fuori di Roma una nuova Roma integralmente fascista, protesa verso il mare. La monumentalità del «fascismo di pietra» dominava ormai nettamente, e definitivamente, nella fisionomia della capitale.

Roma deve apparire meravigliosa a tutte le genti del mondo: vasta, ordinata, potente come fu ai tempi del primo impero d'Augusto

6
SUI COLLI FATALI

... un grande evento si compie: viene suggellato il destino dell'Etiopia, oggi, 9 maggio, XIV anno dell'era fascista [...].
L'Italia ha finalmente il suo impero. Impero Fascista, perché porta i segni indistruttibili della volontà e della potenza del Littorio romano [...] Impero di pace, perché l'Italia vuole la pace per sé e per tutti e si decide alla guerra soltanto quando vi è forzata da imperiose, incoercibili necessità di vita. Impero di civiltà e di umanità per tutte le popolazioni dell'Etiopia. Questo è nella tradizione di Roma, che, dopo aver vinto, associava i popoli al suo destino [...].
Ufficiali, Sottufficiali, gregari di tutte le forze armate dello Stato in Africa e in Italia! Camicie nere! Italiani e italiane!
Il popolo italiano ha creato col suo sangue l'impero. Lo feconderà col suo lavoro e lo difenderà contro chiunque con le sue armi. In questa certezza suprema, levate in alto, o legionari, le insegne, il ferro e i cuori, a salutare dopo quindici secoli la riapparizione dell'impero sui colli fatali di Roma! Ne sarete voi degni? [Folla: SI!] Questo grido è come un giuramento sacro [Folla: SI!] che vi impegna dinanzi a Dio e dinanzi agli uomini [Folla: SI!] per la vita e per la morte! [Folla: SI!] Camicie nere! Legionari! Salute al Re![1]

La sera del 9 maggio 1936, alle 22 e 30, Benito Mussolini annunciava dal balcone di Palazzo Venezia la riapparizione dell'impero sui colli fatali di Roma. Il mito della romanità fascista, dominato dalla fede nella vitalità della stirpe e nella vocazione imperiale della nazione italiana, era diventato una realtà. L'impero era tornato nella

A fianco.
1. L'impero fascista, 1937.

città eterna. Gli italiani, rigenerati dal fascismo, avevano percorso nuovamente le strade della gloria, come i legionari romani, per espandere nel continente africano la civiltà dell'antica Roma rinata nella nuova Roma fascista. L'Italia era diventata una potenza imperiale. Questo pensava Mussolini quella notte, questo credevano i fascisti e forse i milioni di italiani che, a Roma e in tutte le piazze di città, nei paesi e nei villaggi, ascoltarono la voce del duce proclamare Vittorio Emanuele III imperatore d'Etiopia.

Sette mesi era durata la guerra dell'Italia fascista contro l'Etiopia. L'aggressione era stata progettata fin dal 1932 da un gruppo di diplomatici di carriera, i quali sostenevano la necessità dell'espansione italiana nell'ultimo grande territorio africano non ancora assoggettato al dominio coloniale di una potenza europea. Per questo motivo, da alcuni storici la conquista dell'Etiopia è stata giudicata un'impresa anacronistica. Tale può essere considerata alla luce di quello che è accaduto a tutti gli imperi coloniali dopo la Seconda guerra mondiale. Ma negli anni Trenta, nessuna potenza coloniale pensava che il colonialismo fosse anacronistico. Non lo pensava la Francia, che nel 1931 organizzò una grande esposizione coloniale; non lo pensava l'Inghilterra, che pure già avvertiva scricchiolii nel suo vasto dominio imperiale, e non lo pensavano le altre nazioni europee che possedevano un impero coloniale. Alcune di queste potenze impiegarono ancora un quarto di secolo, e oltre, dopo la fine della Seconda guerra mondiale, per rendersi conto che gli imperi coloniali erano ormai anacronistici. Ma anche accettando il giudizio che la campagna d'Etiopia fu anacronistica, rimane il fatto che fu organizzata e combattuta come la più grande e più moderna guerra coloniale della storia. L'impresa fu ideata da alcuni diplomatici del ministero degli Esteri, ma la decisione della sua realizzazione fu unicamente di Mussolini, che cominciò a prepararla nel dicembre del 1934, quando inviò un promemoria al generale Badoglio e alle alte cariche militari e politiche per porre il problema dell'Etiopia, affermando che la contesa doveva essere risolta in modo drastico, con la guerra. La conquista doveva essere totale. Ma non solo alle armi il duce affidava la soluzione del problema etiopico. Approfittando con molta abilità di un momento opportuno nella situazione internazionale, Mussolini avviò nel 1935 un complesso e rischioso gioco diplomatico con la Francia e l'Inghilterra per ottenere il loro assenso alla occupazione dell'Etiopia. Nello stesso tempo, ordinava l'ammassamento di soldati e di armi in Eritrea e in Somalia. La campagna d'Etiopia iniziò all'alba del 3 ottobre 1935, senza una formale dichiarazione di guerra. L'annuncio fu dato dal duce il 2 ottobre 1935, alle ore 18 e 30 dal balcone di Palazzo Venezia. Il comando delle operazioni militari in Africa fu assegnato al generale Emilio De Bono, fascista del 1920 e quadrumviro della marcia su Roma: con la sua nomina, il duce intendeva esaltare come «guerra fascista» la campagna militare per la conquista dell'impero.

La guerra fu combattuta con un massiccio impiego di mezzi, di uomini e di armi moderne, contro un esercito inferiore per numero, poco organizzato e malamente armato. Il duce ordinò, con spietata determinazione, l'uso delle armi chimiche per combattere il nemico e terrorizzare la popolazione. Tuttavia la campagna militare non fu una scampagnata al sole dell'equatore. Gli etiopi erano guerrieri coraggiosi e molto combattivi, e capaci anche di efferata crudeltà. Il territorio abissino, con alte montagne e avvallamenti scoscesi, non consentiva la condotta di una guerra lampo: per avanzare, oltre che sconfiggere il nemico, bisognava farsi letteralmente strada, costruendo strade su un terreno impervio. La Francia e soprattutto la Gran Bretagna protestarono vivamente contro la guerra, la Società delle Nazioni condannò l'Italia come Stato aggressore e decise sanzioni economiche. Pochi credevano che l'Italia avrebbe vinto, molti si aspettavano una guerra difficile, dall'esito niente affatto scontato. Gli antifascisti pensavano e speravano che Mussolini avrebbe fatto la fine di Crispi dopo la disfatta inflitta agli italiani dall'esercito etiope ad Adua il 1º marzo 1896, che stroncò la sua carriera politica. In Francia e in Inghilterra si prevedeva una guerra lunga che avrebbe logorato l'Italia.

La grande massa degli italiani, all'inizio, non era entusiasta della guerra, come la propaganda fascista volle far credere. I timori per la guerra erano accresciuti dalle più pressanti e durature preoccupazioni dovute principalmente all'aumento della disoccupazione e delle già disagiate condizioni economiche, prodotte dalla grave crisi mondiale del 1929. La mobilitazione popolare a sostegno dell'impresa coloniale, promossa con straordinaria intensità dal partito fascista, mascherava l'ansia per l'isolamento dell'Italia e la lentezza delle operazioni militari, come riferivano, con consueta sobrietà e veridicità, i rapporti sullo «spirito pubblico» redatti dall'Arma dei

Carabinieri: «La popolazione è calma, serena, disciplinata e, mentre la minaccia delle sanzioni finanziarie ed economiche sta per realizzarsi, dimostra anche una decisa volontà di resistervi. In tale situazione, le condizioni dello spirito pubblico appaiono normali ma, in sostanza, risentono del momento delicatissimo che la nazione attraversa. Si può affermare che la gran massa del popolo, pur essendo disposta a sottoporsi a dure privazioni, per il trionfo delle aspirazioni italiane, non è senza preoccupazioni per le incertezze dell'avvenire, e in vista delle ostinate resistenze inglesi e ginevrine non che delle maggiori difficoltà che presenteranno in seguito le nostre operazioni, vedrebbe con favore una soluzione che compensasse adeguatamente i sacrifici e le spese organizzative per la spedizione africana ed assicurando nel contempo la necessità della nostra espansione coloniale»[2].

Forti dubbi e incertezze sulla guerra inquietavano anche autorevoli esponenti della classe dirigente: «Né io né altri potevamo sperare nella rapidità di una vittoria totalitaria», scrisse nel suo diario l'industriale Ettore Conti, senatore, dopo la conclusione del conflitto. E aggiungeva: «A dicembre, nella buvette del Senato, davanti ad una carta dell'Etiopia, tutti i presenti erano convinti che si trattasse di una guerra di lunga durata. De Bono, ritornato da poco dall'Africa, ad una mia domanda rispose: 'Mesi? Anni ci vorranno!'. Avendogli chiesto se avesse manifestato questo suo convincimento a chi di ragione, aggiunse, nel suo dialetto lombardo: 'Sigüra, che ghe l'ho ditt al Principal'»[3].

Anche il re era stato molto scettico sui progetti di una guerra all'Etiopia. Egli sapeva che molti generali, ammiragli e gerarchi erano dubbiosi. Ma quando, nel settembre 1935, l'Inghilterra inviò la sua flotta nel Mediterraneo per intimorire l'Italia, il sovrano si convertì alla guerra e disse al duce: «Adesso proprio che gli inglesi sono nel nostro mare e credono di averci spaventati, adesso il suo vecchio Re le dice: Duce, vada avanti: ci sono io alle sue spalle [...]. Avanti, le dico!»[4].

L'entrata in vigore delle sanzioni, il 18 novembre, favorì la propaganda del partito nel mobilitare gli italiani e diede luogo in molte città, come riferiva un promemoria dell'Arma dei Carabinieri, «a nuove vibrate manifestazioni di patriottismo e di protesta delle popolazioni, con la formazione di cortei inneggianti all'Italia ed al Duce, ed intimanti ai proprietari di negozi l'abolizione delle insegne in lin-

6. Sui colli fatali

gua straniera»[5]. Le sanzioni, riferiva l'ambasciatore inglese a Roma il 28 novembre, furono viste dagli italiani come un assedio economico decretato da cinquanta Stati «manovrati da un Impero geloso», e per questo ebbero l'effetto di unire la nazione italiana e di rafforzare il suo orgoglio, alimentato abilmente dalla propaganda del regime. «Di fronte alle sanzioni, la nazione italiana appare oggi unita come mai lo è stata prima [...]. La pubblica opinione si è sollevata risentita, combattiva e soprattutto decisa»[6]. Il successo della propaganda totalitaria fra la popolazione di tutti i ceti fu ammesso dagli stessi antifascisti, che videro dissolversi la speranza di una sollevazione di massa contro il regime oppressivo, che si avventurava in una guerra coloniale, e peggiorava le condizioni delle classi popolari: «Sarebbe errato sopravvalutare le ripercussioni materiali della guerra sulla massa della popolazione», ammoniva un corrispondente clandestino in un lettera da Roma alla rivista comunista «Lo Stato operaio» nel gennaio del 1936. «Può sembrare un paradosso, ma mi sembra si debba dire che oggi le larghe masse partecipano alla guerra (in senso negativo o positivo) molto più attivamente di quello che sia avvenuto nella guerra mondiale [...]. Il fascismo è riuscito, per il momento, a fanatizzare non soltanto larghi strati di piccola borghesia. Le parole d'ordine demagogiche del fascismo, nella particolare situazione italiana, sono riuscite a trascinare larghi strati della popolazione lavoratrice»[7].

Il 18 dicembre 1935, uomini e donne furono chiamati dal partito fascista a unirsi misticamente in matrimonio con il regime e con la patria in guerra, donando la loro fede nuziale. Una solenne cerimonia si svolse sull'Altare della Patria, la mattina, alla presenza del segretario del partito fascista. La regina diede inizio alla cerimonia, deponendo la sua fede in un'urna collocata davanti alla tomba del Milite Ignoto. Per ore, sotto una pioggia incostante ma torrenziale, una lunga fila di donne in nero, la maggior parte vestita poveramente, sfilò per deporre le fedi nuziali nell'urna, mentre nuvole d'incenso si levavano da grandi torce, al suono di una musica lenta e cadenzata, «simile ad una marcia funebre», come riferiva nel suo rapporto l'ambasciatore di Francia a Roma: «Nel complesso, la popolazione ha obbedito in modo perfetto alle direttive del Governo. La disciplina che regola tutta la vita fascista ha fortemente contribuito a conferire unità e grandezza a questa giornata, in cui è stato fatto tutto il possibile per metterne in evidenza la portata storica, dando caratte-

2. Raccolta di fedi nuziali, 1935.

re solenne al matrimonio mistico fra il Regime e la Nazione»[8]. Il duce non era presente alla cerimonia delle nozze fra la nazione e il regime. Nello stesso giorno, egli inaugurava la nuova città di Pontinia, costruita appena un anno dopo la posa della prima pietra. A conclusione dell'inaugurazione, il duce partecipò personalmente alla raccolta delle fedi. Anche alcuni antifascisti in Italia e all'estero furono commossi dal patriottismo e offrirono il loro simbolico sostegno alla patria in guerra. Benedetto Croce donò la sua medaglia di senatore.

I dubbi, le preoccupazioni, i timori si attenuarono all'inizio del 1936, con il più spedito avanzamento delle truppe italiane al comando del generale Badoglio, che aveva sostituito De Bono il 16 novembre, e furono infine soffocati dall'impeto di esaltazione patriottica che elettrizzava il paese ad ogni avanzata vittoriosa. Vivace, ma poco efficace concretamente, fu la campagna internazionale contro l'aggressione. L'antifascismo internazionale denunciò la violenza dell'esercito italiano e l'uso delle armi chimiche, mentre ridicolizzava le ambizioni imperiali del duce e le pretese civilizzatrici del regime in efficaci caricature, che mostravano Mussolini come un Cesare di cartapesta, un Cesare da circo equestre, oppure nell'atto di far violenza a una donna etiope con il pretesto di civilizzarla. Nonostante le vibranti manifestazioni antifasciste e anticolonialiste

6. Sui colli fatali

dell'opinione pubblica, Francia e Inghilterra lasciarono sacrificare l'indipendenza dell'Etiopia per il timore di una guerra in Europa. La paura di Hitler ebbe il sopravvento sulla difesa del Negus e la loro opposizione alla guerra italiana fu più platonica che pratica. Le sanzioni non includevano il petrolio. Il canale di Suez rimase aperto alle navi italiane. Approfittando abilmente della situazione, sicuro che l'Inghilterra non avrebbe rischiato una guerra contro l'Italia per l'Abissinia, Mussolini fece tutto il possibile affinché la campagna d'Etiopia fosse rapida e vittoriosa. E così fu.

La guerra si concluse il 5 maggio 1936 alle ore 16 con l'entrata del maresciallo Badoglio in Addis Abeba, la capitale dell'impero etiopico. Sirene, campane, altoparlanti, rullo di tamburi in tutta Italia convocarono il popolo nelle piazze, come era avvenuto il 2 ottobre e il 18 dicembre.

Alle ore 17,50 le campane di tutta Italia hanno cominciato a suonare, le sirene a far sentire la loro voce, i tamburi a rullare.

Ci siamo! L'ora attesa ma non sognata così prossima neppure dai più ottimisti è giunta!

Il Capo il 2 ottobre aveva dato a tutti i milioni di suoi fedeli, a tutti gli italiani un appuntamento. Oggi le sirene annunciano lo scoccare di questa data. Tutti i fedeli accorrono all'appuntamento. La gioia, il tripudio, l'orgoglio di tutti gli italiani si unisce a quello dei combattenti che laggiù hanno fatto trionfare la civiltà e che oggi hanno la loro ricompensa in questa letizia di tutta la Nazione. Il popolo che in questo momento si veste della Camicia Nera e si avvia ordinato è quello stesso popolo che laggiù combatte, vince e redime. La seconda adunata ha suonato nel cielo italiano. Tutti gli italiani che dopo la parola del Duce vivevano in ansiosa trepidazione sono scattati in piedi. Le 24 ore sono state ore di fervido entusiasmo e di impazienza. Ecco i lancinanti appelli alle anime della Nazione provocare una spontanea, unanime adesione. Il 2 ottobre era la fede, la certezza italiana che balzavano in piedi, oggi 5 maggio è l'apoteosi romana. Ancora una volta tutta l'Italia è in piedi, si incammina verso le sedi dei Fasci, verso le piazze, verso gli altoparlanti, verso la voce del Duce. Abbiamo vissuto sette mesi di eroismo e di lotta. Per la prima volta nella storia delle guerre coloniali, questa è stata una guerra proletaria, e come tutte le guerre da tutto un popolo volute e combattute, è stata vinta. Oggi le sirene hanno gridato su tutta la penisola: Vittoria! La voce del Duce la suggellerà[9].

Alle 19 e 45, il balcone di Palazzo Venezia si apre, il duce si affaccia e contempla per un attimo la folla osannante. Alle sue spalle, un grande riflettore immerge la sua figura in un alone luminoso, come una mistica apparizione. Ottenuto il silenzio, il duce annuncia a quattrocentomila romani sotto il balcone, e a oltre trenta milioni di italiani in ascolto in ogni piazza d'Italia, che «l'Etiopia è italiana».

All'annuncio della vittoria, il re pianse di gioia, esaltò il genio militare del duce e gli conferì la massima onorificenza militare del regno: la Gran Croce dell'Ordine di Savoia. Avrebbe voluto persino far principe l'uomo che lo aveva fatto imperatore, ma il duce, orgoglioso delle sue origini contadine, cortesemente rifiutò il titolo nobiliare. In pochi giorni, Mussolini decise che l'annessione doveva essere integrale. E il Gran Consiglio rapidamente deliberò, il 9 maggio, di conferire al re il titolo di imperatore d'Etiopia, mentre al duce attribuì l'eccezionale titolo di «fondatore dell'Impero». Quella stessa sera, alle 22 e 30, il duce uscì sul balcone di Palazzo Venezia per comunicare al popolo italiano le decisioni del Gran Consiglio.

Roma, alle dieci di sera. Mentre s'aspetta l'apparizione del Duce dal balcone di Palazzo Venezia, la calca nella piazza sotto le folate di luce dei proiettori pare che s'alzi e s'abbassi e quasi respiri come fa il mare quando sul sole volano le nuvole. [...] Sotto noi la folla ha ancora corpi, volti, voci, gesti definiti, e gorghi e rigiri a ogni squadra che dietro una fanfara, una bandiera o un cartello tenta d'incunearsi nel folto e d'un tratto ha da fermarsi perché chi c'è fa muraglia; ma sotto i pini laggiù sulla via dell'Impero la pressa veduta di scorcio è tanto immobile e compatta che solo le teste appaiono, senza le spalle, accostate come i ciottoli d'un acciottolato. Sui ripiani del Monumento [a Vittorio Emanuele II] *questo pavimento si fa più regolare, una fila dietro l'altra: sono gli elmetti delle truppe allineate, arma per arma.*

Sul Campidoglio tutto è simbolo, e stasera tutti i simboli sono limpidi, a cominciare da quelle tante candide colonne che in vista poggiano sulla massa grigia dei soldati come questa poggia sulla sepoltura del milite ignoto. Le lance dei lancieri schierati sotto il pronao verso il Foro Trajano, appena un raggio le sfiora, sfavillano dalle punte. Più tempo passa, più questa elettricità ci penetra tutti. Non c'inebbria; anzi ci illumina e aguzza la mente, così che non solo il presente ma anche l'avvenire ci sembra chiaro e certo come è il passato: il passato di Roma. Una mano si posa sulla mia spalla: «Giusto duemila e duecento anni dalla prima guerra punica: 264 avanti Cristo, 1936». È il rettore dell'Università, De Francisci.

3. Il duce annuncia la conquista dell'Etiopia il 5 maggio 1936.

Talvolta il fascio d'una fotoelettrica s'innalza verticale, fruga il firmamento in cerca di non sa che stella, e i volti s'alzano a fissare l'infinito come per decifrare, sul nero della notte, in cima a quell'asta di luce un presagio. Nell'alzarsi di mille e mille facce insieme, la calca si schiarisce d'un tratto, in roseo. Questi attimi d'unità anche fisica fanno felice la moltitudine. Essa tiene gli occhi poggiati sul poggiolo col drappo rosso, così intensamente che sembrerebbe Mussolini dovesse uscirne per incanto, attratto da una volontà, una volta tanto, più forte della sua. – Du-ce, du-ce, du-ce, du-ce – Il grido comincia sempre dall'orlo di quel mare, come se i più lontani tentassero d'avvicinarsi al palazzo con la voce non potendo avvicinarsi con la persona. Subito il ritmo si propaga, martella la piazza, placa la brama, anzi la smania di parlare, respirare, sperare, credere, amare, odiare, agire insieme, d'essere non centomila ma uno solo, forte come centomila.

Tre squilli di tromba. Laggiù non li hanno uditi e continuano a gridare, a chiamare, a invocare. Ed ecco lui, ritto, immobile, la faccia quadra, le mani sul marmo del parapetto. Quando è uscito? Quando è apparso? Sembra che sia stato sempre lì, che quelle larghe spalle sieno sempre state nel centro dell'alta finestra, di marmo come gli stipiti, come il davanzale[10].

E il duce parlò. Ovunque in Italia, dalle città ai villaggi, gli italiani ascoltarono alla radio il discorso e acclamarono entusiasti. La moglie del duce, Rachele, udì il marito annunciare la proclamazione dell'impero mescolata tra la folla, con i figli più piccoli, Romano e Anna, mentre i più grandi, Vittorio e Bruno, erano andati a combattere in Etiopia[11].

Forse mai nella loro storia, forse neppure all'annuncio della vittoria nella Grande Guerra, gli italiani si erano sentiti così coralmente uniti con i loro governanti, quasi fusi insieme, rapiti da un impeto amoroso, in un'unica comunità senza distinzione di origine, di classe, di età, di sesso. E mai, come la notte della proclamazione dell'impero, la retorica fascista sembrò essere l'espressione di un genuino sentimento collettivo.

Siamo quarantaquattro milioni e il più distante è il più vicino. [...] La voce di Roma imperiale viaggia contemporaneamente da un paese all'altro, da una nazione all'altra, unisce i mondi, congiunge borgate e campagne. [...] Tutta l'Italia in questo stesso attimo saluta il suo Duce. Tutte le bandiere ondeggiano e un fremito tricolore sovrasta la moltitudine. Le truppe sono scat-

4. La consegna delle medaglie ai reduci d'Africa e ai vincitori dei Littoriali in Piazza Venezia, 1° novembre 1936.

tate sull'attenti. Tre squilli di tromba passano da parte a parte la nazione. Sono tre lunghi lampi d'argento. Il mio respiro è il tuo respiro. La tua gioia è la mia gioia. Stasera quarantaquattro milioni di creature sono una sola anima. Silenzio carico di attesa. Silenzio frenetico delle grandi ore: tace la folla, tace il mare, tace la montagna. Un mondo è crollato, un altro sorge. Lo vediamo spuntare in questo magico silenzio come un'aurora dalle parole del Duce. Dopo quindici secoli, Mussolini ha ridato a Roma il suo impero immortale[12].

Chi partecipò all'entusiasmo collettivo per la riapparizione dell'impero sui colli fatali di Roma ha conservato un'immagine vivida della fusione mistica fra il duce e la folla in Piazza Venezia, anche se, crescendo con gli anni e vivendo le tragiche conseguenze dell'euforia fascista, divenne consapevole dei disastri scaturiti dalla illusione imperiale, liberandosi dai miti e dai sogni del fascismo. «Fu un momento di esaltazione al quale non seppi sottrarmi», ha narrato settanta anni dopo un giovane militante nelle associazioni cattoliche, impiegato a Roma nelle ferrovie dello Stato per poter proseguire gli studi. Si trovava in Piazza Venezia la sera del 9 maggio. «Il discorso era continuamente interrotto da un uragano di applausi. Alla fine assistetti a uno spettacolo che non si è più ripetuto: Via IV Novembre, Via Plebiscito, Via del Corso, corso Vittorio Emanuele, largo Argentina erano invase da una marea di gente ubriacata dall'entusiasmo. Come possiamo negarlo? In quel momento c'era una identificazione completa tra fascismo e patria, una identificazione che, in seguito, avrebbe enormemente pesato sulle nostre coscienze»[13]. Quattordici anni di quotidiana propaganda totalitaria, invadente, pervasiva e martellante su ogni angolo d'Italia, ogni ceto sociale, ogni generazione, avevano predisposto gli italiani a credere nella parola del duce, a identificarsi con la sua ambizione, a sentirsi, in quella notte, fusi in una nazione unita, posseduta da un potente incantesimo.

Lo stesso entusiasmo contagiò alcuni fra i migliori storici italiani, «uomini di equilibrato ingegno ed alieni da retorica», come ha ricordato trenta anni dopo il maggiore fra di loro, Gioacchino Volpe, monarchico, fascista convinto ma poco simpatico al duce: «Nella tarda sera del 9 maggio 1936, una diecina di noi, Chabod, Morandi, Ghisalberti, Maturi, Sestan e altri (e spero che la memoria non mi inganni per qualcuno di essi), ci trovammo raccolti in gruppo su la grande scalea del monumento al Padre della Patria. Gremita fino all'inverosimile era la piazza sottostante. Gremite nell'ultimo loro tratto le vie che sboccavano in essa. Ad un certo momento, comparve nel balcone di Palazzo Venezia l'uomo che sapete. Fece il discorso che voi, o alcuni di voi, ricorderete: vittoria in Etiopia, proclamazione dell'Impero... Un rumore come di tuono si levò dalla grande folla. La commozione prese anche noi. E tutti, su quella scalinata, ad abbracciarci l'un l'altro»[14].

Dopo la fine del discorso, più volte il duce dovette affacciarsi al balcone per rispondere alle ovazioni oceaniche. Poi la folla si riversò nella piazza del Quirinale per acclamare il nuovo imperatore, che si affacciò affiancato dal principe di Piemonte, e di nuovo la marea umana tornò in Piazza Venezia a invocare la riapparizione del duce sul balcone, in uno stato d'animo di effervescenza collettiva simile a una manifestazione religiosa. «La piazza in quel momento sotto la gran cupola del cielo assomiglia a un tempio», scrisse Ugo

Ojetti[15]. Il 9 maggio fu il rito collettivo più spontaneo e sincero del culto del littorio, celebrato in una mistica comunione degli italiani con il duce. Mai come quella notte, la glorificazione del duce raggiunse il fanatismo dell'idolatria. Una giornalista inglese, da molti anni a Roma, commentò: «Roma non ha mai dimenticato che nei suoi giorni di gloria aveva deificato i capi che conquistavano l'impero. E Roma fece come aveva fatto nel passato: mentre il duce era sul balcone, Roma gli tributò il trionfo e lo rese un dio»[16].

Dopo la riapparizione dell'impero sui colli fatali, la romanità fascista poteva orgogliosamente considerarsi una realtà. Conquistando l'Etiopia, il fascismo si era mostrato ancor più degnamente erede di Roma, incarnazione moderna della rinascita dello spirito romano. Al loro duce, le camicie nere tributarono la gloria e l'onore di un trionfo imperiale, salutandolo novello Cesare della Roma fascista.

5. Il Colosseo, il Tempio di Venere e le insegne del fascismo imperiale, 1938.

7
DUCE IMPERIALE

«27 agosto 1936 [...] importante il primo incontro con Mussolini. Un colpo tremendo [...]. Pensavo di riprendere contatto sotto il suo segno. Ricordo di aver varcato la soglia tremando nelle membra smagrite; e d'essermi ritrovato pallido dinnanzi a quel tavolo. Non l'uomo, ma la statua stava dinnanzi a me. Dura, pietrosa statua, da cui una fredda voce uscì in martellanti parole: 'Sono contento di te, come soldato e come fascista'. Una patente superflua per un seguace veterano; ma patente, che allontana, che fa sentire le distanze. Sarebbe bastato un muto gesto, uno sguardo d'uomo ad uomo. Il dolore di quella sera rimarrà tra i memorabili della mia vita»[1].

Era Giuseppe Bottai, reduce dalla guerra d'Etiopia, l'autore di questa accorata nota di diario, in cui descriveva la metamorfosi del duce dopo la riapparizione dell'impero sui colli fatali di Roma.

La pietrificazione della propria immagine, compiuta dal duce dopo esser diventato il fondatore dell'impero, fu percepita da molti suoi collaboratori, e appare tuttora evidente in fotografie e cinegiornali dell'epoca. Era come se l'ambizione mussoliniana di consegnare il fascismo e la propria fama all'eternità immortalandoli nella pietra, avesse investito la sua stessa persona, tramutandola in una statua vivente[2]. Non era soltanto un irrigidimento di pose marziali e scultoree, che Mussolini aveva sempre assunto quando si mostrava in pubblico, ma era la proiezione esteriore, probabilmente

A fianco.
1. Il duce alla posa della prima pietra della distilleria e dell'enopolio ai Castelli romani, 1938.

spontanea, di un mutamento interiore, che nel corso degli anni dopo la conquista dell'impero si accentuò quanto più Mussolini si andava distaccando dalla corte dei comuni mortali, per elevarsi nell'empireo dei grandi uomini della storia: una statua vivente, perché mito vivente, già proiettato nella leggenda dei secoli futuri, irraggiungibile nella gloria della sua solitaria grandezza.

Sul culmine che ha raggiunto è ritornato il solitario dei tempi duri. Il calore della sua immaginazione ha acceso la esaltazione psichica che lo possiede ed egli si è staccato dagli uomini con negli occhi una visione abbagliante di grandezza e nel cuore un'aspirazione superumana sempre più ardente. Egli soffre e gode in solitudine la «voluttà dell'energia» ed anche lui come il poeta di Gardone schernisce «come una ridevole e miserevole effeminazione della vecchia anima europea la sensibilità morbosa, il culto della pietà, il vangelo della rinunzia, il bisogno di umiliarsi e di redimersi».

Adesso più che mai solo col suo spirito, egli è e vuol essere in rapporti lontani con l'umanità. Dal culmine dove sta spaziano insieme la sua mente e le sue ambizioni verso orizzonti invisibili a noialtri che ci contentiamo di servire a qualcosa nella vita e non portiamo né le marche né il peso di un destino storico[3].

Il duce era conscio di atteggiare la sua persona a statuario mito vivente, e ne era probabilmente compiaciuto. Lo prova la fotografia scelta per il nuovo volume dei suoi scritti e discorsi, pubblicato nel 1936, dedicato alla conquista dell'impero: una scultura raffigurante la sua testa, con l'elmo del guerriero e il volto irrigidito in una marmorea severità. Il confronto con le foto scelte per i volumi precedenti mostra con impressionante evidenza la metamorfosi avvenuta nel duce imperiale, con la pietrificazione della sua immagine.

Alla trasfigurazione mitica del duce imperiale, la cultura italiana partecipò quasi unanime, incrementando un'attività di incensamento che era divenuta abito mentale e costume più che decennale, diffuso fra intellettuali, scienziati, filosofi, storici, artisti, architetti, militari, laici e religiosi. Dopo il 9 maggio, la glorificazione di Mussolini, attraverso la glorificazione della nuova romanità imperiale, dilagò senza freni. La «grande impresa compiuta ora dall'Italia fascista, nel nome del Re Vittorioso, per l'opera titanica del Duce», dopo sette mesi «di aspra guerra, sotto la guida del genio infal-

2-4. La metamorfosi di Mussolini: 1934, 1935, 1936.

libile e della volontà invitta di Lui», disse Guglielmo Marconi al Senato il 16 maggio 1936, «conclude il ciclo ideale del Risorgimento e indica l'assunzione, da parte del nostro Paese, di più vasti compiti e di più alte responsabilità in un ambito di attività mondiale». Nella vittoria, aggiunse lo scienziato, «ha trionfato tutta l'opera assidua, molteplice, onnipresente del Duce durante quattordici anni di Regime fascista; anzi, senza tale multiforme opera la vittoria non sarebbe stata possibile: alla più insensata e immorale coalizione che la storia abbia mai registrata, l'Italia ha opposto il suo indomito ardimento, la sua incrollabile unità, stringendosi intorno al Duce, sicura di Lui e per Lui»[4].

L'identificazione di Mussolini con il popolo italiano o, per meglio dire, l'identificazione del popolo italiano con il duce – padre, collaboratore, capo e condottiero di tutti gli italiani, fusi e confusi nella sua persona – fu esaltata dalla propaganda in parole, e soprattutto in immagini, più di quanto non fosse avvenuto in passato. L'immagine del duce divenne l'onnipresente filigrana dell'immagine del fascismo, dell'Italia, degli italiani e della romanità. Persino il volto della Dea Roma fu mussolinizzato nella iconografia della nuova Italia imperiale.

Nessuno fra gli intellettuali massimi, mediocri e minimi aderenti al regime, compresi i più degni e autorevoli per dottrina, ingegno e serietà scientifica, si sottrasse al culto del duce. Essi gareggiarono in lodi sperticate, per innalzarlo alla gloria dei più grandi eroi della storia, facendosi spesso eco l'uno con l'altro nel celebrare la sua immortale grandezza quale novello Cesare dei tempi moderni. Scrivendo del genio militare di Giulio Cesare, un generale trovava modo di inneggiare alla «guida ferma e sicura del Duce del Fascismo, il cui genio cesareo ha fatto riapparire l'Impero sui colli fatali di Roma»[5].

Anche chi, come Giovanni Gentile, aveva protestato per l'eccesso di romanità retorica, pur avendo molto contribuito in passato alla esaltazione carismatica del capo fascista, non sfuggì al nuovo entusiasmo mussoliniano dell'Italia imperiale. «Comincia una nuova storia d'Italia», annunciò il filosofo nel 1936: e l'iniziatore della nuova storia era il duce imperiale, assurto ormai, nella visione del filosofo, dal ruolo di eroe salvatore della nazione italiana a genio propizio alla salvezza dell'intera umanità, alla quale recava il verbo di una nuova civiltà[6].

Fin dal suo avvento al potere, il culto della personalità aveva associato il mito del duce al destino di Roma. «La Provvidenza divina, che regge le sorti dei popoli, suscitò l'Uomo che doveva compiere un'opera meravigliosa. Benito Mussolini, nutrito e pervaso del più alto senso di romanità, volle e seppe trasfonderlo nella Nazione, potentemente rievocando e solennemente riaffermando lo spirito universale dell'Urbe [...]. Il 31 ottobre incomincia la nuova storia d'Italia [...]. L'idea di Roma nuovamente vivifica l'opera della gente italica»[7]. Così scriveva nel 1925 Filippo Cremonesi, primo governatore della capitale. E subito altri si unirono al coro, echeggiando

5-8. Il duce e gli italiani, 1936: il padre, il contadino, il capo, il condottiero.

l'annunzio del provvidenziale avvento con lodi che si estesero, si moltiplicarono e si intensificarono dopo la riapparizione dell'impero sui colli fatali.

... il miracolo più grande della stirpe nostra: era giusto che dai limiti estremi di quella nostra generazione balzasse nel mondo il 29 luglio del 1883 il figlio più nuovo e più grande di Roma per la terza volta ridesta: Benito Mussolini.

Sì. Dio volle, Duce, Dio volle che Voi nasceste ai limiti della nostra eroica generazione, in tempo per conoscerne e soffrirne il dolore senza nome, ma non troppo presto, perché da quel dolore senza nome non foste, come noi fummo – noi di pochi anni prima – per sempre spezzati. Dio volle, Duce d'Italia, che nasceste da un fabbro, perché foste meglio adatto a battere il metallo umano di quella generazione e delle nuove e a forgiarlo a martellate al Vostro Volere. Dio volle, Duce di Roma, che nasceste in Romagna, a trenta chilometri dal Rubicone di Cesare, e volle che lo varcaste anche Voi allo stesso modo, e veniste a Roma allo stesso modo, senza versare una goccia di sangue, armato come lui di Volontà, di Misericordia e di Destino. Intorno a Voi, ad obbedirvi e a proteggervi, non erano soltanto i vivi legionari vostri: erano i suoi, Duce: i morti legionari di Roma, che voi avete chiamato alla voce, e che vi hanno obbedito[8].

I più loquaci celebratori della gloria imperiale di Mussolini furono i cultori, esperti o dilettanti che fossero, di storia romana. Essi osannarono il duce come novello Cesare, novello Augusto, novello Costantino. Il direttore di una rivista che si fregiava fin dalla sua nascita nel 1925 dell'imperiale titolo di «Augustea», dichiarò nel genetliaco di Roma del 1938, che «quando lo storico futuro avrà bisogno, per definire l'altezza di Mussolini, di prendere a misura modelli classici, dovrà sommare al carattere e alle azioni di Cesare quelle di Augusto», mettendo in risalto la «meravigliosa coerenza nell'esprimere se stessa che è nella nostra stirpe», confermata dalla «coincidenza delle linee psicologiche, del profilo interiore, vorremmo dire, dei due Cesari, con quella del Duce del Fascismo»[9]. Alla funzione di turiferari del duce imperiale si dedicarono molti storici della Roma antica, i massimi teologi del culto fascista della romanità[10]. Luigi Pareti, uno fra i maggiori storici dell'antichità, sostenne che Mussolini era superiore ai menzionati impera-

7. Duce imperiale

tori, così come l'impero fascista era superiore all'impero romano perché «se le singole espressioni imperiali di Roma fascista, possono, naturalmente, richiamare ora Cesare, ora Augusto, ora Costantino; va subito notato che nell'opera Mussoliniana, non solo quelle tre grandi concezioni del mondo antico, appaiono per la prima volta sintetizzate, ma anche luminosamente superate, come richiede la nuova temperie storica, dominata da un nuovo genio creatore». Il secondo impero di Roma, spiegava l'eminente antichista, essendo nato in un nuovo clima storico dalla «virile potenza della nostra gente, e per le sue nuove, inderogabili necessità demografiche e materiali, spirituali e morali», «animato da un nuovo originalissimo Genio della stirpe», era per molti aspetti «politicamente ed eticamente superiore al primo, e con un suo nuovo verbo da diffondere»[11].

Con simili tributi, gli illustri antichisti non facevano che echeggiare le lodi al duce imperiale già cantate da comuni pubblicisti più di un decennio addietro, quando, forse, neppure il duce pensava possibile la riapparizione dell'impero sui colli fatali. Nel 1927 un opuscolo edito da una casa editrice che si chiamava «Italia imperiale», aveva già asserito la superiorità imperiale di Mussolini, dichiarando «Benito emulo-superatore di Cesare e di Napoleone»[12]. E vantava già tre edizioni, nel 1937, il volume *Mussolini e i Cesari*, pubblicato per la prima volta nel 1933, dove erano illustrate le qualità del duce, per le quali egli era pari o superiore a Cesare, Augusto, Tiberio, Claudio, Nerone, Vespasiano, Tito, Traiano, Adriano, Antonino Pio, Marco Aurelio, Settimio Severo, Aureliano, Diocleziano, Costantino, Teodosio e Giustiniano. Con il duce imperiale, concludeva l'autore del libro, emulo fascista di Plutarco, si era compiuta la rinascita di Roma: «Gl'Italiani amano il loro Duce e lo identificano con l'Italia stessa e con Roma imperiale. E di generazione in generazione gl'Italiani nuovi da Lui formati, che sono, in ultima analisi, gli antichi *cives romani* oggi redivivi, o meglio, risvegliati dopo un lungo sonno di secoli, sapranno conservare e accrescere nei secoli l'opera voluta dal Duce»[13].

Incensatori del duce imperiale furono anche esponenti della Chiesa, del basso e dell'alto clero. La conquista dell'Impero fu il momento di massima concordia fra la Chiesa e il regime, dal tempo della Conciliazione. Nel mito della nuova Italia imperiale pareva rafforzarsi, con reciproco consenso, la simbiosi fra fascismo e cattolicesimo, che molti cattolici fascisti auspicavano come naturale fusione di idee e di spiriti convergenti verso la stessa meta, coniugando simbolicamente, nel segno di un nuovo destino missionario dell'Italia fascista, il nome di Roma col nome di Cristo.

L'avvicinamento fra Vaticano e fascismo, iniziato dopo la marcia su Roma, aveva avuto come terreno di incontro il comune odio verso il liberalismo, la democrazia, il relativismo, l'individualismo, il materialismo, il socialismo e il comunismo. La conciliazione fra Chiesa e regime fascista era avvenuta passando sul cadavere del regime liberale, nella reciproca convinzione di essere alleati in una comune crociata contro la modernità perversa che aveva avuto origine dalla rivoluzione francese. Tale convinzione, tuttavia, poggiava sull'equivoco di una reciproca strumentalizzazione: la Chiesa, pensando di avvalersi del regime fascista per riconquistare la sua totale egemonia sulla società; il regime fascista, pensando di avvalersi della Chiesa per consolidare nella medesima società il dominio totalitario della sua organizzazione. Tensioni e conflitti non erano mancati fra la Chiesa e lo Stato totalitario, quando l'equivoco della reciproca strumentalizzazione urtava su questioni che l'una e l'altro consideravano di propria esclusiva competenza, come l'educazione delle nuove generazioni, ma l'arte del compromesso aveva impedito che degenerassero in guerra aperta, come era accaduto nel 1931. I motivi di concordia e di collaborazione fra cattolicesimo e fascismo parvero rafforzarsi durante la conquista dell'impero. Il papa era stato contrario alla guerra, e aveva pregato per la pace, pur auspicando che «le speranze, le esigenze, i bisogni di un grande e buon popolo» fossero soddisfatti[14]. Ma fra il clero, in alto e in basso, il mito dell'impero fece egualmente sentire il suo potere di seduzione[15].

L'aggressione all'Etiopia fu benedetta come una crociata missionaria per l'espansione del cattolicesimo. Il cardinale Schuster, arcivescovo di Milano, fece udire la sua voce nel coro delle lodi mussoliniane, innalzandola sopra tutte le altre voci di vescovi e parroci, che nei mesi della campagna coloniale esaltarono la missione cristiana associandola alla conquista fascista dell'impero. In un'omelia nel Duomo di Milano, durante una messa solenne officiata per celebrare il 28 ottobre 1935, il cardinale definì la marcia su Roma l'evento «che ha aperto un nuovo capitolo nella storia della Penisola, anzi, nella storia della Chiesa cattolica in Italia»[16]. All'ascesa del fascismo al potere il cardinale attribuiva un significato «eminentemente religioso, scoprendo nel fatto politico la mano della Provvidenza di Dio, che mentre risparmiava alla sede del 'succesor del maggior Pietro' e all'Italia nostra gli orrori delle settimane rosse, preparava da lungi il Concordato lateranense e disponeva gli animi alla redenzione dell'Etiopia dalla schiavitù e dall'eresia, rinnovamento cristiano dell'antico Impero romano»[17]. Dall'impresa coloniale, l'alto prelato auspicava una più affiatata collaborazione tra fascismo e cattolicesimo, eredi entrambi della civiltà romana, per estendere ovunque nel mondo la civiltà della nuova, fascista e cattolica, Italia imperiale.

Il 1º novembre del 1936, il cardinale accolse a Milano il fondatore dell'impero. Il duce tenne un discorso in Piazza Duomo, parlando da un palco allestito davanti al sagrato del Duomo, con neri addobbi dai quali si stagliavano scintillanti fasci littori. Al di sopra del palco e del duce, grandeggiava una vistosa preghiera augurale: «Gesù Re dei secoli dona anni lunghi e vittoriosi all'Italia e al suo Duce perché la civiltà del mondo tragga luce perenne da Roma cristiana»[18].

Pochi mesi dopo, il 26 febbraio 1937, iniziandosi per volontà del duce le celebrazioni del bimillenario di Augusto, il cardinale Schuster volle parlare alla Scuola di mistica fascista, fondata a Milano nel 1930 da giovani che si ispiravano al verbo del duce per elaborare una visione mistica della vita e della politica, come fondamento della nuova civiltà che il fascismo si accingeva a donare al mondo intero. L'arcivescovo evocò, con parola ispirata, le condizioni di Roma dopo le Idi di marzo paragonandole alle disastrose condizioni dell'Italia dopo Caporetto «con l'indebolimento dell'autorità statale di fronte ai partiti cozzanti fra di loro»: come la *Divina Mens* aveva inviato Ottaviano a salvare Roma, disse Schuster, «così anche in Italia sorse l'Uomo provvidenziale di genio il quale salvò lo Stato, fondò l'Impero, e diede alla coscienza degli italiani la più perfetta unità nazionale in grazia della pace religiosa». Quindi, con un dotto argomentare, l'alto prelato illustrò ai mistici fascisti come si era attuato il disegno provvidenziale, che concesse ad Augusto di unificare l'impero nella pace universale al fine di creare «la condizione più propizia all'opera universale ed unificatrice della Chiesa cattolica». E ricordò come gli imperatori Tiberio, Eliogabalo, Alessandro Severo avessero tentato invano di iscrivere Gesù Cristo tra gli dei, finché non giunse finalmente, ancora per volere provvidenziale, l'imperatore Costantino: convertitosi al Cristianesimo dopo miracolosa visione e miracolosa vittoria, egli decretò la pace religiosa in Milano e, marciando su Roma, restaurò l'Impero «nel nome trionfale di Cristo». Allo stesso modo, proseguì l'arcivescovo, a Benito Mussolini, che aveva salvato lo Stato e restaurato in Italia la pace religiosa, «il Dio radioso del labaro costantiniano, il Dio crocifisso e amante degli uomini che Rosa Mussolini, buona e semplice nella sua fede cattolica, gli insegnò da fanciullo», volle accordare un premio, «che riavvicina la sua figura storica agli spiriti magni di Costantino e di Augusto [...] ricingendo per opera del Duce [...] Roma ed il Re di un ripullulante lauro imperiale nella 'Pax romana'».

Così, concluse il cardinale, mentre «l'Augusto Pontefice Pio XI spedisce i missionari sino agli ultimi confini del mondo a predicare Gesù Cristo Salvatore Universale, le legioni italiane rivendicano l'Etiopia alla civiltà e, bandendone la schiavitù e le barriere, vogliono assicurare a quei popoli ed all'intero civile consorzio il duplice vantaggio della cultura imperiale e della fede cattolica, nella comune cittadinanza romana. 'Di quella Roma onde Cristo è romano' (Purg. XXXII, 102)»[19].

Il verso dantesco «onde Cristo è romano», citato dall'arcivescovo di Milano per esaltare la missione provvidenziale della Roma antica rinata nella romanità fascista, ebbe grande fortuna nella nuova Italia imperiale. Divenne il motto dei cattolici che nel mito della nuova Roma volevano fondere più intimamente cattolicesimo e fascismo, a maggior gloria della fede cattolica e della Chiesa. Con lo stesso motto e lo stesso proposito, l'Istituto di studi romani – fondato nel 1925 con lo scopo di elaborare e diffondere, insieme con gli studi scientifici, il culto della romanità cattolica e fascista – organizzò nei primi mesi del 1936 un ciclo di conferenze sulla romanità, al quale parteciparono alti prelati della Chiesa.

Il ciclo iniziò il 6 febbraio con una conferenza intitolata «Il sacro destino di Roma» tenuta dal cardinale Eugenio Pacelli, all'epoca segretario di Stato di Sua Santità. Roma, disse il cardinale, era «una parola di mistero, come mistero è il destino di Roma, città

9. Il duce parla a Milano davanti al Duomo, 1º novembre 1936.

eterna, non tanto per i secoli che vanta del passato, come per quelli che aspetta dall'avvenire [...]. Se come scrisse il suo più grande storico, il velo delle favole poetiche ne copre le origini, si perdona all'antichità che, mescolando le cose umane con le cose divine, abbia voluto rendere più augusti i primordi della città [...]. Ma la Provvidenza, che governa il mondo [...] ordinò e preparò il popolo e la città di Roma per un fine che supera il naturale accorgimento e, occultamente operando, vi indirizza le inconsce intenzioni delle lotte e delle vittorie umane»[20].

Forse era solo una coincidenza, ma parlando del mistero di Roma e del suo destino provvidenziale, il cardinale Pacelli pareva fare eco ad analoghe parole «sul mistero di Roma, sul mistero della continuità di Roma», che il duce aveva pronunciato oltre un decennio prima in Campidoglio, nel 1924, quando gli era stata conferita la cittadinanza romana: «Mistero è l'origine [...]. La critica non può dirci per quali doti segrete, o per quale disegno d'una intelligenza suprema, un piccolo popolo di contadini e di pastori poté grado a grado assurgere a potenza imperiale e tramutare, nel corso di pochi secoli, l'oscuro villaggio di capanne sulle rive del Tevere in una città gigantesca che contava i suoi cittadini a milioni e dominava il mondo con le sue leggi. Altro elemento di mistero, nella storia di Roma, la tragedia di Cristo, che trova a Roma la sua consacrazione, nuovamente universale e imperiale»[21].

Mai più, negli anni successivi, parlando della universalità di Roma imperiale, il duce avrebbe attribuito l'avvento dell'impero e della civiltà romana ad «una intelligenza suprema», pur insistendo sulla sacralità di Roma. Solo un barbaro «può negare il carattere sacro di Roma», disse il duce in occasione della Conciliazione, ma subito precisò che la sacralità che egli attribuiva alla città eterna non era unicamente cristiana, come lo era per i cattolici che esaltavano la funzione provvidenziale della Roma imperiale, ma era una sacralità che il duce considerava intrinseca alla romanità stessa, alla sua perenne vitalità, una sacralità propriamente romana, iscritta nel «mistero di Roma» e nel suo destino. La sacralità di Roma derivava, secondo il duce, da tre differenti eventi storici: «Roma è sacra, perché fu capitale dell'Impero e ci ha lasciato le norme del suo diritto e le sue reliquie venerabili e memorabili che ancora ci commuovono quando balzano ad ogni momento dalla terra appena frugata. Ma poi è sacra ancora perché è stata la culla del cattolicesimo». Infine, concludeva il duce, «Roma ha un carattere sacro, anche perché qui fu portato il Fante Ignoto, simbolo di tutti i sacrifizi di quattro anni della nostra guerra vittoriosa e ancora bisognerà ricordare che sul Campidoglio, sul colle sacro dell'umanità, c'è un'Ara che ricorda i caduti della nostra rivoluzione!»[22]. E alla nuova Roma mussolinea, il duce rivendicava un nuovo attributo di sacralità, derivato dal fascismo stesso, come espressione di una terza epoca della romanità, dopo la Roma dei Cesari e la Roma dei Papi. Per il duce, la sacralità conferita a Roma dal cristianesimo era un elemento aggiuntivo, e neppure predominante, nella sacralità intrinseca della romanità.

La consacrazione della continuità spirituale fra la Roma antica e la Roma fascista, fra i grandi imperatori e il duce imperiale, fra l'impero romano e l'impero fascista, una continuità entro la quale era inserita anche la Roma dei Papi, fu suggellata solennemente un anno dopo la riapparizione dell'impero a Roma, con una grandiosa mostra aperta nella capitale il 23 settembre 1937 per celebrare il bimillenario della nascita di Augusto, alla vigilia del viaggio del duce in Germania su invito del Führer.

L'annuncio della visita in Germania, in coincidenza con l'inaugurazione della mostra augustea, aveva messo in grande ambascia l'archeologo Giglioli, direttore generale della mostra: il 4 settembre egli aveva chiesto al sottosegretario alla Presidenza del Consiglio di anticiparne l'apertura per assicurare la presenza del duce. «L'inaugurazione di questa grande adunata – per la prima volta tentata – di tutte le memorie del primo Impero di Roma, per avere pieno significato deve essere inaugurata *personalmente* dal fondatore del secondo Impero di Roma». Il duce assentì alla richiesta, come pure accettò la proposta di essere accolto, all'entrata della mostra, con il canto dell'inno a Roma e dell'inno fascista[23]. Ed approvò anche, con un secco «sta bene», il discorso che Giglioli intendeva rivolgergli al momento dell'inaugurazione.

L'orazione era un panegirico di Mussolini come novello Augusto della risorta Italia imperiale. Giglioli salutò nel duce un genuino discendente di sangue degli antichi Romani: lo attestava, sentenziò l'archeologo, l'origine romagnola del duce. Il quale, aggiunse l'oratore, era degno emulo di Cesare e di Augusto, perché artefice di una nuova era della romanità nell'epoca moderna, spi-

10. Mostra Augustea della Romanità, 1937.

ritualmente unita all'antica ma proiettata verso il futuro, secondo il detto mussoliniano posto in epigrafe all'entrata della mostra: «Italiani, fate che le glorie del passato siano superate dalle glorie dell'avvenire». Illustrando due millenni di civiltà romana, unendo la Roma pagana alla Roma cristiana, attraverso un percorso che culminava con la sala dedicata all'impero fascista, il visitatore avrebbe compreso come, nel mondo moderno, una «Roma eternamente giovane», sotto la guida del duce, aveva ripreso «la sua fatale missione».

Dedicata ad Augusto e alla romanità, la mostra era in realtà dominata dalla onnipresenza del duce imperiale.

> *Per merito Vostro, per la prima volta è stato raccolto tutto il più insigne patrimonio di memorie d'arte e di storia a noi giunto dal tempo Romano; ciò non poteva farsi che in Roma e dall'Italia Fascista. [...] Due sezioni voglio espressamente ricordare. Una è quella della Chiesa Cristiana, studiata nei primi cinque secoli, quando a Roma ebbe il suggello della sua universalità. L'altra è quella che ricorda il tramandarsi dell'Idea Imperiale Romana attraverso gli spiriti magni, fino alla risurrezione dell'Italia come Nazione unita e indipendente e alla risurrezione, dopo quindici secoli, dell'Impero stesso di Roma, per opera Vostra,* o DUCE.

11. Mostra Augustea della Romanità, Sala di Augusto.
12. Mostra Augustea della Romanità, Sala dell'Esercito.

Perciò – permettetemi di ricordarlo – in tutta la Mostra l'opera Vostra di civis romanus *è presente e animatrice; non solo in Vostri detti, ma nello spontaneo inevitabile riavvicinamento di tante Vostre azioni a quelle dei più grandi Romani di duemila e più anni fa, Romani dei quali, come dice lo stesso nome Romagna, la Vostra regione natale conserva più di altra inalterati il sangue e lo spirito.* [...] *Come nei templi Roma e Augusto divennero un binomio inscindibile, e noi, nella luce radiosa dell'alba del nuovo Impero di Roma, possiamo e dobbiamo rievocare i fasti dell'antica nobiltà della stirpe.*

Il giorno dopo aver inaugurato la Mostra della Romanità, Mussolini intraprese il viaggio nella Germania hitleriana. La visita durò dal 25 al 29 settembre. Il mito di Roma accompagnò il duce imperiale nelle giornate trascorse fra gli osannanti festeggiamenti nazisti. Fino all'inizio degli anni Trenta, anche dopo l'ascesa di Hitler al potere, Mussolini aveva ridicolizzato pubblicamente il nazionalsocialismo per le sue dottrine razziste e neopagane. La pubblicistica fascista lo aveva assecondato impegnandosi a dimostrare l'incompatibilità fra nazionalsocialismo e fascismo, fra germanesimo e romanità. La diffidenza verso la Germania nazista non scomparve neppure quando, nella seconda metà degli anni Trenta, i due regimi si scoprirono affini e solidali. «Basterà la solidarietà di Regime a tenere veramente uniti due popoli che razza, civiltà, religione, gusti respingono ai poli opposti?»[24], si domandava nel suo diario, al ritorno dal viaggio in Germania, Galeazzo Ciano, che aveva accompagnato il suocero come ministro degli Esteri, da poco nominato, ed era fautore di una politica filo-tedesca. Tuttavia, consolidata l'alleanza, le affinità fra i due regimi e la solidarietà fra germanismo e romanesimo furono celebrate come l'inizio di una Nuova Civiltà, di una Nuova Europa e di un Ordine Nuovo.

Ai milioni di tedeschi che il 28 settembre si erano assiepati nello Stadio di Berlino e nelle sue adiacenze per ascoltare i discorsi dei due capi, pronunciati sotto una pioggia torrenziale, il duce disse, in tedesco, che fascismo e nazionalsocialismo erano due rivoluzioni accomunate da posizioni storiche e da molti elementi della loro concezione della vita, dalla fede «nella volontà come forza determinante nella vita dei popoli» alla esaltazione del lavoro e della gioventù, alla quale entrambi i regimi additavano «le virtù della disciplina, del coraggio, della tenacia, dell'amor di patria, del disprezzo della vita comoda»: «Il risorto impero di Roma è la creazione di questo nuovo spirito dell'Italia. La rinascita tedesca è egualmente la creazione dello spirito, cioè della fede in un'idea nella quale prima credette uno solo, poi un gruppo di pionieri e di martiri, poi una minoranza e finalmente un popolo intero». E dopo aver affermato che attorno all'Asse Roma-Berlino, stabilito nel 1936, ruotava il futuro dell'Europa, il duce dichiarò solennemente che il vincolo di solidarietà fra le due rivoluzioni, i due regimi e i due capi aveva un saldo fondamento nell'etica fascista e nella morale personale del duce: «Parlare chiaro e aperto, e quando si è amici, marciare insieme sino in fondo»[25].

Le accoglienze trionfali che gli furono tributate dal popolo tedesco inebriarono il duce, mentre la visione della potenza nazista suscitò in lui ammirazione, invidia e inquietudine. Trionfale fu anche il suo ritorno a Roma, pur se il genero ebbe a ridire nel diario: «Però dovevano risparmiarsi gli archi e gli allori. Questi simboli si riservano ai vincitori di guerre. Non a chi torna da un viaggio in treno»[26].

Nessun risparmio di archi e di allori fu fatto per le altrettanto trionfali accoglienze che il duce volle riservare al Führer, giunto la sera del 3 maggio 1938 in visita ufficiale nella Roma imperiale. La capitale era stata grandiosamente addobbata con bandiere tricolori, bandiere rosse con la croce uncinata, bandiere nere col fascio, bandiere rosse e gialle con i colori di Roma, e giganteschi archi e tripodi e candelabri e pennoni, ornati di fasci littori, di svastiche e di aquile imperiali. Il capo di Stato della Germania nazista attraversò la Roma mussolinea avvolta in una fantasmagoria di luci e di colori, con la potente suggestione notturna dei monumenti illuminati. Per la prima volta a Roma, il Führer fu abbacinato dalle vestigia imperiali, che egli venerava come modello supremo di architettura destinata all'eternità. Per questo soltanto, forse, il duce nazista provava un pizzico di invidia per il duce fascista. Mussolini si poteva giovare dei monumenti romani per eccitare gli italiani alla grandezza, e trarne ispirazione per edificare i monumenti destinati a perpetuare nel tempo la sua gloria. Mentre lui, il Führer, doveva creare dal nulla i monumenti di un «nazionalsocialismo di pietra» per lasciare ai posteri l'impronta del suo impero millenario[27].

Anche sul duce tedesco, il fascino di Roma era incitamento alla conquista di una gloria eterna. Hitler volle tornare da solo al Pantheon, dopo una visita ufficiale alle tombe dei Savoia, per «avere meglio l'impressione spaziale dell'ambiente, e vi rimase un buon quarto d'ora in silenzio», come ha raccontato l'archeologo Ranuccio Bianchi Bandinelli, che fece da guida al Führer fra i monumenti della Roma antica, i musei e la Mostra della Romanità: «Al Colosseo [Hitler] espresse l'idea che andrebbe ricostruito e usato [...]. Poi parlò a lungo di questioni architettoniche; la preoccupazione essenziale che traspariva da questi discorsi era la solidità, l'eternità della costruzione. Non disse che intendeva costruire per il Millennio Nazista, ma si sentiva questa sua idea fissa in tutto»[28].

Durante la visita di Hitler, Roma visse nuove giornate di euforia imperiale. La capitale d'Italia pareva essere diventata simbolicamente la capitale spirituale delle due rivoluzioni che avrebbero cambiato il destino dell'umanità creando un nuovo ordine in una nuova Europa.

La visione dei due capi, aureolati di grandezza nello scenario notturno di Piazza Venezia e nel Foro Mussolini, fu eccitante per la spettacolarità della scenografia e per l'alone mitico e carismatico che circondava le loro persone. Per i fascisti romani, furono giornate di mobilitazione a tempo pieno per parate, sfilate, esibizioni ginniche e adunate oceaniche.

13. Il duce e il Führer al balcone di Palazzo Venezia, maggio 1938.

A fianco.
14. Il duce e il Führer al Foro Mussolini, maggio 1938.

Per giornate intere fummo sequestrati alla vita civile e condotti a esercitazioni nei sobborghi di Roma. Lunghissime attese, contrordini, tutto il complesso di inerzia e di fatica delle organizzazioni si rivelò in quei giorni e contribuì a creare la prima leggenda. Quelle partenze da casa all'alba con i lattai che giravano per Roma e un freddo chiarore su Villa Glori, e i pomeriggi nei quartieri popolari in cui non restava che scherzare con le serve e mangiare gelati furono un motivo assai pittoresco di educazione. Ma soprattutto penetrammo intimamente nel complesso spettacolare dei regimi totalitari: imparammo a scomparire nelle decine di migliaia di uomini che prendevano parte alle riviste, a camminare al suono di musiche tradizionali e a godere della impersonalità che procura l'uniforme.

Durante il soggiorno di Hitler a Roma non perdemmo una sola parata[29].

Con la visita del duce in Germania e il viaggio di Hitler in Italia, iniziò una nuova fase della romanità fascista, contrassegnata, nel 1939, dalla firma del Patto d'acciaio, che legò l'Italia fascista al destino della Germania nazista.

È tuttora diffusa l'opinione che se il duce si fosse ritirato dalla politica dopo la proclamazione dell'impero, sarebbe stato ricorda-

15. Mussolini a Villa Torlonia con la nipotina Marina, 1942.

to e celebrato come un grande statista italiano, con strade, piazze e statue in ogni città e borgo d'Italia dedicate al suo nome. Molti, anche fra gli studiosi, ancora pensano che per il duce e per l'Italia le disgrazie siano derivate dall'alleanza con la Germania nazista, che avrebbe iniettato nel fascismo il veleno del razzismo, dell'antisemitismo, del totalitarismo, trascinandolo nella catastrofe della Seconda guerra mondiale. Non aver lasciato la politica dopo aver raggiunto l'apoteosi del potere e della gloria, lasciandosi influenzare dal demone nazista, costituisce tuttora per molti italiani la peggior colpa di Mussolini e l'errore fatale della sua politica, la causa principale della rovina sua e dell'Italia.

L'ipotesi che, conquistato l'impero, il duce avrebbe potuto ritenersi appagato nelle sue ambizioni e trascorrere gli anni a venire nella serenità della famiglia, crogiolandosi al sole della gloria, sembra avere un tenue filo di validità nei ricordi della moglie di Mussolini, che gli suggerì effettivamente di abbandonare il potere.

Il mese di maggio del '36 fu forse il più felice, nella storia della nostra famiglia [...]. Anche Benito non era mai stato così sereno. Dopo la conclusione vittoriosa dell'impresa africana, poteva considerarsi al culmine della carriera ed essere giustamente orgoglioso del suo grande successo. Io ero al suo fianco ormai da ventisette anni e per tutto questo lungo periodo avevo seguito le sue lotte snervanti. Pensavo che fosse giunto il momento, per lui, di concedersi un po' di riposo. «Se fossi in te», gli dissi un giorno scherzando, «mi ritirerei ad allevare polli alla Rocca. Hai compiuto fino in fondo il tuo dovere, hai perfino fondato un impero. Che cosa puoi fare di più per l'Italia?». Mio marito mi ascoltò senza sorridere. «Forse sarebbe un'ottima idea», rispose. «L'allevamento dei polli non mi entusiasma, ma potrei finalmente dedicare intere giornate allo studio e alla lettura, suonare il violino, scrivere con calma i miei articoli e raccogliere in un libro le mie memorie».

Tornai più volte sull'argomento e probabilmente sarei riuscita a persuadere Benito, se lui stesso non avesse accennato a Starace la sua intenzione di lasciare per sempre la vita pubblica. Starace, che era allora segretario del partito, si affrettò a comunicare la notizia a tutti gli altri gerarchi e tutti insieme convinsero mio marito che l'Italia aveva ancora bisogno del duce, che il suo compito non era ancora finito[30].

In realtà, più delle sirene bucoliche, furono le sirene totalitarie che sedussero l'ambizione del duce, e lo spinsero a inseguire nuova potenza e nuova gloria lanciandosi in nuove imprese di guerra. Per rinunciare al potere dopo il 9 maggio, Mussolini non avrebbe dovuto essere Mussolini. E il fascismo non avrebbe dovuto essere il fascismo.

Molti testimoni degni di fede hanno descritto gli effetti che la conquista dell'impero ebbe sul duce, sul suo comportamento e sulle sue scelte politiche. Nelle sue memorie, il diplomatico Raffaele Guariglia, uno degli ideatori dell'espansione in Abissinia, pur celebrando la guerra d'Etiopia come un'azione politica, audace sì, ma brillante e fortunata, il cui merito sia militare che politico spettava indubbiamente a Mussolini, osservò tuttavia che le conseguenze furono del tutto negative per la personalità del duce: «Essa creò personalmente in Mussolini la convinzione di essere, oltre che un grande capo politico, un grande capo militare [...] e lo spinse ad affrontare con una esagerata fiducia nelle proprie capacità militari e politiche, le contese europee quando esse assunsero proporzioni di gran lunga superiori *alle sue capacità* di politica estera e non soltanto a quelle sue»[31].

Altre numerose testimonianze confermano la crescente infatuazione del duce per il proprio genio, con l'aggravante certezza di possedere, come «animale politico», il dono dell'infallibilità, certezza che contribuì al montare della sua ambizione di potere e di grandezza, e lo indusse a impegnarsi con più accanita tenacia per realizzare i suoi progetti più grandiosi, fra i quali primeggiava ora, conquistato l'impero, la rigenerazione degli italiani, la creazione degli italiani nuovi, uomini e donne modellati nel fisico, nella mente e nel carattere, a immagine e somiglianza del duce. «Una sola cosa dunque è sicura e terribile: che la sua convinzione d'essere infallibile è sincera», ha scritto nelle sue memorie Giuseppe Bastianini, un fascista della prima ora e uno dei gerarchi che forse meglio di altri comprese la psicologia di Mussolini, l'interiore rovello della sua ambizione e la sua ossessione per la rigenerazione degli italiani. «Se fosse soltanto un'ostentazione per la piazza sarebbe facile, nonostante la sua abilità polemica, discutere con lui, ma egli, che ha voluto abolire ogni discussione nel partito come nel Parlamento e nel Governo, ha conquistato insieme con l'Impero l'intimo convincimento della propria infallibilità. È sicuro di sé e della sua stella; gli altri devono soltanto, dopo quella prova storica, riconoscergli il diritto di essere infallibile in ogni evenienza ora e sempre»[32].

7. Duce imperiale

Dopo la conquista dell'Etiopia, il duce diede un deciso colpo di acceleratore all'esperimento totalitario, convinto che ciò fosse necessario per portare gli italiani «sul piano dell'impero». Tuttavia, la responsabilità delle scelte politiche del regime dopo il 1936 non apparteneva soltanto al duce, personalmente, ma al sistema politico che egli aveva instaurato, al movimento che lo aveva portato al potere, alla cultura e alla ideologia che permeavano il regime, ai miti e alle ambizioni che il duce condivideva con quanti partecipavano con lui al perseguimento di obiettivi di potenza e di grandezza, nella convinzione che l'Italia doveva diventare, nell'epoca moderna, grande e potente come era stata Roma nell'antichità. Tutti questi fattori contribuirono alle scelte del duce imperiale, anche se ricadeva comunque su di lui la responsabilità della decisione finale. Questa stessa responsabilità, concentrata nella volontà di un solo individuo, era comunque il prodotto del sistema totalitario che il fascismo aveva instaurato, come alcuni osservatori stranieri seppero intuire all'indomani della riapparizione dell'impero sui colli fatali.

L'immensa importanza, oggi, del nuovo Impero Romano è dovuta a due fattori, lo sviluppo degli stati totalitari e il carattere e le capacità del signor Mussolini. La nuova tecnica della dittatura, che implica un completo controllo di ogni forma di espressione, rende possibile incanalare la volontà e l'energia di un popolo nella direzione che si vuole. Non è ancora provato che possa trasformare in coraggiosi guerrieri uomini che non hanno fegato per combattere [...]. I dittatori possono indubbiamente far lavorare gli uomini duramente e sopportare le difficoltà. Finora il loro potere ha le caratteristiche di un movimento religioso – tantum religio potuit suadere malum. *Il duce, da oltre un decennio al potere, sa che egli può cavare dal suo popolo il sudore se non il sangue che gli è necessario per costruire un Impero. La situazione interna lo ha spinto ad assumere rischi per la conquista imperiale, e così egli ha potuto subito scoprire quale efficace metodo di contrattazione sia la minaccia della guerra in questa Europa degli anni Trenta [...].*

La necessità ci rende tutti psicologi, e il dittatore si rende conto che deve fare qualcosa di drastico per rimuovere quel sentimento di futilità e di inferiorità che sono tipici delle razze latine quando si annoiano. La situazione interna esigeva un'avventura militare per assorbire l'intera nazione nella sua preparazione e nella sua condotta. Ciò è necessario per glorificare il fa-

scismo all'estero e aiuta a rimuovere il sospetto di incompetenza militare che balena nelle zone più riposte dei cervelli italiani – un vago, infelice ricordo di Adua e di Caporetto[33].

L'effetto della megalomania, provocato nel duce dalla conquista dell'impero, ebbe ripercussioni negative anche all'interno, nei rapporti con la monarchia. Se sono attendibili le memorie di Luigi Federzoni, Mussolini non era affatto entusiasta dell'attribuzione del titolo di imperatore al re. Quando la folla, la notte del 9 maggio, dopo averlo osannato in Piazza Venezia si recò al Quirinale per acclamare il nuovo imperatore, racconta Federzoni, Mussolini si mise a dar pugni sul tavolo strepitando: «Ma che c'entra lui? Lui non ci voleva andare: ho dovuto forzarlo!»[34]. Altre testimonianze di fedeli collaboratori confermano, come afferma Federzoni, che da quel momento il duce decretò in cuor suo la fine della monarchia. Dopo il 1937, i rapporti fra il duce imperiale e il re imperatore si deteriorarono progressivamente. Mussolini considerava la monarchia «una superstruttura inutile»[35].

Nel marzo 1938, il duce imperiale inflisse un altro grave colpo al prestigio della monarchia, facendosi conferire, al pari del re, con una legge decisa, votata e promulgata in pochi minuti dalla Camera e dal Senato, per iniziativa del segretario del PNF e con la complicità dei presidenti delle due Camere, il grado di Primo maresciallo dell'Impero. Il re considerò la cosa illegale, protestò, ma dovette, come sempre, rassegnarsi al fatto compiuto di un potere totalitario che aveva svuotato la monarchia di gran parte dei suoi poteri rendendola un vacuo simulacro. Alle proteste del re imperatore, il duce imperiale rispondeva indirettamente sfogandosi con i suoi collaboratori: «Basta. Ne ho le scatole piene, io lavoro e lui firma [...]. Finita la Spagna ne riparleremo»[36]. E il 6 aprile 1938 Ciano annotava nel diario: «La crisi tra il Regime e la Monarchia si è ormai aperta»[37]. Durante la visita di Hitler in Italia, scrisse Ciano, la monarchia «si è rivelata di una ingombrante inutilità»[38]. E ancora, nel luglio, il risentimento antimonarchico del duce era più aspro: «C'è voluta la mia pazienza, con questa Monarchia rimorchiata. Non ha mai fatto un gesto impegnativo verso il Regime. Aspetto ancora perché il Re ha 70 anni e spero che la natura mi aiuti»[39].

7. Duce imperiale

Anche l'idillio imperiale fra il fascismo e la Chiesa cattolica cominciò a incrinarsi. Il duce appariva in privato sempre più ostile al Vaticano e polemico nei confronti del cristianesimo, che avrebbe contribuito a rendere gli italiani un popolo ignavo e privo di virilità guerriera. Il suo anticlericalismo e il suo paganesimo anticristiano, attinto da Nietzsche, riaffiorarono spesso negli ultimi anni del regime. «Se il Papa continua a parlare, io gratto la crosta agli italiani e in men che non si dica li faccio tornare anticlericali. Al Vaticano, sono uomini insensibili e mummificati. La fede religiosa è in ribasso: nessuno crede a un Dio che si occupa delle nostre miserie. Io disprezzerei un Dio che si occupasse delle vicende personali dell'agente di Polizia fermo all'angolo del Corso»[40]. La tensione fra la Chiesa e il regime si inasprì nel 1938 con un nuovo conflitto sull'Azione Cattolica. Il compromesso raggiunto anche questa volta non sanava tuttavia la gravità della crisi. Le critiche della Chiesa alla legislazione razzista e antisemita attizzarono l'avversione del duce: «Sto abituando gli italiani a convincersi che si può fare a meno di un'altra cosa: il Vaticano», disse il 4 settembre 1938[41]. «Mussolini, sdegnoso, parla del 'ghetto cattolico', il Vaticano. Ribadisce il suo giudizio sul Papa: 'nefasto'. Dice: 'i pii' sono funesti nella storia della Chiesa. Non posso concepire, che un papa abbia detto: noi siamo spiritualmente dei semiti»[42]. E sempre più di frequente, il duce accusava la Chiesa e il cattolicesimo di essere un ostacolo alla grandezza italiana: «Bisognerà pure venirne a fondo» disse a Bottai il 15 aprile 1940. «La Chiesa è sempre stata dall'altra parte: con l'Austria nel 1915-18; contro la Germania, oggi. La Chiesa è stata sempre, dico sempre, la rovina d'Italia. Diede agl'italiani, mentre gli altri si spartivano il mondo, il surrogato d'un imperialismo concreto con un universalismo spirituale, che ci snervò. Se avessi tempo, scriverei un libro di non più di duecento pagine, per dimostrare quanto dico. Costantemente, la Chiesa fu rovina alla causa italiana», e al popolo italiano perché «l'ha rammollito, svirilizzato, gli ha tolto il gusto del dominio effettivo, l'ha disarmato»[43].

Sul versante della Chiesa, dopo il 1938, alla possibilità di cattolicizzare il fascismo non credeva più neppure uno dei più fervidi e loquaci laudatori del duce come il cardinale Schuster. Dopo essersi prodigato per sostenere il regime negli anni precedenti, quando il fascismo era «soltanto una rivoluzione e la Chiesa ha nella sua tradizione di accettare i cambiamenti di governo adattandovisi», il cardinale constatava ora, e lo confidava ai vescovi lombardi il 4 gennaio 1939, che il fascismo era diventato «una dottrina sempre più paganeggiante che la Chiesa non può accettare o deve accettare con riserva»[44]. Il 17 gennaio, in un'allocuzione segreta al clero lombardo, l'arcivescovo di Milano fece una vera e propria denuncia del totalitarismo fascista, descrivendo la visione apocalittica di un confronto fra «due civiltà», di una lotta che aveva «qualcosa di epico» e trascendeva i confini dell'Italia coinvolgendo «la cultura di vari popoli».

Tra noi, la Chiesa cattolica oggi si trova di fronte, non tanto ad un nuovo Stato fascista, giacché questo esisteva già nell'anno del Concordato, ma di fronte ad un imperante sistema filosofico-religioso, nel quale, per quanto non lo si dica a parole, è implicita la negazione del Credo apostolico, della trascendenza spirituale della religione, dei diritti della famiglia cristiana e dell'individuo [...]. Di fronte ad un credo apostolico e ad una Chiesa cattolica di origine divina, abbiamo dunque un credo fascista ed uno Stato totalitario il quale, appunto come quello hegeliano, rivendica per sé degli attributi divini.

Sul piano religioso il Concordato è vaporizzato. [...]

Ora, se in filosofia vale ancora il principio di non contraddizione, ognun vede che tra il cristianesimo imperniato sul Decalogo e sul Credo di origine divina e codesto nuovo Stato hegeliano, totalitario, autoritario, sovrano, fonte di eticità e di spiritualità cattolica – di quel cattolicesimo romano, s'intende, che preesisteva allo stesso cristianesimo – c'è una irriducibile antinomia. Il cristianesimo è essenzialmente soprannaturale, ed è spirito. Codesto Stato hegeliano, invece, è forza materiale ed è tutta cosa politica. Il cristianesimo vuole amare, temere e servire a Dio; codesta forma invece di statolatria usurpa i diritti di Dio ed a lui si oppone. [...]

Per il cristianesimo, gerarchia, sacramenti, fede, Paolo, Cefa, tutto è per l'uomo [...] l'uomo, a sua volta, è di Gesù Cristo poi, per dirla con Paolo, è di Dio. Nello Stato fascista, al contrario, c'è un unico assoluto, totalitario, interamente sovrano il quale non fa posto ad altri, né cede lo scettro ad alcuno. È lo Stato, il quale penetra negli stessi spiriti e nelle coscienze. [...]

Sorgete, o martiri santi, o antichi dottori della Chiesa, o primi apostoli del Vangelo! Voi che di fronte alle imposizioni del sinedrio di Gerusalemme e sui campidogli delle varie città che già appartenevano a Roma imperiale, affermaste colla vita santa, coll'eloquenza dello Spirito Santo, e poi finalmente col proprio sangue la trascendenza dello Spirito, la libertà di coscienza, la soprannaturalità della Chiesa. Sorgete, o santi tutti, a scagionarvi dall'accuse che vi si fa adesso d'essere stati degli immorali, perché non partecipaste alla eticità dello Stato pagano.

Sorgete, o martiri, a liberare la Patria nostra ed il mondo stesso dal pericolo pagano che nuovamente minaccia. *Dico: minaccia e lo dico soprattutto ai pastori di anime qui convenuti al Sinodo; in quanto voi, o ven. sacerdoti, meglio di me sapete come lo Stato totalitario attraverso le sue molteplici istituzioni va sempre più avocando a sé la formazione della giovinezza, dichiarando ormai inutili gli oratori e le associazioni dell'Azione Cattolica giovanile, tanto più che la* GIL *è già provveduta dei suoi cappellani*[45].

Cosa era mai accaduto, nel giro di soli due anni, per provocare un così radicale cambiamento nell'animo del cardinale, fino a capovolgere drasticamente il suo atteggiamento verso il fascismo? La risposta risiede unicamente nel comportamento del duce e del fascismo dopo la proclamazione dell'impero.

La conquista dell'Etiopia, come abbiamo detto, esasperò nel duce il desiderio di grandezza e la volontà di accelerare l'esperimento totalitario per creare una nuova razza di italiani, degna del nuovo impero, che egli aveva voluto e conquistato, arrivando vittorioso alla meta, sfidando cinquantadue Stati e la potenza imperiale inglese. La proclamazione dell'impero e tutto quello che ne seguì in politica interna e in politica estera – la partecipazione militare alla guerra civile in Spagna, l'accrescimento della concentrazione del potere nel duce e nel partito fascista a scapito della monarchia, la campagna antiborghese per la riforma del costume, l'introduzione delle leggi razziali e antisemite, l'alleanza con la Germania nazista, e infine l'intervento dell'Italia nella Seconda guerra mondiale – furono le tappe decisive dell'ultima fase dell'esperimento totalitario per la rigenerazione degli italiani e l'espansione imperiale, in nome della nuova civiltà nata dal connubio fra romanità e fascismo.

8
LA CAPITALE DEL FUTURO

E il duce imperiale volle una nuova Roma imperiale. Aveva già fondato cinque città, volendo dimostrare anche con queste opere di essere un grande emulo dei Romani, grandi costruttori: un autentico romano della modernità, che ardiva gareggiare in monumentalità con i Romani dell'antichità. Ma le città nuove che aveva fondato non bastavano ad appagare la sua ambizione di essere ricordato nei secoli come l'artefice di una grande Roma moderna. Il duce imperiale voleva ora una nuova Roma interamente e integralmente fascista, mussoliniana fin dalle fondamenta: negli edifici, nelle piazze, nelle strade, nei monumenti, come integralmente mussoliniane e fasciste erano le città nuove create nell'Agro pontino, dopo averlo rigenerato dalle paludi. E soprattutto: una nuova Roma fuori da Roma, protesa verso il mare, pietrificazione simbolica monumentale della romanità moderna del fascismo, libera dalla coabitazione forzata con l'ingombrante maestosità delle vestigia antiche.

Il progetto di costruire una nuova Roma distaccata dall'antica era stato già concepito, dopo il 1870, da quanti erano convinti che non fosse possibile conciliare le esigenze di una capitale moderna con la vecchia struttura urbanistica. Essi paventavano, non a torto, che sarebbe stato un danno irreparabile incuneare la nuova Roma nel corpo della città vecchia, con sventramenti e distru-

A fianco.
1. «*Un popolo di poeti di artisti di eroi di santi di pensatori di scienziati di navigatori di trasmigratori*», Palazzo della Civiltà, Eur.

zioni che avrebbero lasciato comunque irrisolti molti problemi di funzionalità e di traffico o ne avrebbero creati di nuovi, come effettivamente accadde, nella città in continua crescita ed espansione[1]. In regime fascista, rimase saldo in questa convinzione, ma meno nella determinazione a farla valere, l'architetto Gustavo Giovannoni, fondatore e preside della facoltà romana di architettura, riconosciuto maestro degli urbanisti italiani, e membro di tutte le commissioni incaricate del piano regolatore per la capitale, dal 1916 al 1941. Nel 1939, in una conferenza all'Istituto di studi romani, egli deplorò con franchezza la costruzione di grandi edifici pubblici entro la cinta della Roma antica e «il carattere sciatto, contrario a norme di buona distribuzione e di estetica, secondo cui sono sorti molti dei quartieri novissimi della periferia, che pure dovrebbero rappresentare la Roma del nostro tempo [...] esageratamente densi nella fabbricazione per altezze enormi [...] spesso banali nella forma architettonica di un Novecento da strapazzo». Prevedendo per il 1980 tre milioni di abitanti nella capitale, Giovannoni avvertiva che «al congestionamento delle vie interne non basteranno [...] i tagli e gli sventramenti, che sono provvedimenti atti più ad aggravare le condizioni del traffico col richiamarlo all'interno, che a risolverle, come sembra ai miopi e agli interessati». Egli spezzava un'ultima lancia a favore della «necessità di conservare l'ambiente ed il carattere della vecchia Roma», preservando quanto era patrimonio prezioso di tre secoli di storia, evitando «tagli e sventramenti e ricostruzioni di cui sono così feconde le menti degli urbanisti inventori ed i calcoli, spesso sbagliati, degli speculatori»[2]. Per il centro della vecchia Roma, Giovannoni proponeva soltanto il risanamento dell'abitato: «Si adatti col prudente sistema del diradamento, si restauri in funzione d'arte e d'igiene [...] divenga sede di piccole industrie e di società di coltura, a cui i vecchi palazzi felicemente si adattano; ma rimanga la cittadella del carattere cittadino, cara non soltanto alle nostalgie dei vecchi romani, ma anche all'ammirazione di quanti in Roma ricordano e studiano nel proprio ambiente l'architettura che per tre secoli ha dato al mondo i modelli di euritmia e di dignità»[3]. Tali inviti alla cautela caddero nel vuoto dopo la conquista dell'impero più di quanto fosse avvenuto prima. Anzi, nei progetti urbanistici elaborati dopo

8. La capitale del futuro

il 1936 per ampliare e ingrandire la nuova Roma mussolinea, l'esigenza di una monumentale modernità fascista fu ancor più predominante rispetto a ogni altra considerazione di preservazione del passato. Una sorta di frenesia della modernità, suscitata dall'euforia per la rinascita della Roma imperiale, incitò a proseguire le demolizioni nella vecchia Roma per l'isolamento del mausoleo di Augusto, l'apertura di corso Rinascimento, la costruzione di una grande via di accesso a Piazza San Pietro, abbattendo la «spina» dei Borghi.

Considerando le esigenze di modernizzare la capitale, bisognava mettere da parte «il timore d'un futuro rimpianto, dinanzi alla necessità di distruggere e rinnovare», scriveva nel 1937 Emilio Cecchi, influente critico di letteratura e di arte. Forse animato da un improvviso ardore futurista, o da una criptica ironia falsamente apologetica, Cecchi esortava a liberarsi da ogni venerazione filiale verso i quartieri familiari della vecchia Roma, «certamente gustosa, toccante, ma a fondo nostalgico e passivo, non creativo», perché «alla fine, il mondo, la superficie terrestre, sono fatti per uomini vivi e non per i trapassati». La città moderna aveva diritto di crescere per legge di vitalità, distruggendo le vecchie costruzioni per far posto alle nuove: «E così violento e riduttivo è il potere della vita, che dopo pochi anni nessuno più si ricorda di quel ch'era prima, e le nuove costruzioni è come se ci fossero da sempre [...]. E pur di non sostare, la vita accetta e naturalizza tutte le amputazioni e variazioni, anche più sconce e deturpanti. [...] Chi muore giace e chi vive si dà pace. Necessariamente. I 'borghi', pur troppo, non da oggi sono morti. Ci basti che al loro convogliamento presiedano tutta la pietà e la decenza necessarie. Alle quali, frattanto, crediamo di non venir meno, soggiungendo che poco ci cale dei portoncini curiosi, degli angoletti, dei cortiletti, delle osteriuole, dell'uggia storica, del caratteristico odorino di sagrestia. [...] Le città camminano con gli uomini, e non possono fermarsi. Poche sono le cose che stanno ferme e non si possono toccare. E coteste a difendersi ci pensano da sé, perché sono cariche a un potenziale che le rende intangibili, come i fili della corrente ad alta tensione»[4].

La nuova Roma, anche nel centro della vecchia Roma, doveva essere modellata e costruita in armonia con la concezione to-

2. Demolizioni e costruzioni nella nuova Roma imperiale, 1937.

talitaria della politica di potenza dell'Italia imperiale, nella prospettiva di diventare la capitale del futuro come centro irradiante di una nuova civiltà universale. L'urbanistica fascista, disse Bottai nel 1937, deve essere «determinata dalla politica del Regime [...] come politica di potenza e di unità», per conferire a Roma «tutti i requisiti della grande città moderna, perché possa assolvere all'interno la sua funzione di capitale d'Italia, e possa, domani, assolvere la funzione, che tutti noi auspichiamo, di Capitale del mondo moderno»[5]. A tale scopo, affermava il ministro dell'Educazione nazionale, era necessario incrementare lo sviluppo demografico di Roma: per Roma, infatti, non potevano valere i limiti posti dal regime al «fenomeno dell'urbanesimo dilagante», perché la città doveva acquistare «anche quella forza di numero, quel peso nella vita nazionale, che la metta in grado di assolvere alla sua funzione di Capitale»[6].

La frenesia della modernità contagiò anche archeologi come Giglioli, che in precedenza aveva trepidato per le sorti delle vestigia antiche insidiate dall'assalto delle esigenze moderne. Una città avviata a raggiungere il milione e mezzo di abitanti allo scadere del secondo decennio dell'era fascista, disse l'archeologo nel 1942, non poteva esser prigioniera della venerazione per il passato: «Il dilemma è chiaro nella sua logicità: o rinunciare alla dinamica della vita moderna, al costante, progressivo adeguarsi del vecchio organismo cittadino alle esigenze dei tempi nuovi, dei nuovi bisogni per una più alta missione da compiere; o sottomettersi alle ferree leggi e ai duri sacrifici che questa trasformazione richiede. Se la Roma imperiale si sovrappose a quella repubblicana, cancellandone spesso le tracce; se la Roma del Rinascimento distrusse quasi completamente quella medioevale; se la Roma barocca dette a tutto l'organismo cittadino quell'impronta nuova che è ancora oggi la preminente, era fatale che la Roma fascista si sovrapponesse a tutte le precedenti»[7].

Con queste idee, dopo la conquista dell'impero, il fascismo affrontò il problema della fascistizzazione monumentale della capitale, angustiandosi meno per la restaurazione e la valorizzazione dei ruderi del passato e impegnandosi di più nella costruzione di una Roma integralmente fascista. Pur senza voler abbandonare, nell'architettura e nelle arti, il richiamo alla tradizione romana, che anzi fu accentuata a scapito dello stile funzionale razionalista, il fascismo della nuova epoca imperiale pensava alla nuova Roma mussolinea esclusivamente nella prospettiva del futuro, nella visione di una nuova civiltà fascista, universale nello spirito, nei valori e nelle istituzioni come la civiltà romana.

L'ambizioso progetto di creare una nuova Roma, integralmente fascista fin dalle fondamenta, nacque nell'euforia modernista dell'Italia imperiale, ed ebbe origine occasionale dalla proposta di candidare la capitale a ospitare un'esposizione universale nel 1942, per il ventennale della rivoluzione fascista. La parte italiana della mostra sarebbe stata composta da edifici monumentali permanenti, che sarebbero diventati il nucleo della nuova Roma fascista protesa verso il mare.

L'idea di affidare ad un'esposizione la funzione di essere l'embrione della nuova Roma capitale del futuro, può apparire curiosa o paradossale, se non si tiene conto del peculiare interesse che il fascismo ebbe sempre per le mostre e le esposizioni come luoghi di rappresentazione simbolica e di diffusione propagandistica della propria ideologia, della propria visione della storia e della politica, e come centri sperimentali di prefigurazione della nuova civiltà che stava costruendo[8]. Si potrebbe dire che l'organizzazione delle mostre sia stata, insieme con l'architettura e l'urbanistica, la forma di espressione estetica prediletta dal fascismo e più confacente alla rappresentazione della sua visione della vita. Le mostre furono, in un certo senso, una genuina *arte fascista*, dove più efficacemente il fascismo riuscì a realizzare la sua concezione totalitaria e monumentale della integrazione politica delle arti, attraverso un eclettico sincretismo di stili, che tuttavia rispondeva ad un principio unitario costante: rendere visibili i miti del fascismo concretizzandoli sia in *monumenti perenni*, come le opere architettoniche e urbanistiche, sia in *monumenti contigenti*, come le mostre.

Alle mostre, principalmente, il fascismo affidava la funzione di mobilitazione propagandistica delle masse in speciali eventi e occasioni: la folla dei visitatori era coinvolta direttamente nell'universo simbolico fascista, e ne subiva emotivamente l'influenza con maggiore immediatezza ed efficacia, rispetto all'influenza più solenne, ma anche più distaccata, esercitata dai monumenti perenni. In questo senso, le mostre erano per il fascismo eventi di culto, concrete esperienze di sacralizzazione della politica, attraverso temi che talvolta erano apparentemente estranei alla politica, come il dopolavoro, le colonie estive, lo sport, le bonifiche, la produzione tessile e mineraria italiana, ma che tuttavia alla politica fascista appartenevano per la sua essenza totalitaria, confermata anche dal fatto che gran parte di queste mostre erano organizzate dal partito fascista. «Che il Dopolavoro sia una istituzione politica – spiegava la rivista 'Capitolium' in occasione della prima Mostra Nazionale del Dopolavoro organizzata dal PNF nel 1938 al Circo Massimo – è, fascisticamente parlando, non solo concepibile ma logico; tutto quanto ha origine dal Regime ha contenuto 'politico' in quanto rientra in un quadro più vasto di finalità nazionali; e, anzi, squisitamente politica appare oggi, dopo più di dieci anni di esistenza, la funzione e l'opera complessiva del Dopolavoro»[9].

L'area del Circo Massimo, recuperata nel 1934, divenne nella seconda metà degli anni Trenta lo scenario delle mostre organizzate dal PNF, che in questo modo diede visibilità concreta alla simbiosi fra romanità antica e romanità fascista, collocando in una vasta vestigia della Roma imperiale l'esposizione delle realizzazioni sociali, educative e produttive della moderna Roma fascista, nelle quali era pur sempre dominante la proiezione verso l'avvenire, il motivo della modernità costruttiva del fascismo, che nei monumenti contingenti, come nei monumenti perenni, non intendeva solo esaltare le opere compiute, ma prefigurare le opere che avrebbe realizzato per costruire la capitale del futuro.

All'allestimento di questi monumenti contingenti della romanità fascista, parteciparono alcuni fra i migliori architetti e artisti italiani, spesso gli stessi che lavorarono alla costruzione dei monumenti perenni del «fascismo di pietra», con lo stesso risultato di produrre, attraverso l'integrazione delle arti, una rappresentazione coerente, per quanto eclettica, dei miti della romanità fascista. Onnipresente, in queste mostre, era il simbolo del fascio littorio, stilizzato in forme gigantesche, insieme a pannelli, mosaici e sculture, raffiguranti personaggi della mito-

3. Mostra nazionale delle Colonie estive, 1937.

logia latina, entità personificate della religione fascista, figurazioni idealizzate dell'italiano nuovo, che il fascismo stava allevando nel laboratorio totalitario.

Fra le mostre organizzate dal partito fascista la più celebre fu la prima Mostra della Rivoluzione Fascista, nel 1932, che ebbe un enorme successo di visitatori, tanto che rimase aperta due anni, per esser poi nuovamente organizzata in tre successive edizioni: nel 1937, nel 1939 e nel 1942. Fu tuttavia soltanto la prima edizione quella che suscitò più entusiasmo e consenso fra il pubblico contemporaneo, e tuttora richiama il maggior interesse degli storici della cultura, della politica, dell'arte e dell'architettura nel regime fascista. Concepita come un'esposizione degli eventi della rivoluzione fascista, dall'interventismo alla marcia su Roma, scopo della mostra doveva essere, come spiegava la guida, «la ricostruzione per il presente e la proiezione per il futuro», evocando, attraverso le varie sale che ne illustravano il significato con fotografie, documenti e figurazioni artistiche, le gesta della rivoluzione fascista come una «gigantesca sinfonia», il cui tema fondamentale «doveva essere suggerito dall'incombente predominante e determinante figura del Duce, dal Suo

4. Mostra nazionale delle Colonie estive, Sala dell'Opera Nazionale Balilla.

pensiero e dalla Sua azione, dalla Sua fede e dalla Sua volontà»[10]. Lo stile della mostra fu deciso dal duce stesso, il quale ordinò di «far cosa d'oggi, modernissima dunque, e audace, senza malinconici ricordi degli stili decorativi del passato»[11], scartando i progetti di «una solennità romaneggiante imbastita di falso travertino» o di «manierismo ricalcato sul barocco», perché «i tempi grandi non s'immiseriscono nell'imitazione, sempre mediocre, di quelli precedenti, ma creano forme nuove ed espressioni originali», espressioni della «nostra epoca anelante e dinamica, disancorata e febbrile»[12]. Alla realizzazione della mostra, allestita freneticamente in pochi mesi, parteciparono ancora una volta pittori, scultori e architetti italiani fra i migliori del loro tempo, come Sironi, Terragni, Prampolini, Libera, De Renzi, Valente, Funi, Marini, Longanesi, Rambelli, uniti da un fervore ideologico oltre che artistico nel costruire un monumento contigente che fosse pienamente aderente agli ordini mussoliniani.

L'estetica della mostra, fin dalla facciata esterna, volle essere una violenta aggressione simbolica alla vecchia Roma ottocentesca, una spettacolare esibizione della moderna romanità fascista,

5. I fasci littori alla Mostra della Rivoluzione Fascista, Palazzo delle Esposizioni, 1932.

inflitta con stile squadrista nel cuore stesso della Roma liberale e sabauda. La mostra fu allestita nel Palazzo delle Esposizioni, in Via Nazionale, strada fiancheggiata, secondo la sprezzante descrizione che ne faceva la guida della mostra, da «due file di costruzioni tipiche dell'Ottocento, sommarie e pletoriche insieme, misere e presuntuose, con quella pretesa di monumentalità caratteristica del secolo scorso, fatta d'albagia senza sostanza, di grandiosità senza stile, di ricchezza senza gusto»[13].

La facciata in stile «umbertino» del palazzo venne nascosta sovrapponendo ad essa una enorme facciata artificiale in forma cubica di colore rosso cupo, progettata da Libera e De Renzi, che doveva simbolizzare «con la sua purezza geometrica la sintesi della concezione totalitaria e integrale del Regime fascista», mentre il rosso cupo rappresentava lo spirito rivoluzionario del fascismo e la tradizione romana, evocata soprattutto da quattro enormi fasci stilizzati, in rame lucido, alti venticinque metri, che svettavano davanti alla facciata come imponenti colonne, simili a ciminiere industriali o a minacciosi ordigni di guerra. I quattro fasci erano collegati da una pensilina che sovrastava l'ingresso con la scritta «Mostra della Rivoluzione Fascista». In questa composizione prettamente modernistica, la romanità era evocata ancora da due enormi cifre romane «X», simbolo del Decennale della rivoluzione fascista, in lamiera tinteggiata di rosso e bianco, collocate sulle due ali isolate della facciata. La stessa cifra romana campeggiava sull'ingresso alla mostra, alla quale si accedeva attraverso una scalinata sormontata da un grosso arco, che le conferiva l'aspetto solenne e raccolto dell'entrata di una chiesa. L'ingresso era fiancheggiato da due fasci in zinco brunito, e sopra di essi era impressa la formula del giuramento fascista, che risaltava sul fondo di un targone luminoso.

L'allestimento della facciata e delle sale era stato esplicitamente concepito e realizzato con lo scopo di conferire a tutta la mostra un'atmosfera sacrale e mitica, agendo potentemente sulla fantasia e sulle emozioni del visitatore. «Ed è perciò che questa Mostra – spiegava la guida – non ha l'aspetto arido, neutro, estraneo che hanno di solito i musei. Essa invece si rivolge alla fantasia, eccita l'immaginazione, ricrea lo spirito. Il visitatore ne resterà conquistato e preso fin dentro l'anima»[14].

Durante il percorso, il visitatore era investito dal ritmo concitato e frenetico della rappresentazione degli eventi, attraverso una combinazione simultanea e dinamica di fotografie, documenti, composizioni grafiche, decorazioni pittoriche e raffigurazioni scultoree, fino a raggiungere, dopo aver attraversato la sala dedicata al duce, l'ultima sala, dove era il Sacrario dei Martiri Fascisti: qui, il tumulto della storia rivoluzionaria si placava nella penombra azzurra di una cripta circolare con una grande cupola, affiancata da due cupole minori, e al centro, su un piedistallo color rosso sangue, si innalzava una croce metallica e guerriera, simbolo del sacrificio e della fede. E tutt'intorno alle pareti della cripta, nell'oscurità, la voce dei martiri fascisti era evocata, secondo il rito fascista, dalla ripetizione continua e fitta della parola «presente» in caratteri luminosi, mentre s'udiva soffuso l'inno fascista. Un milite, rigido sull'attenti, rendeva gli onori ai martiri. Anche davanti alla facciata di ingresso si avvicendarono quotidianamente, come guardia d'onore, militi della Milizia, delle organizzazioni giovanili, delle professioni e dei mestieri, docenti universitari e accademici, ufficiali, deputati e senatori.

Con la sua aggressiva modernità, la mostra parve «un cuneo piantato nel bel mezzo della metropoli, a spezzare le resistenze più tenaci dei superstiti negatori dell'arte moderna»[15]. La nuova facciata, scriveva il francese Louis Gillet, storico dell'arte, «non è altro che un paravento di metallo collocato davanti all'antico come una maschera tragica [...]. La sovrapposizione diviene il simbolo di due generazioni. Al lusso borghese, accademico, opulento e un po' volgare si sovrappone un gusto nuovo, spartano e ascetico: lo stile dell'era del littorio, dell'*età littoriale*, come dicono qui, che segna l'avvento di una razza di ferro»[16]. Nei commenti dei critici fascisti, frequenti furono le allusioni sarcastiche all'architettura monumentale dell'Italia sabauda, prendendo a bersaglio lo stile del Palazzo delle Esposizioni, opera del padre di Marcello Piacentini, con la sua «scialba facciata» disegnata «per quella baracca che era il vecchio Palazzo dell'Esposizione»[17], oppure il massimo monumento monarchico, il Vittoriano, esplicitamente dileggiato nel confronto con la Mostra della Rivoluzione Fascista.

La mostra aveva un significato altamente simbolico, insistendo sull'atmosfera mitica, religiosa e mistica in cui era ambienta-

6. L'esterno e l'interno della Mostra della Rivoluzione Fascista, 1932.

ta la rievocazione storica della rivoluzione fascista, «una eposizione-dimostrazione» concepita «come una cattedrale dove le mura parlano», che per «la prima volta nei tempi moderni porta un fatto di storia contemporanea nel clima ardente delle affermazioni e manifestazioni religiose»[18]. Per Mario Sironi, che aveva efficacemente collaborato ad allestire molti ambienti della mostra, essa, per quanto effimera, era una esperienza e una espressione essenziale ed esemplare dello stile architettonico e monumentale dell'arte fascista, che «non può essere quella che ha soltanto fatto posto a simboli fascisti rimanendo intimamente estranea o indifferente allo spirito dei tempi della rivoluzione. È necessario che l'ossatura stessa della nuova espressione sia legata e profondamente aderente al predominio della nuova idealità. Una facciata architettonica di spirito e di forme ottocentesche non può essere fascista»[19]. Così come non poteva essere fascista una romanità classicheggiante di imitazione, del tutto inadeguata a esprimere il senso della romanità fascista interamente proiettata verso il futuro, mito dinamico di rivoluzione continua per la conquista di nuove glorie, non mito nostalgico di glorie passate da contemplare nella inerte ripetizione mimetica.

Il successo della mostra, con quasi quattro milioni di visitatori in due anni, dimostrò l'efficacia della mobilitazione propagandistica del regime, soprattutto nel convogliare nella capitale italiani da ogni parte del paese, grazie anche a facilitazioni per il viaggio e alla coincidenza con l'Anno Santo, contribuendo così a far conoscere direttamente la nuova Roma mussolinea con la sua grandiosità monumentale e a render più verosimile l'ambizione del fascismo di essere una ierofania della romanità nell'epoca moderna, che stava forgiando, negli italiani fascisti, i Romani della modernità. Molti furono anche i visitatori stranieri, specialmente francesi, come André Gide, Maurice Denis, Paul Valéry, Georges Bataille, alcuni dei quali furono impressionati dalla mostra. Altri ne ebbero invece una pessima impressione. Per esempio, un viaggiatore inglese piuttosto disincantato, al quale piaceva molto il monumento a Vittorio Emanuele, non subì il fascino della mostra: paragonò la facciata futurista a un cinema di città provinciale inglese, con «sei orribili caricature di fasci»; la guardia d'onore della Milizia, con moschetti ed elmet-

8. La capitale del futuro

ti, gli parve una rappresentazione da opera comica messa in scena per far pubblicità a un film di guerra; confuse e pretenziose gli sembrarono le sale con «decorazioni volgari e brutte caricature»; solo nel Sacrario dei Martiri provò un brivido d'emozione, presto smorzato dal sarcastico pensiero della «Nuova Italia che indica la strada verso un Nuovo Mondo [...]. Così, negli anni avvenire, tutte le nazioni libere e forti guarderanno oltre le vuote chiacchiere di Ginevra, ad un concilio del mondo fascista». Ma una squadra disordinata di giovani fascisti in visita indusse il visitatore inglese a lasciare la mostra «disgustato»: «Ricorderò sempre la Mostra della Rivoluzione Fascista come qualcosa che avrebbe potuto essere grande e suggestiva, ma rovinata in quasi ogni dettaglio dalla mancanza di gusto»[20]. Louis Gillet uscì dalla mostra «stupefatto», domandandosi: «È questa ancora Italia? È questa la terra dei sorrisi, del sole e della bellezza? Queste tinte tenebrose, questo Pantheon lugubre, questo *Dies irae* che è anche un *Ça ira* sembrano appartenere a un altro cielo o a una razza straniera. Un impatto potente sul pubblico. Così il fascismo imprime sulle anime il culto del sacrificio e la leggenda dei suoi martiri»[21].

La rappresentazione estetica della mostra era stata consapevolmente concepita per emanare una forte suggestione mitica e mistica. E come se non bastasse l'effetto sacrale che scaturiva immediatamente dalla visione e dalle immagini, ad esaltare il significato religioso della mostra contribuì molto la parola scritta dei propagandisti del regime. La mostra, scrisse Ottavio Dinale, che ne fu il massimo cantore in prosa in un libro a essa dedicato, illustrato da Sironi, era «entità di carattere ben definitivamente trascendente», con una «importanza superiore alle sue modeste apparenze» perché «concorre a creare quel totalitarismo di sentimenti e di idee che l'ha elevata all'altezza di manifestazione reale e ideale, insuperabile»[22]. La trasfigurazione mitica di Mussolini fu il motivo dominante della Mostra della Rivoluzione Fascista. E attraverso l'esaltazione del duce come romano della modernità, la mostra glorificava il mito di Roma, «come una divinità onnipresente, spirante dalle rievocazioni delle battaglie, dai sacrifici, dall'intera concezione estetica e dalla complessa realtà della Rivoluzione, raccontata e mostrata», fino ad incarnarsi misticamente nel duce: «Roma è dove è il Duce, in Lui, con Lui, nelle Sue divinazioni, nelle Sue lotte, nei Suoi tormenti, nella Sua volontà, nelle Sue creazioni, nella grande meta»[23].

Nella prosa dei propagandisti, come nelle reazioni spontanee di semplici visitatori, la mostra assumeva simbolicamente la funzione di un tempio dove si compivano i riti per rianimare di attualità le gesta valorose degli eroi e dei martiri della Rivoluzione. I fascisti convinti ne uscivano esaltati, rigenerati, rinvigoriti e pronti a obbedire ai nuovi comandamenti del duce. La visita alla mostra fu trasfigurata in un pellegrinaggio del culto del littorio, con le folle che si recavano a Roma sperando di vedere Mussolini, il mito vivente. Le folle furono protagoniste per due anni di un rito dedicato alla glorificazione della romanità incarnata nel duce. Alla mostra furono dedicate poesie e poemi; lettere di sconosciuti visitatori al segretario del partito fascista esprimevano la loro commozione religiosa e invocavano la preservazione della mostra come tempio o chiesa del fascismo.

Pellegrini di amore e di fede, a ogni viaggio, a ogni richiamo di ROMA IMPERIALE, noi si visiterebbe sempre con curiosità nuova, con passione nuova il reliquiario della nostra lotta e come nelle chiese, il cuore nostro di fedeli e di fascisti, sorgerebbe ogni volta più libero di affanni, più carico di speranza, più bello per i sacrifici che ci saranno comandati.

Se il DUCE vuole, se la Eccellenza Vostra lo chiede, la MOSTRA della RIVOLUZIONE sarà il nostro Tempio aperto ogni ora, vigilato da Camicie Nere e sempre accogliente come un rifugio di calda passione, tutti coloro che hanno creduto, credono e fermamente crederanno nel DUCE e crederanno domani nel nostro fatale avvenire imperiale[24].

La Mostra della Rivoluzione, forse proprio per la sua monumentalità contigente e per l'esigenza di effetto immediato sulla folla dei visitatori, fu l'esperimento più spregiudicato di rappresentazione della nuova romanità fascista attraverso un'originale versione modernistica della simbologia romana, dagli enormi fasci della facciata alle frequenti allusioni alla romanità antica lungo il percorso della mostra, allusioni in stile futuristico ed espressionista, con nessuna traccia di tradizionalismo neoclassico. Questa originalità venne meno nelle edizioni successive della mostra, proseguita e aggiornata per illustrare le nuove tappe della rivoluzione fascista, come la conquista dell'impero, nel 1937, e l'adozione del razzismo e dell'antisemitismo, nel 1939 e nel 1942. Intento comune era la trasformazione della mostra in museo permanente del fascismo, come era stato chiesto da molti visitatori. E del museo, nel senso più tradizionale del termine, le nuove edizioni della mostra ebbero l'aspetto, a cominciare dalla facciata, compassata e irrigidita in un classicismo essenziale privo di dinamismo nella edizione del 1937, per assumere addirittura una vaga aria di commemorazione funebre nella facciata del 1942.

Dall'idea di rendere permanente la Mostra della Rivoluzione Fascista scaturì un altro dei più grandiosi progetti monumentali del fascismo: la costruzione del Palazzo del Littorio, come nuova sede nazionale del partito fascista, in cui collocare la mostra del fascismo e il Sacrario dei Martiri Fascisti. Il bando di concorso per il nuovo edificio monumentale fu pubblicato alla fine del 1933: fra un centinaio di progetti, la commissione presieduta dal segretario del partito fascista ne scelse dodici; un nuovo concorso di secondo grado fu bandito nell'aprile 1937[25]. L'edificio monumentale avrebbe dovuto sorgere sulla Via dell'Impero, di fronte alla basilica di Massenzio, ma arretrato rispetto alla via per non pregiudicare «la vista dell'intera mole del Colosseo da Piazza Venezia», come era spiegato nel bando di concorso. Inoltre, l'arretramento dell'edificio rispetto alla Via dell'Impero avrebbe lasciato spazio per creare un'ampia spianata sopra elevata rispetto alla via, dove accogliere le adunate di folla nelle occasioni solenni. Parte essenziale dell'edificio era la tribuna, o arengario, per i discorsi del duce. Secondo le indicazioni prescritte dal bando, lo stile del Palazzo del Littorio doveva armonizzarsi con i monumenti antichi circostanti e corrispondere «alla grandezza ed alla potenza impresse dal fascismo al rinnovamento della vita nazionale nella continuità della tradizione di Roma. Il Grande Edificio dovrà essere degno di tramandare ai posteri, con carattere duraturo e universale, l'epoca Mussoliniana»[26].

Il bando per il nuovo edificio monumentale, certamente il più importante e grandioso concepito dal «fascismo di pietra» per eternare il secolo di Mussolini, fece accorrere una pletora di

7. Inaugurazione della Mostra della Rivoluzione Fascista a Valle Giulia, 1937.

A fianco.
8. Mostra della Rivoluzione Fascista, 1942.

architetti italiani, dai migliori dell'epoca ai più strampalati, in gara per affidare all'eternità anche il proprio nome associandolo al nome del duce e alla gloria del fascismo: «E i pochi che non hanno creduto di parteciparvi – commentava il pittore Cipriano Efisio Oppo, membro della commissione – pensiamo che siano già pentiti di non aver tentato di legare il loro nome al fatto artistico più importante della nostra epoca fascista».

Il Palazzo del Littorio, spiegava Oppo, doveva avere «carattere duraturo e universale», essere l'espressione più alta e compiuta del «nuovo stile littorio», diventare modello di ispirazione per l'architettura internazionale come monumento della nuova Roma fascista e massimo simbolo del fascismo «che dà ordine e stile alla vita italiana. Proclama una nuova civiltà. Vuole accendere un nuovo fuoco sacro nel cuore d'ogni italiano»[27]. E di fuoco sacro sembravano accesi molti degli architetti che parteciparono al concorso, proponendo progetti nei quali il principio della monumentalità religiosa, connesso alla funzione dell'edificio come sede della Mostra della Rivoluzione Fascista e

del Sacrario, ebbe il sopravvento sulla funzione burocratica. In molti progetti, l'opera era descritta con espressioni che rivelavano un delirio verbale e architettonico di esaltazione mistica e di megalomania.

A) Preponderanza del fattore «Mostra della Rivoluzione e Sacrario» cristallizzato in una costruzione eterna, templare, isolata dal Palazzo del Littorio inteso come necessità funzionale di un organismo politico.
B) Concetto della fusione dei due temi fondamentali: Mostra della Rivoluzione e Sede del Partito, in un unico organismo manifestando le diverse funzioni politiche della costruzione con la gerarchia delle masse architettoniche.
Nel progetto A, le funzioni alle quali il complesso architettonico deve rispondere sono:
a) Palazzo della Rivoluzione Fascista;
b) Sala del Duce, del Segretario Politico e di rappresentanze del Partito, sale per le riunioni;
c) Segretario Amministrativo e Uffici del PNF.

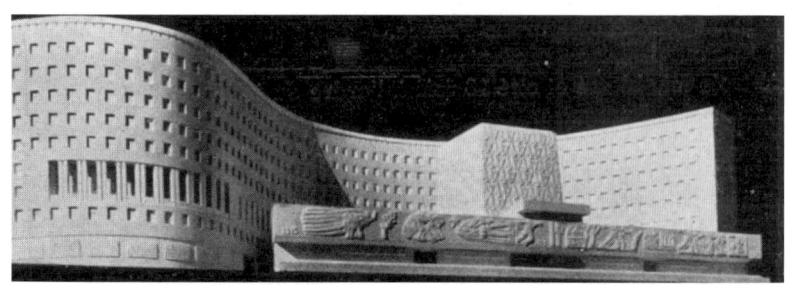

9-12. Progetti per il Palazzo del Littorio, 1934.

A fianco.
13. Il progetto vincitore per il Palazzo del Littorio, 1934.

Le tre parti hanno funzioni nettamente distinte ed assumono un corrispondente carattere architettonico.
Il Palazzo della Rivoluzione avrà un carattere di costruzione eterna: «rappresenterà un tempio».
La Sala del Duce e del Segretario del Partito trovano sede nell'ultimo piano del Palazzo della Rivoluzione e si affacciano sulla via dell'Impero assumendo posizione di Comando. In alto, in continuazione della grande sala è il podio dal quale il Duce si mostrerà. Da là tutti lo possono vedere. Egli è come Dio, contro il cielo, sopra di Lui non c'è nessuno[28].

Il concorso di secondo grado fu vinto dal progetto degli architetti Del Debbio, Foschini e Morpurgo. Nel frattempo, però, il duce decise di collocare in altro luogo della capitale il Palazzo del Littorio: in un primo momento fu scelto il Viale dell'Aventino, poi la decisione finale lo destinò alla Farnesina, nei pressi del Foro Mussolini. Pur non essendo documentate le ragioni di questa nuova collocazione, è probabile che fra esse vada considerata la preferenza del duce per Palazzo Venezia e il suo balcone, divenuto ormai mitico, come arengario dal quale rivolgersi per parlare al popolo italiano e al mondo.

La nuova sede del partito fascista era concepita come la più grandiosa e gigantesca pietrificazione dell'ideologia fascista, con dimensioni che sfidavano quasi la grandiosità del Colosseo. Il Palazzo Littorio avrebbe dovuto avere davanti a sé un enorme piazzale di centosessantamila metri quadrati, per contenere una folla di seicentomila persone.

Si ha l'impressione che le opere edilizie monumentali non sono più provvisorie, ma che resteranno nei secoli a testimonianza della grandezza dell'epoca mussoliniana.

Prendiamo in esame il monumentale edificio della Casa Littoria che sorgerà nella zona del Foro Mussolini, con i suoi 1200 ambienti distribuiti in 9 piani, con una cubatura di 630.000 mc. esclusi i sotterranei in 90.000 mc. Un confronto della Casa Littoria col Colosseo, può dare i termini della grandezza del nuovo edificio. Il Colosseo, escluso il vuoto della cavea, ha 560.000 mc. e il suo asse maggiore misura 187,80 m.; la Casa Littoria, nella sua facciata principale, ne misura pochi meno, cioè 167,35. La superficie occupata dal Colosseo è pressoché eguale a quella della Casa Littoria.

L'area effettivamente coperta dal Colosseo è di 20.819 mq., quella della Casa Littoria è di 18.314 mq., l'altezza emergente da terra del Colosseo è di 50, 30 m., quella della Casa Littoria è di 47,30 m., il perimetro dei prospetti in pietra 541 m. e 894 m., la superficie dei prospetti in pietra 27.200 e 42.280 mq., la superficie coperta dalla cavea 2138 mq., quella del cortile della Casa Littoria 3952 mq., il volume dei sotterranei 13.042 mc. per il Colosseo e 90.000 mc. per la Casa Littoria.

La struttura della Casa Littoria è in cemento armato con decorazioni e rivestimenti in marmo e pietra delle cave italiane. La linea architettonica è nobilissima e possente[29].

I lavori di costruzione iniziarono il 28 ottobre 1938, ma nel 1940, alla vigilia dell'entrata in guerra dell'Italia, il partito fascista, ritenendolo «esuberante agli effettivi bisogni» cedette l'edificio in costruzione al ministero degli Affari Esteri, che lo destinò a propria sede, mentre il partito fascista pensava di utilizzare come propria sede «una costruzione già sorta presso la zona dell'E42»[30]. Nel frattempo, gli uffici del direttorio nazionale del PNF furono trasferiti nei pressi del Foro Mussolini, nei locali del Centro di formazione politica della Gioventù Italiana del Littorio. Qui fu costruito il Sacrario dei Martiri Fascisti, inaugurato dal duce il 28 ottobre 1941[31].

Nello stesso anno in cui fu inaugurato il Sacrario dei Martiri Fascisti al Foro Mussolini, si arenava la realizzazione del proget-

8. La capitale del futuro

to di costruzione dell'Esposizione Universale del 1942, iniziata con grande entusiasmo dopo la riapparizione dell'impero sui colli fatali, con la speranza di potere raccogliere nella nuova Roma mussolinea e imperiale le nazioni civili del mondo intero, invitate a partecipare alla Olimpiade delle Civiltà.

Concepita un anno prima della conquista dell'Etiopia, partorita cinquanta giorni dopo la proclamazione dell'impero, per iniziativa di Bottai, all'epoca governatore di Roma (lo fu dall'ottobre 1935 al novembre 1936), l'idea dell'Esposizione Universale fu subito approvata dal duce: il 26 giugno 1936 la candidatura di Roma fu presentata ufficialmente[32].

Alle genti del mondo intiero Roma lancia l'invito di partecipare all'Esposizione Universale del 1942 e chiama a raccolta tutte le forze creatrici per una nobile e proficua gara nel campo dell'attività umana. Volontà di pace e fede nel futuro: ecco il duplice altissimo significato di questo appello. Predomina nella coscienza dell'Italia fascista la certezza che l'Europa e il Mondo supereranno ogni contrasto, per ritrovare quel minimo di unità ideale che è garanzia di progresso civile. L'Italia ha fiducia nelle opere benefiche e rasserenatrici della Civiltà; nei vantaggi della più intima conoscenza reciproca. Nessuna collaborazione è più propizia per il bene universale, di quella che si compie sotto gli auspici dello spirito. Offrire in sintesi il panorama comparativo del progresso compiuto dall'umanità, in una gara ispirata al più alto interesse ideale per andare avanti e più lontano, è un programma che realizzerà un massimo di solidarietà mondiale. [...] Dopo aver realizzato l'unità nazionale e conquistato l'Impero, il nostro Paese offrirà al Mondo la visione della sua inestinguibile potenza creatrice, della sua grandezza, non soltanto passata ma presente[33].

Per un regime che professava e ostentava una concezione della vita contraria agli ideali del progresso, della pace, dell'eguaglianza e della solidarietà fra i popoli, la decisione di invitare le nazioni del mondo a esporre in Roma il loro contributo al progresso della civiltà, animate da volontà di pace e fede nel futuro bene universale, poteva apparire un'iniziativa viziata da stridente contraddizione, da involontaria ironia o da palese ipocrisia. Infatti, nell'anno in cui l'invito fu lanciato al mondo intero, con un elegante volume che illustrava il programma dell'Esposizione Universale di Roma, finito di stampare il 19 aprile 1939, l'Europa era percorsa dalla paura di una nuova guerra. Il duce aveva siglato il volume con una prefazione autografa scrivendo che «partecipare alla grande celebrazione, significa compiere un atto di fede nell'avvenire dell'Europa e del mondo». La prefazione recava la data 26 dicembre 1938. In quello stesso anno, l'Italia era divenuta ufficialmente, da quattro mesi, il secondo Stato europeo che aveva adottato il razzismo e l'antisemitismo come ideologia di Stato. Dieci giorni prima della stampa del volume, il 9 aprile, il duce ordinò l'invasione dell'Albania per annetterla al dominio imperiale italiano, procurando al re imperatore la corona di un nuovo regno. Il 20 aprile, il duce ascoltò in Campidoglio il gran rapporto sul progetto dell'Esposizione Universale. L'esposizione voleva essere «la consacrazione dello sforzo che tutte le genti civili fanno sul cammino del progresso, non soltanto materiale», disse Mussolini dopo aver ascoltato la relazione del senatore Vittorio Cini, commissario generale dell'Esposizione[34]. L'idea di organizzare a Roma l'Esposizione Universale, e l'impegno profuso dal regime per la sua realizzazione, erano la prova che l'Italia non aveva intenti aggressivi, aggiunse il duce, prodigandosi in battute sarcastiche, fra le risate dei convenuti, contro «i seminatori di panico, gli anticipatori di catastrofi, i fatalisti di professione». Tuttavia, il giorno dopo, il Natale di Roma fu celebrato con una parata marziale della Gioventù Italiana del Littorio davanti al duce, che assisteva compiaciuto dal balcone di Palazzo Venezia alla esibizione della nuova Italia guerriera. E il 22 maggio, fu firmata l'alleanza politica e militare fra l'Italia fascista e la Germania nazionalsocialista, trasformando l'Asse fra Roma e Berlino in un «patto d'acciaio».

I progetti pacifici dell'E42 e la politica marziale ed espansionista del regime erano soltanto in apparenza una contraddizione. Il duce, in verità, non era un fanatico della guerra per la guerra, ma non escludeva la possibilità di una guerra in Europa: anzi, la riteneva inevitabile, pur prevedendo che non sarebbe iniziata prima di quattro o cinque anni; e però temeva che potesse scoppiare prima che l'Italia fosse militarmente ed economicamente preparata. L'impegno profuso dal duce nella organizzazione della Olimpiade delle Civiltà per il 1942, confermava la sua tempora-

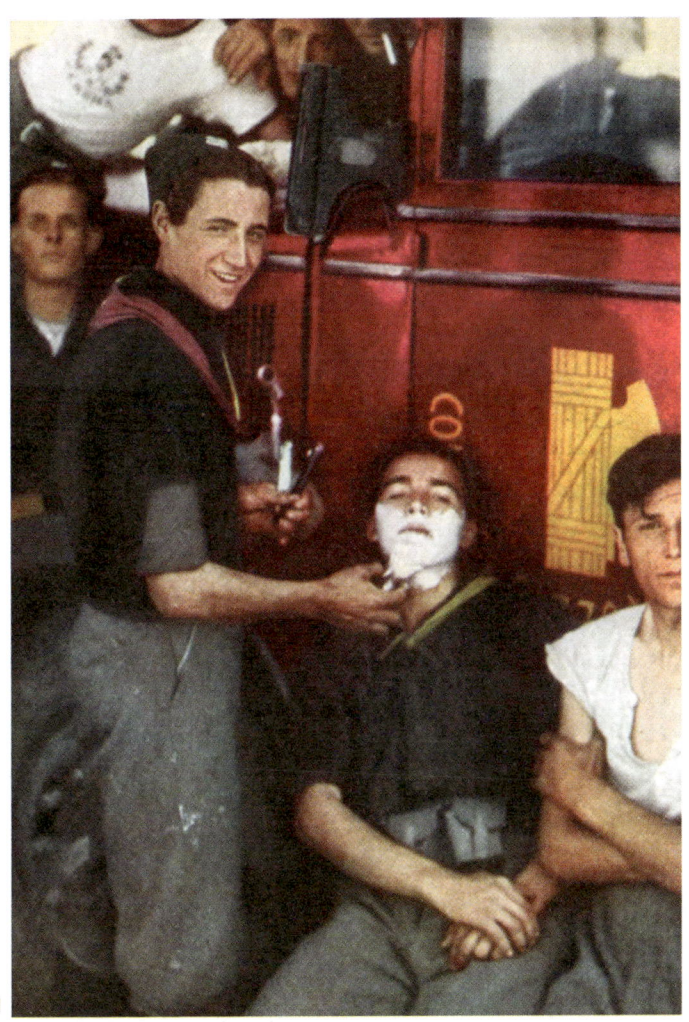

1. «*Io sbarbo te, tu sbarbi me*», giovani fascisti romani, 1937.

Alle pagine seguenti:
2. Cartolina di propaganda, 1923.

3-7. Cartoline di propaganda nella guerra d'Etiopia, 1935-36.

5

6

7

8. Festa dell'uva a Roma, 1937.

9. «Romani assiepati in Piazza Venezia mentre un moderno Cesare passa in rivista le legioni degli studenti universitari», giuramento dei Gruppi Universitari Fascisti in Piazza Venezia, 28 ottobre 1936.

10. «Romani in toga affollavano una volta il Foro, dove ora sono seminaristi in brillanti abiti talari», 1937.

11. «Gli italiani hanno battezzato 'Topolino' questa minuscola auto, un nano in confronto ad una automobile americana nel Foro Mussolini», 1937.

12. «*Il Negus Neghesti ricorre alla Società delle Nazioni*», 1937.

13. «*Non è morta anzi continua più vigorosa che mai il suo volo*», 1937.

14. Cartolina per la Mostra della Rivoluzione Fascista, 1942.

15. Cartolina commemorativa della prima adunata delle truppe coloniali a Roma nel primo anniversario della fondazione dell'impero, 9 maggio 1937.

16. La Dea Roma nella pubblicità della Italviscosa, 1942.

nea volontà di pace, tanto più che, fin dall'inizio, aveva deciso che l'esposizione romana sarebbe stato il nucleo originario della nuova Roma mussolinea. La parte italiana dell'E42, aveva detto nel discorso al Campidoglio, era «destinata a rimanere nei secoli, con edifici che avranno le proporzioni di San Pietro e del Colosseo [...]. Il tutto sarà dominato da un gigantesco arco romano [...] come simbolo delle volontà umane tese nello sforzo di realizzare la pace su basi durature e veramente incrollabili della giustizia, che sa conciliare le sue leggi eterne con quelle della vita»[35].

Il piano del Duce per lo sviluppo di Roma verso il mare ed il litorale tirreno, si innesta pertanto, con una grandiosità senza pari nei secoli, all'idea ed agli atti delle prime origini, e segna un trionfale ritorno della Città alle sue più alte tradizioni. L'Esposizione del 1942 è destinata a dare meditata ed organica attuazione a questo cammino di Roma verso il mare. L'Italia fascista offre, alle genti, ai popoli, alle Nazioni invitate a questa gara delle Civiltà il frutto migliore della propria. Offre invero quanto di più tipico, di più originale e di più sorprendente può rappresentare la sua civiltà di oggi: il sorgere di una nuova Roma. La nuova metropoli, collegata all'antica, si estenderà in una grandissima ampiezza di terra, per larghe vie, per edifici non soffocati, per quartieri suburbani ricchi di spazi verdi e di frescura di acque e di fronde, al libero sole, al vasto ventilato respiro del mare. L'asse e la direttiva del nuovo grandeggiare dell'Urbe sono segnate dalla Via Imperiale. Parte questa dal centro della vecchia città, e cioè dalla vasta piazza, così nota al mondo, inquadrata dal monumento al Re che ha rifatto l'unità d'Italia, e dal Palazzo Venezia, in cui il Duce ha meditata ed attuata l'idea dell'Impero; prosegue per altri monumentali luoghi storici della Roma antica e s'avvia al colle, sull'amplissima platea del quale sorgerà l'Esposizione, dopo aver attraversato il grande bosco di eucalipti e di platani, presso l'Abbazia delle Tre Fontane, luogo di martirio dell'Apostolo Paolo. La via adempie così, in un percorso santo per tanta vita italica, la sua prima funzione: assicura il collegamento stretto fra la città attuale e la città futura. Taglia poi nel mezzo, come il «cardo» dei campi militari romani, in tutta la sua profondità, l'area dell'Esposizione e ne costituisce la larghissima e vitale arteria, fra edifici monumentali d'uso pubblico e fra palazzi di carattere stabile e permanente. Scende poi ancora in piano e s'avvia dritta al litorale di Ostia, non lontano ormai che poche miglia, e così adempie alla sua seconda funzione, che è appunto quella di precosti-

tuire la spina dorsale dell'ulteriore espansione urbana sino al mare. In questo ultimo tratto del suo percorso, la Via Imperiale sarà fiancheggiata dai primi nuclei dei quartieri suburbani, destinati a costituire centri successivi, allacciantisi poi con continuità l'un l'altro, al passo ed al ritmo di sviluppo che l'Urbe avrà nel non lontano avvenire[36].

La simbiosi fra la riapparizione dell'impero e l'idea dell'esposizione, come realizzazione della nuova romanità fascista, fu decisiva per la concezione e la realizzazione dell'E42, dal punto di vista funzionale e soprattutto dal punto di vista simbolico. Secondo il progetto originario, proposto nell'aprile 1935 da Federico Pinna Berchet a Bottai e da questi fatto proprio, l'esposizione doveva avere come centro «una costruzione monumentale a glorificazione di Roma faro di civiltà e del fascismo»[37]. L'E42 doveva essere la più grandiosa realizzazione urbanistica della nuova romanità fascista, e soprattutto della sua modernità, rappresentazione architettonica, simbolica e funzionale di una nuova concezione dell'uomo, della politica e dello Stato, destinata a segnare con la sua impronta il ventesimo secolo. Pur facendo largo posto «alla maestà del glorioso passato», disse Cini illustrando il progetto, «daremo particolare cura alla rappresentazione suggestiva e persuasiva della civiltà fascista dal punto di vista politico e sociale e soprattutto dell'ordinamento sindacale-corporativo che, creando un sistema

A fianco.
14. Il progetto del grande arco per l'E42.

15. Manifesto ufficiale dell'E42.

di portata universale, ha dato un'impronta originale alla civiltà moderna»[38]. Bottai insisteva sul «valore politico» dell'Esposizione Universale del 1942, come «espressione attuale, concreta e, in una parola, fascista dell'idea eterna di Roma»[39], dove l'attributo «universale» non era sinonimo di internazionale o mondiale, ma affermazione del primato imperiale dell'Italia fascista, in cui si rinnovava, per un nesso «organico e necessario», l'universalità della tradizione romana: «È la coerenza della nostra morale romana, l'energia vitale della razza, che sempre si rinnova e rivive, in nuovissime forme, per la forza stessa della sua tradizione»[40].

La glorificazione della civiltà italiana come erede e continuatrice della universalità romana, nel corso della storia e in ogni campo, dalle arti alle scienze, era l'obiettivo fondamentale della esposizione, mirante a far emergere dalla Olimpiade delle Civiltà, sia pure con accorta discrezione, la superiorità della nuova romanità fascista, candidando la Roma mussolinea a capitale della civiltà moderna, la capitale spirituale del futuro. La superiorità dell'Italia sarebbe apparsa evidente attraverso la rievocazione visiva dei ventisette secoli di storia della sua civiltà, dall'epoca di Roma fino «all'epoca di Mussolini il quale, come nessun altro genio politico, ha saputo e sa far vivere gli italiani in una esaltante atmosfera di romanità»[41].

Tutta la cultura italiana artistica, umanistica, religiosa e scienti-

fica, fu coinvolta nella realizzazione della Mostra della Civiltà Italiana, e pochi fra i suoi maggiori esponenti si sottrassero alla collaborazione. La sovrintendenza della parte urbanistica, architettonica e artistica fu affidata ad Oppo e a Marcello Piacentini. Soprattutto per la parte architettonica, destinata a essere il nucleo permanente, l'E42 offriva l'occasione alla realizzazione di un nuovo esperimento di integrazione totalitaria fra le arti, per costruire una nuova città che doveva essere caratterizzata da una monumentalità simultaneamente funzionale e simbolica, austera e gioiosa. Come era avvenuto per la prima edizione della Mostra della Rivoluzione Fascista, che era tuttavia monumento contigente, anche la Mostra della Civiltà Italiana nell'E42 mirava a colpire l'immaginazione del visitatore per coinvolgerlo nella rappresentazione dei miti fascisti attraverso un'eccitazione emotiva. La «mostra della civiltà italica dai tempi di Augusto ai tempi di Mussolini» si proponeva «di illustrare al popolo la magica continuità, universalità, e attualità, della civiltà italiana, nostro privilegio e segno distintivo di quel primato che il Gioberti esaltava. [...] Essa ha carattere popolare ed è concepita come un *grandioso spettacolo dimostrativo, realizzato col far muovere il pubblico entro un'attrezzatura scenica fissa* [...]. La presente mostra si differenzia da ogni altra del genere in Italia e all'estero, non solo per la vastità dell'oggetto, ma anche e soprattutto perché vuol *raggiungere la memoria dei visitatori attraverso la fantasia,* anche in ciò riaffermando il suo carattere popolare, tipicamente italiano»[42].

Lo scenario fisso era il nucleo della nuova Roma protesa verso il mare, al quale sarebbe stata collegata dalla grande arteria della Via Imperiale, che dal centro della capitale avrebbe condotto al litorale del Tirreno, attraversando la nuova città, dove

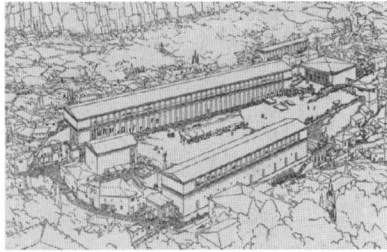

A fianco.
16. Il modellino dell'E42.

17-20. Modellini degli edifici permanenti dell'E42.

sarebbe stata fiancheggiata, oltre che dagli edifici monumentali destinati a ospitare in permanenza le mostre che illustravano la civiltà italiana attraverso i secoli e la nuova romanità fascista, da parchi, laghi, fontane e luoghi di svago e di divertimento per le masse. «Chi venendo da Roma o dal mare si affaccerà dalla via dell'Impero [...] vedrà aprirsi, fra candidi marmi e travertini dorati, la città nuova, viva d'acque e di verde; una città degna di stare accanto all'antica, ma con questo in più: che essa nella sua cornice di severa e potente architettura sarà atta ad accogliere la multianime, dinamica vita d'oggi e di domani»[43].

Lo stile dell'E42, secondo il programma di massima, doveva ubbidire «a criteri di grandiosità e monumentalità», conciliare il principio razionale con il principio estetico, e pur nella massima libertà concessa, gli artisti erano esortati a far prevalere, nella ispirazione e nella costruzione delle opere destinate a durare, «il senso di Roma, che è sinonimo di eterno e di universale»[44].

Il complesso architettonico delle costruzioni permanenti comprendeva, oltre gli Uffici dell'Eur, la Piazza Imperiale, il Palazzo della Civiltà italiana, il Palazzo dei Congressi, il Palazzo delle Forze armate, una chiesa dedicata agli apostoli Pietro e Paolo, e altri edifici monumentali destinati a ospitare definitivamente la Mostra della Romanità e altre mostre dedicate ai molteplici

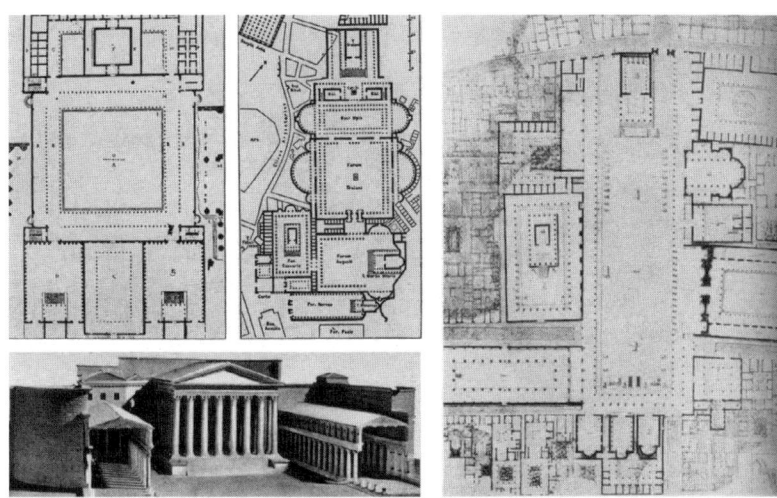
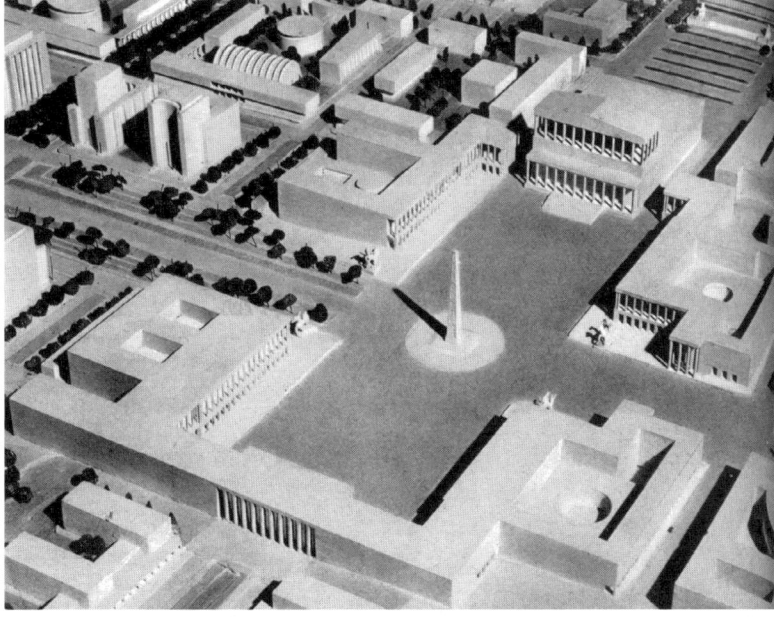

A fianco e in questa pagina.
21-28. Modellini e progetti per gli edifici permanenti dell'E42.

aspetti della vita sociale, culturale, scientifica e produttiva dello Stato fascista. La statua di un giovinetto col braccio teso nel saluto romano, collocata davanti all'ingresso degli Uffici dell'Eur, simboleggiava il «genio del fascismo».

Il palazzo destinato a ospitare la Mostra della Civiltà Italiana, da Augusto a Mussolini, era il centro ideale dell'esposizione della città nuova, «quasi un *Tempio* della stirpe» pervaso di sacralità. La civiltà italiana esposta nel palazzo, scriveva Cecchi, era «materia religiosa, da non poter tentarne la celebrazione fuor che con religiosa reverenza»[45]. Il progetto realizzato dagli architetti Guerrini, La Padula e Romano, il cosiddetto «Colosseo quadrato», evocava la sacralità monumentale nelle sue quattro facciate traforate da archi allineati con «una insistenza ritmica», che voleva «essere una affermazione di essenzialità eterna», oltre che «chiara espressione di romana italianità»[46]. Nella Mostra della Civiltà Italiana, una parte preminente era assegnata alle sale dedicate ai grandi italiani che rappresentavano «un popolo di poeti di artisti di eroi di santi di pensatori di scienziati di navigatori di trasmigratori», secondo la definizione mussoliniana, incisa sulla fronte delle quattro facciate del Palazzo della Civiltà. La sala dedicata a Mussolini era il centro spirituale della Mostra della Civiltà Italiana, perché il duce, come era spiegato nell'opuscolo che illustrava i criteri fondamentali della mostra, «riassume in sé le più profonde aspirazioni della stirpe: definitivamente conquista Roma all'Italia e l'Italia a Roma. In lui confluiscono e si concludono quasi due millenni di storia. *Solo oggi Roma, dopo Augusto, ha una missione politica universale.* [...] L'esaltazione del nostro Capo dovrà essere di altissimo tono spirituale»[47].

L'apoteosi di Mussolini come sintesi e culmine di oltre due millenni di storia italiana, coerente con l'esaltazione della civiltà fascista come una nuova ierofania della romanità nell'epoca della modernità, ebbe una plastica rappresentazione nel monumentale bassorilievo di Publio Morbiducci intitolato *La storia di Roma attraverso le opere edilizie*, collocato su una parete esterna all'ingresso del Palazzo degli Uffici, poco distante dalla statua del Genio del fascismo.

Con un movimento a spirale evocante il ritmo narrativo della colonna di Traiano, partendo dall'alto verso il basso e da sinistra a destra, si ripercorre per immagini la storia di Roma: inizia, in alto a sinistra, con la raffigurazione della lupa che allatta i due ge-

29. Il Genio del Fascismo (ribattezzato dopo il 1946 il Genio dello Sport, con l'aggiunta del guanto da lottatore per dissimulare il saluto fascista).

melli, e prosegue con la fondazione di Roma, il tempio di Giove capitolino che era simbolo della grandezza di Roma sotto i Tarquini, il Tabularium dell'epoca repubblicana con una figura togata nell'atto di un gesto oratorio, i littori, Cesare trionfante a cavallo, Augusto loricato fra l'Ara Pacis e il Pantheon, il Colosseo, l'Arco di Tito e gli arredi del tempio di Gerusalemme simboli del suo trionfo, la statua di Marco Aurelio, Costantino folgorato dalla visione della croce; seguono quindi scene della Roma cristiana: personaggi del clero, la chiesa di Santa Maria in Cosmedin, il Campidoglio e la basilica di San Pietro, simboli del potere laico e del potere religioso nella Roma cristiana; il sollevamento degli obelischi all'epoca di Sisto V; si entra quindi nella storia della Terza Roma con l'immagine di Garibaldi, seguita dalla Sagra delle bandiere, il Vittoriano, per arrivare alla scena conclusiva, dominata dalla immagine del duce a cavallo, affian-

30. La storia di Roma attraverso le opere edilizie, 1940.

cato, sulla sinistra, dai soldati della Grande Guerra e sulla destra da bambini che inneggiano, donne che donano la fede, e soldati coloniali con le insegne della Roma fascista, i conquistatori dell'impero d'Etiopia, simbolicamente rappresentato dall'obelisco di Axum. Sullo sfondo, a destra, una visione di scorcio del Palazzo della Civiltà italiana.

Nel bassorilievo non c'era l'immagine del re imperatore. Non sappiamo se l'artista, evitando di raffigurare il re, abbia interpretato il desiderio del duce, deciso a sbarazzarsi della monarchia, o abbia espresso un proprio convincimento antimonarchico. La capitale del futuro sarebbe stata una nuova Roma fascista, totalitaria e imperiale ma, forse, non più monarchica. In realtà, in tutto il complesso architettonico dell'E42, la presenza della monarchia non era tanto appariscente quanto la pre-

8. La capitale del futuro

senza del fascismo, che tutta la dominava. Nel programma della Mostra della Civiltà Italiana era prevista una Sala Sabauda, da Carlo Alberto a Umberto I, e una sala dedicata alla Grande Guerra nella quale illustrare la partecipazione dell'Italia al conflitto «come contributo alla civiltà europea» dando risalto alla figura di Vittorio Emanuele III «come interprete della volontà nazionale» con il proclama alle Forze Armate. Si trattava comunque di una modesta visibilità attribuita alla monarchia e al re imperatore, se paragonata alla vistosa, predominante e prepotente visibilità monumentale attribuita al fascismo e al duce, cui era dedicata la sala conclusiva della mostra.

La progettazione dell'Eur fu il culmine della romanità fascista. L'intera esposizione fu concepita come una rappresentazione dell'idea di una Roma eterna, che riappariva periodicamente nei secoli, sul suolo italico, per dare all'umanità intera i doni della sua civiltà. La stirpe, la razza italiana, preservava in sé il mistero della eternità di Roma e le sue cicliche apparizioni, ierofanie storiche, manifestazioni del sacro inerente a una civiltà che era, per sua essenza, universale e quindi immortale. Dell'eternità di Roma, come motivo ispiratore dell'esposizione, scrisse con spirito oracolare il filosofo Giovanni Gentile, nel secondo numero della lussuosa rivista bimestrale dell'Esposizione Universale, dieci giorni dopo l'entrata dell'Italia nella Seconda guerra mondiale, congiungendo in un'unica sequenza di spirituale continuità la Roma dei Cesari, la Roma dei Papi e la Roma di Mussolini, che in sé le riassumeva confermando la perpetua simbiosi dell'eternità di Roma con l'italianità[48]. Il fascismo era la ierofania della Roma eterna nell'epoca della modernità, la nuova civiltà fascista era il culmine e la sintesi delle precedenti civiltà in cui si era manifestata storicamente Roma eterna, dall'antichità imperiale alla cristianità, dal Rinascimento al «secolo di Mussolini».

I lavori per l'E42 iniziarono nel 1937, con la costruzione di un villaggio per gli operai, in massima parte immigrati. Il 28 aprile Mussolini piantò il primo pino nella zona dove doveva sorgere la nuova città. Quando l'Italia entrò in guerra, il 10 giugno 1940, le speranze di una conclusione rapida del conflitto, con la vittoria dell'Asse, erano ancora molto alte. Il duce, forse immaginandosi prossimo a svolgere il ruolo di artefice di una pace universale

31. Museo della Civiltà Romana, Eur.

8. La capitale del futuro

mussolinea, come universale fu la pace augustea, decise di mutare la denominazione e il significato dell'esposizione romana, da Olimpiade delle Civiltà in Esposizione della Pace. Rimase invece immutata la funzione dell'E42 come capitale del futuro della nuova civiltà fascista, destinata a perpetuare nei suoi monumenti la gloria immortale del duce imperiale.

Nel corso del 1941, i progetti di realizzazione della nuova Roma dovettero essere gradualmente interrotti per far fronte alle esigenze della guerra, che rendeva ormai impossibile prevedere un esito conclusivo entro il 1942, e obbligava quindi a rinviare a un futuro impreciso il completamento dell'Esposizione Universale, modificandone radicalmente i presupposti e le finalità, che non apparivano consoni al carattere che la guerra in corso aveva assunto. Lo faceva presente lo stesso Cini al duce in un promemoria del 30 giugno 1941: «Si tratta infatti di una guerra senza quartiere condotta con estrema decisione con tutte le armi, senza esclusione di colpi, che comporta distruzioni di ogni genere, che incide, più che sui combattenti, sulle popolazioni civili, sottoposte a duri sacrifici morali e materiali, che lascerà grandi ferite da rimarginare, solchi profondi da colmare. In queste condizioni, è evidente che l'Esposizione di Roma, come era stata concepita cioè a larga partecipazione internazionale non potrebbe attuarsi che in epoca assai più lontana di quella prevista»[49].

La guerra non aveva allontanato dall'orizzonte delle ambizioni mussoliniane il futuro che egli aveva immaginato, nel quale Roma avrebbe nuovamente conquistato il ruolo ideale e morale di capitale della civiltà occidentale. In venti anni di regime, egli aveva costruito una nuova Roma nel corpo della vecchia capitale: la Roma fascista era una realtà monumentale destinata a durare, tramandando nei secoli futuri il nome di Mussolini. Il duce era certamente orgoglioso dell'opera compiuta, anche se molto ancora dei suoi ambiziosi progetti monumentali attendeva d'essere portato a compimento. Compreso il più ambizioso di tutti, il progetto di un monumento non di pietra, ma di esseri umani: la creazione dei Romani della modernità, una nuova razza di italiani conquistatori e dominatori, eredi ed emuli dei Romani dell'antichità.

9
I ROMANI DELLA MODERNITÀ

«Noi dobbiamo scrostare e polverizzare, nel carattere e nella mentalità degli italiani, i sedimenti depostivi da quei terribili secoli di decadenza politica, militare, morale, che vanno dal 1600 al sorgere di Napoleone. È una fatica grandiosa. Il Risorgimento non è stato che l'inizio, poiché fu opera di troppo esigue minoranze; la guerra mondiale fu invece profondamente educativa. Si tratta ora di continuare, giorno per giorno, in questa opera di rifacimento del carattere degli italiani»[1].

Queste parole furono pronunciate dal duce il 27 ottobre 1930 a Palazzo Venezia durante il gran rapporto alle gerarchie nazionali e provinciali del partito fascista. Nella stessa occasione, il duce disse che il fascismo, «in quanto idea, dottrina, realizzazione, è universale; italiano nei suoi particolari istituti, esso è universale nello spirito, né potrebbe essere altrimenti. Lo spirito è universale per la sua stessa natura. Si può quindi prevedere una Europa fascista, una Europa che ispiri le sue istituzioni alle dottrine e alla pratica del fascismo. Una Europa cioè che risolva, in senso fascista, il problema dello Stato moderno, dello Stato del XX secolo, ben diverso dagli Stati che esistevano prima del 1789 o che si formarono dopo. Il fascismo oggi risponde ad esigenze di carattere universale. Esso risolve infatti il triplice problema dei rapporti fra Stato e individuo, fra Stato e gruppi, fra gruppi e gruppi organizzati». A questo scopo, il fascismo mirava alla rige-

A fianco.
1. Statua al Foro Mussolini.

nerazione degli italiani, per renderli sempre più vivente incarnazione di una nuova concezione universale della vita, che traeva dalla tradizione romana ispirazione ed esempio.

In quello stesso giorno, durante una visita all'Istituto poligrafico dello Stato, il duce ricevette in dono una pregevole riproduzione di un codice dell'*Eneide* risalente al V secolo: «Questo è il poema dell'impero e della terra [...]. Poema della storia di Roma, che oggi vediamo attraverso i monumenti che attestano che cosa sia stato il popolo romano, il quale appena cinquanta generazioni or sono dettava leggi a tutti i popoli della terra. Da qui si organizzava la civiltà, da queste sette colline lambite dal Tevere tutto il mondo faceva allora capo a Roma. Come si fa a non essere orgogliosi, a non vibrare di fierezza, pensando che eravamo luce, quando tutto intorno erano tenebre; che eravamo civiltà, quando tutto intorno a noi era barbarie?»[2].

La rigenerazione degli italiani, il fascismo universale, Roma capitale della nuova civiltà: sono questi i fondamentali motivi che ispirarono la più grandiosa ambizione imperiale di Mussolini, quella di diventare immortale nella storia quale fondatore di un nuovo modello di Stato e un nuovo stile di vita, le espressioni di vita collettiva che per il fascismo compendiavano il concetto di civiltà, e soprattutto quale creatore di una nuova razza di italiani conquistatori e dominatori, che dovevano eguagliare, nel ventesimo secolo, i Romani antichi. La rigenerazione degli italiani fu per Mussolini un'idea fissa fin dalla sua ascesa al potere, al punto da diventare, dopo la conquista dell'impero, quasi un'ossessione quotidiana. Ma non si comprende il suo significato e le sue connessioni con la romanità fascista e il mito della nuova civiltà, se non si esamina prima di tutto il mito imperiale del fascismo.

Questo mito, anche se elaborato in connessione con il mito di Roma, non si manifestava soltanto nella esibizione delle antiche vestigia romane, nella evocazione della romanità antica attraverso l'arte o il cinema, e neppure si esauriva nella edificazione di una monumentale Roma fascista.

Per il fascismo, l'idea di impero non coincideva con l'imperialismo, non si identificava con il colonialismo né con la conquista di nuovi territori, ma esprimeva principalmente il proposito di creare una nuova civiltà, che doveva assurgere, nel ventesimo se-

2. Scena dal film *Scipione l'Africano*, regia di C. Gallone, 1937.

colo, a modello universale, come lo era stata la civiltà romana nel mondo antico. In questo senso, l'idea imperiale fascista non fu conseguenza della conquista dell'Etiopia, né fu elaborata soltanto in funzione delle sue ambizioni coloniali, ma è presente nel fascismo fin dai primi anni, con l'asserzione che l'espansionismo è necessità vitale della nazione, definendo l'espansione, in senso lato, come diffusione della sua influenza economica, politica, culturale, e come missione storica dell'Italia nell'epoca della modernità[3]. Il popolo italiano, aveva detto Mussolini il 22 maggio 1919 a Fiume, «chiede spazio per i bisogni elementari della sua esistenza, e posto nel mondo per compiere la sua missione di civiltà. L'Italia, più che nessun altro popolo ha questo diritto, poiché essa, che con l'Impero romano e il rinascimento ha creato la civiltà moderna, ha ancora da dire per la terza volta la sua parola di luce che rappresenterà un'idea di valore universale»[4].

Come aspirazione a svolgere una missione storica di valore universale, l'idea imperiale fascista si manifesta principalmente nella concezione di un primato italiano, rappresentato da una nuova forma di organizzazione politica della vita collettiva, che trascendeva la dimensione nazionale. «Il nostro *fine* non è la nazione, è l'impero», aveva dichiarato un giovane intellettuale fascista nel 1925, intendendo per «impero» l'espressione della volontà di potenza di una nuova aristocrazia che vuole realizzare «un principio di vita sociale trascendente»[5]. È in questa prospettiva che si sviluppa, molto prima della riapparizione dell'impero sui colli fatali, e indipendente dall'ideologia colonialista, una concezione imperiale della romanità fascista, dove il mito della nuova Roma prende decisamente il sopravvento sulla Roma antica, e vi si sovrappone, manipolandolo e adattandolo alle sue esigenze di politica attuale, senza scrupoli di fedeltà storica. «Noi Fascisti – aveva detto il 21 aprile 1923 Giuseppe Bastianini, segretario dei Fasci italiani all'estero – non abbiamo il culto della Storia considerata come raccolta di fatti lontani. Noi crediamo invece alle virtù dei fattori della Storia, e ci fermiamo talora a ricordare gli episodi in quanto essi sono prodotto di particolari stati d'animo individuali e collettivi rivelanti virtù che è necessario esaltare o risvegliare. In tal modo Roma ha potuto divenire in noi più che una gloria del passato una certezza dell'avvenire, più che un ricordo da tramandare un fine da raggiungere, un compito da assolvere, una necessità da soddisfare, una fede da servire»[6].

Pur se il fascismo si esaltava nella rievocazione idealizzata della Roma antica, la Roma che esso vagheggiava, come modello di nuova civiltà, era interamente concepita secondo la sua visione della modernità. Il culto della romanità, come la celebrazione del Natale di Roma, doveva contribuire a creare una sorta di atmosfera mistica, un'evocazione rituale della «storia sacra» e del «tempo delle origini», attraverso la quale gli italiani moderni avrebbero rianimato in sé le virtù dei Romani antichi, non per imitazione, ma per originale e attuale rinascita di affinità spirituale.

La missione di Roma si trova sempre più riconfermata ad ogni ritorno di questo suo Natale, durante l'Era Fascista. Nell'Anno Undicesimo, tale missione si delinea più che mai riorganizzatrice e suscitatrice di civiltà nel mondo: ritornano le epoche della grande saggezza e della ariosa imperialità; la «pax romana» ne è la più superba garanzia. [...]

Il Natale di Roma non è soltanto una data, ma un punto fermo nel tempo, al quale Mussolini ha saputo restituire il senso vivificatore, riconsacrandolo rito, attraverso il quale l'Italiano nuovo riprenda contatto spiritualmente con il romano antico.

Tuttavia intendano gli scettici della dialettica storica: il fascista non si è ricongiunto col romano antico attraverso l'esercitazione archeologica, la esegesi erudita o il ripristino di taluni costumi esteriori, ma una iniziale azione, animata da una «volontà solare», da una volontà imperiale, da una volontà di potenza, una specie di rinnovamento interiore, drammatica, possente, ha ricondotto il fascista sulla stessa orma del romano antico: la ricostruzione archeologica e storica sono bensì una conseguenza di tutto questo.

Il ciclo di Roma si chiuse con il tramonto dell'impero. Mussolini ha aperto un altro ciclo di civiltà che trova ancora Roma al suo centro. In ogni ciclo di carattere superiore, diverse sono le istituzioni, diversi gli orientamenti, diverse sono le realizzazioni; ma lo spirito animatore, ossia l'intimo processo di organizzazione, è sempre quello [...]. Non si può compiutamente celebrare il Natale di Roma senza essere animati da quei motivi di forza, di rinascita, di imperiale virilità a cui il rito si richiama.

Si celebra una sorta di giovinezza immutabile. Immutabile come il clima del mito nel quale si consacra la vicenda più eroica di un popolo[7].

È soprattutto negli anni Trenta, in coincidenza con la grande crisi economica, che il fascismo sviluppò maggiormente la funzione modernista del mito romano in alternativa al mito della Russia sovietica, secondo la formula mussoliniana «o Roma o Mosca», come soluzione alla crisi del sistema capitalistico, per la salvezza della civiltà occidentale, che da Roma aveva avuto origine e fondamenta. Nel corso di questi anni, l'idea di una missione salvifica dell'Italia, nella crisi della civiltà occidentale, ebbe un ruolo centrale nell'elaborazione della romanità fascista come idea imperiale.

Il ventesimo secolo, disse il duce al popolo di Milano il 25 ottobre 1932, «sarà il secolo del Fascismo, sarà il secolo della potenza italiana, sarà il secolo durante il quale l'Italia tornerà per la terza volta ad essere la direttrice della civiltà umana, poiché fuori dei nostri principi non c'è salvezza né per gli individui, né tanto meno per i popoli»[8]. E pochi giorni dopo, alla Camera, il duce ripeteva: «In questo mondo oscuro, tormentato e già vacillante, la salvezza non può venire che dalla verità di Roma e da Roma verrà»[9]. E ancora l'anno successivo, al popolo di Cuneo, Mussolini ribadiva che «al meriggio del ventesimo secolo» l'Italia è «l'unica nazione che ha una parola e una dottrina di salvezza e di vita da dare a tutti i popoli civili della terra»[10]. Nella visione salvifica della romanità fascista,

3. Squadre scolastiche romane sfilano sotto l'arco di Tito per il Natale di Roma, 21 aprile 1926.

il duce trascendeva la dimensione occidentale per rivolgersi a tutti i popoli civili del mondo. «Venti secoli or sono – disse il 22 dicembre 1933 nella seduta inaugurale del primo convegno degli studenti asiatici radunati a Roma, parlando prima in italiano e poi in inglese – Roma realizzò sulle rive del Mediterraneo una unione dell'occidente con l'oriente che ha avuto il massimo peso nella storia del mondo. E se allora l'occidente fu colonizzato da Roma, con la Siria, l'Egitto, la Persia, il rapporto fu invece di reciproca comprensione creativa. Questa unione fu il motivo fondamentale di tutta la nostra storia. Da essa sorse la civiltà europea. Questa deve oggi ritornare universale, se non vuole perire». Il fallimento della civiltà basata sul capitalismo e sul liberalismo, aggiunse il duce, investiva tutto il mondo, e interessava quindi tutti i paesi civili, in tutti i continenti: «la reazione contro la degenerazione liberale e capitalistica», aveva trovato espressione «nella fede rivoluzionaria del fascismo italiano, che ha lottato, che lotta, contro la mancanza di anima e di ideale di questa civiltà, che, negli ultimi secoli, ha avuto il sopravvento nel mondo». Con la rinascita italiana a opera del fascismo, Roma riprendeva la sua missione per la salvezza della civiltà umana: «Come già altre volte, in periodo di crisi mortali, la civiltà del mondo fu salvata dalla collaborazione di Roma e dell'oriente, così oggi, nella crisi di tutto un sistema di istituzioni e di idee che non hanno più anima e vivono come imbalsamate, noi, italiani e fascisti di questo tempo ci auguriamo di riprendere la comune, millenaria tradizione della nostra collaborazione costruttiva»[11].

La funzione modernistica del mito fascista di Roma, come mito proiettato verso il futuro, acquistò maggior rilevanza con il diffondersi di movimenti e di regimi nazionalisti antiliberali e anticomunisti, visti dal fascismo come manifestazione della sua influenza in Europa e nel mondo. «Tutti ormai sanno – scriveva nel 1933 Carlo Scorza, già vicesegretario del PNF in un libro in cui raccoglieva elogi al fascismo da politici, intellettuali e religiosi d'ogni parte del mondo – che Roma è la formula chiara di vita, la verità luminosa e semplice, il conforto all'infinito dolore, l'approdo dopo tanta paurosa incertezza, mentre Mosca è il suo contrario [...]. Il Fascismo, idea politica, metodo di governo, sistema sociale, etica nazionale e umana, è già in potenza nella coscienza popolare di tutta l'Europa [...]. Il pendolo della storia, oscillando tra Oriente ed Occidente, Mosca e New York, Londra e Berlino, Parigi e Ginevra, ha oggi fissato il suo perno sul meridiano di Roma. Roma è la parola nuova, che lontana dai fumi di ogni falsa retorica, parla ai cuori e alle menti illuminando, confortando, guidando»[12].

Dall'inizio degli anni Trenta, la romanità fascista e l'idea imperiale furono definite soprattutto in antitesi e in alternativa sia al capitalismo liberale che al comunismo sovietico: «Il fascismo nella dottrina e nella prassi è la soluzione italiana alla crisi che travaglia la civiltà occidentale»[13], proclamava nel 1933 l'eminente glottologo Antonino Pagliaro, autore tre anni dopo del testo ufficiale di dottrina fascista adottato nei corsi di preparazione politica per i giovani fascisti, organizzati dal partito. La «soluzione italiana» consisteva in una nuova concezione dell'uomo e della politica, che si concretizzava nella organizzazione totalitaria della società e dello Stato secondo i principi fascisti. «L'era del fascismo è l'era dello stato etico; è, se si vuole, un ritorno all'idea imperiale romana arricchita e nobilitata dalle esperienze di due millenni di sofferenze e di lotta», che concepisce l'uomo «nella sua inscindibile unità di essere storico; è dunque dottrina politica nel senso più alto della parola, e cioè concezione totalitaria di vita; umanismo»[14]. Roma, asseriva Pagliaro, «fu universale perché realizzò questo alto ideale»[15].

Dopo la conquista dell'impero, la rappresentazione dell'antica Roma come modello della concezione totalitaria dell'uomo, della politica e dello Stato fu l'aspetto dominante nel mito fascista della romanità. Il suo principale interprete non fu Mussolini, che poco di nuovo aggiunse in quegli anni alla concezione della romanità fascista, ma Giuseppe Bottai, nella funzione di governatore della capitale, dal 1935 al 1936, e successivamente, dal 1936 in poi, come ministro dell'Educazione nazionale.

Si deve a Bottai la più chiara e consapevole formulazione del significato e della funzione essenzialmente modernista che il mito di Roma, fin dal novembre 1921, ebbe nel fascismo. Con la trasformazione del movimento in partito, scriveva Bottai nel gennaio 1934, «Roma cessa di essere una delle città del Fascismo e diviene la Città del Fascismo, quella cui tende la sua azione, depurandosi d'ogni particolarismo regionale, locale, campanilistico». Se l'eterogeneo aggregato di fascismi provinciali poté consolidarsi e svilupparsi come movimento nazionale e conquistare il potere, ciò fu dovuto anche all'azione esercitata sul fascismo da Roma: «Roma, come categoria storica e politica, come entità ideale a sé stante, come mito [...]. Lo spirito del Fascismo s'immedesima con l'idea romana, ch'è idea di sintesi, d'associazione, d'incorporazione e contrasta, durante tutto il corso della nostra storia, all'idea municipale, analitica, dissociativa, disintegrante. Roma è l'unità del Fascismo, sopra la particolarità dei Fascismi; perciò Roma è il Partito unitario, con un 'corpo di dottrine', con univoca direttiva»[16]. Operando come fattore unificante, il mito di Roma fu incorporato dal fascismo e assunse un ruolo predominante nella sua cultura, diventando «il tema, che il Fascismo predilige», come osservava Bottai nel 1937, e ciò era avvenuto perché il mito fascista di Roma era «scaturito non dall'erudizione, non dai libri [...] ma dall'azione: un motivo di azione». E tale doveva rimanere, si augurava Bottai, perché l'idea di Roma «operi nel tempo, secondo il nostro tempo, col nostro tempo [...] non come una idea cristallizzata in questa o in quella formula tradizionale, ma viva e continua; e, perché viva e continua, aderente alla nostra coscienza attuale della storia e della politica»[17]. Da qui, l'affermazione della funzione esclusivamente modernista che il mito della romanità doveva avere nel fascismo, proiettato verso la creazione del futuro senza alcuna pretesa di ritornare al passato[18].

Così che, quando, o nelle orazioni politiche o nelle esposizioni didattiche, traduciamo questa energia di rinascita e volontà d'azione con la formula «ritorno alla romanità», commettiamo un errore di termini. Perché, in ispecie ai giovani (e quindi, in ispecie, nella Scuola), la romanità non si insegna; la si interpreta, la si continua, la si sviluppa, come idea, direi come cosa, insita in loro. [...] Noi non vogliamo tanto informarci su Roma, quanto formarci da Roma: formarci per un'applicazione attuale, modernissima, della sua energia unificatrice, coordinatrice, disciplinatrice. [...]

Oggi, Roma ritorna. E non ritorna soltanto per le organizzazioni militari e lo spirito di disciplina, che dà come un senso di simbolismo liturgico a tutti gli atti della vita; ma per la consapevolezza delle nostre forze e la chiarezza della nostra missione. [...] La nostra Roma non può essere né quella di Augusto, né quella di Gregorio Magno: sarebbe un risalire i secoli. Deve essere l'una e l'altra insieme, cioè italiana: fascista[19].

Nell'esaltare la funzione attuale e «modernissima» del mito di Roma, Bottai esplicitamente sosteneva la sua originalità come motivo di azione per il presente e il futuro, rendendola del tutto autonoma da qualsiasi fedeltà alla tradizione e alla indagine storica. Per Bottai, la stessa indagine storica era maggiormente interessante quando ricercava «negli avvenimenti e nei personaggi del passato, annunci, presentimenti del tempo nostro», come affermava nel 1937 in un discorso sul tema «L'Italia di Augusto e l'Italia d'oggi»[20]. Ed erano molte le somiglianze che egli riscontrava, «ove si badi più alla sostanza che alla forma dei problemi», nel metodo adoperato da Augusto e da Mussolini per effettuare una profonda rivoluzione nella coscienza e nello Stato, operando con una «azione *dal di dentro* degli istituti, senza distruzioni, senza 'terrori', senza stragi [...]. Ma tutto, senza scosse, senza rovine, sotto la sua azione si trasforma. La rivoluzione, che era *nelle* cose, non diviene mai un astratto piano dottrinale, ma opera *dalle* cose, col ritmo dell'esperienza, accelerata solo di quel tanto che è utile»[21]. In entrambi i casi, il risultato fu la concentrazione dei poteri, l'affermazione dell'autorità dello Stato nella persona del capo, la pacificazione della società, la restaurazione della religione, il rinnovamento edilizio e monumentale di Roma.

Dopo la conquista dell'impero, il richiamo alla storia romana per adattarla a legittimare con antecedenti illustri la politica del fascismo divenne una moda molto diffusa, nell'alta e nella bassa cultura, come lo furono i confronti fra Mussolini e Cesare o Augusto. Questo adattamento riguardava specialmente la concezione e la prassi totalitaria dello Stato fascista. Attribuire alla Roma antica, repubblicana o imperiale, la paternità dello Stato totalitario, la cui essenza originale, e interamente moderna, era rappresentata dal monopolio del partito unico, dalla negazione dell'autonomia dell'individuo e della famiglia, e dalla integrazione di una società di massa nelle organizzazioni controllate dal partito – istituzioni che nessun precedente o addentellato avevano nella tradizione romana –, e definire totalitaria la civiltà romana, fu probabilmente la più spregiudicata manipolazione antistoricistica della storia di Roma compiuta dal fascismo, per adattarla alle sue esigenze politiche attuali. In nessun altro caso di manipolazione modernistica del mito di Roma, come nel fascismo, la glorificazione della romanità fu una palese e clamorosa falsificazione, così come ancor più grave e clamorosa fu la falsificazione operata dalla cultura fascista per legittimare con il richiamo alla romanità la legislazione razzista.

A tale manipolazione si prestarono volentieri, nelle vesti di ideologi del totalitarismo fascista, eminenti storici della romanità. Nel gennaio del 1937, l'Istituto di studi romani annunciò il progetto di una nuova monumentale storia di Roma in trenta volumi, che voleva essere, come spiegava Carlo Galassi Paluzzi, fondatore dell'Istituto, «un ripensamento ed una rivalutazione della Storia di Roma meditata con la sensibilità storica di un popolo che, come quello italiano, nel nome di Roma è rinato ad unità e potenza, ed ha ripreso più sicura coscienza della propria missione [...] dopo essere stato posto nuovamente alla testa della civiltà europea dalla Rivoluzione Fascista, e dopo aver infranto una coalizione di cinquantadue Stati e fondato un Impero». La monumentale storia aveva lo scopo precipuo di mettere in risalto «la funzione provvidenzialmente storica esercitata da Roma in ogni secolo e in ogni epoca», con la sua «missione normatrice e civilizzatrice nei confronti della razza bianca e occidentale», «creando quel mondo unitario, religioso, giuridico e civile che è chiamato e si chiama Civiltà bianca e occidentale»[22]. La perpetuità di Roma nella stirpe italiana appariva documentata, asseriva in altra occasione Galassi Paluzzi, dalla Mostra Augustea della Romanità e dalla seconda edizione della Mostra della Rivoluzione Fascista, entrambe inaugurate il 23 settembre 1937: era evidente «il nesso storico e morale che unisce – a testimonianza della perpetuità di Roma – le due Mostre», essendo la Mostra della Rivoluzione Fascista «testimonianza della rinnovellata gloria di Roma», perché «attesta che i figli di Roma dopo il Risorgimento e la Grande Guerra hanno iniziato, sotto la guida di un Condottiero romano, una nuova eroica gesta degna delle maggiori compiute dall'*Alma Mater*»[23]. Allo stesso modo, la Mostra Augustea della Romanità fu descritta dall'etruscologo Massimo Pallottino come «attualissima rivalutazione della romanità», dovuta «al sentimento della continuità e della grandezza della nostra stirpe»[24]. Negli squadristi che avevano marciato su Roma e nei soldati coloniali che avevano conquistato l'impero riviveva lo spirito dei legionari romani: essi erano le avanguardie dei Romani della modernità.

Altri esimi romanisti si impegnarono a dimostrare, con lo stesso zelo ed entusiasmo col quale sostenevano l'identità o la superiorità del duce imperiale rispetto a Cesare, Augusto e Costantino, che lo Stato totalitario fascista era la rinascita moderna dei principi fondamentali dello Stato romano e che, pertanto, come questo, l'organizzazione fascista dello Stato era il fulcro di una moderna civiltà universale, che traeva dalla civiltà romana la sua ispirazione e la sua legittimazione. «Anche oggi, camminando secondo le direttrici della nostra tradizione noi stiamo gettando le basi di una nuova civiltà universale», affermava nel 1939 Pietro De Francisci, eminente storico del diritto romano, rettore dell'università di Roma nonché presidente dell'Istituto Nazionale di Cultura Fascista. «Ma perché questo edificio sia solido – egli aggiungeva – e perché raggiunga l'altezza cui tende il suo Fondatore, bisogna che l'energia iniziale non solo si conservi, ma si accresca quanto più la costruzione si sviluppa e si innalza. Bisogna che il nostro sangue e il nostro spirito che abbiamo ritrovati, dopo aver eliminato e dissimilato gli elementi estranei che vi si erano infiltrati, mantengano la loro purezza, la loro ricchezza, la loro forza, il loro calore. Per questo, cioè proprio per l'adempimento della nostra missione universale, noi stiamo in campo a difendere la nostra razza, la nostra tradizione, la nostra anima»[25].

I richiami alla civiltà bianca e occidentale, alla difesa della razza e della purezza del sangue e dello spirito, che risuonavano nelle parole degli studiosi citati, mostrano il nuovo orientamento razzista che aveva assunto, dopo la conquista dell'impero, il problema della rigenerazione degli italiani. Anche se il regime adottò soltanto nel 1938 una legislazione razzista e antisemita, il tema della razza era già affiorato nel pensiero di Mussolini durante i primi anni del fascismo, e fu subito associato al mito della romanità e al progetto della rigenerazione degli italiani. Nel 1920, a Trieste, Mussolini aveva esaltato i progressi compiuti dall'Italia in cinquanta anni di vita unitaria, attribuendoli alla «vitalità della nostra stirpe, della nostra razza»[26]. Ancora a Trieste, nel febbraio del 1921, aveva detto: «Dobbiamo avere l'orgoglio della nostra razza e della nostra storia»[27]. E nel novembre dello stesso anno, al congresso fascista tenuto a Roma, Mussolini aveva affermato: «Il fascismo si preoccupi del problema della razza: i fascisti devo-

4-5. Bassorilievi sulla facciata della Mostra della Rivoluzione Fascista, 1937.

no preoccuparsi del problema della razza con la quale si fa la storia»[28]. E l'anno successivo, celebrando il Natale di Roma, disse che ciò significava «esaltare la nostra storia e la nostra razza»[29]. Ma è soprattutto nei primi due anni al potere che furono frequenti i richiami mussoliniani alla razza, contemporaneamente all'emergere dell'idea di rigenerazione degli italiani. Roma era «testimonianza e documento imperituro della vitalità della nostra razza»[30], disse l'11 marzo 1923, e poche settimane dopo dichiarò: «Il problema dell'espansione italiana nel mondo è un problema di vita o di morte per la razza italiana»[31]. In più occasioni, nel 1923, il duce parlò del fascismo come fenomeno che rappresentava il «rinnovarsi della nostra razza»[32], «movimento irresistibile di rinnovazione della razza»[33], «la risurrezione della razza»[34].

Tali dichiarazioni non costituivano allora una professione di razzismo come parte integrante dell'ideologia fascista, ma pur manifestavano un'idea costante, che acquista un particolare significato essendo associata all'idea della rigenerazione del carattere italiano, così come l'idea della rigenerazione era associata da Mussolini alla sua idea della romanità fascista. Non è forse una coincidenza casuale se, nel momento stesso in cui, nel 1924, il duce annunciò il progetto per la rigenerazione della Roma reale, con sventramenti e demolizioni che dovevano rimuovere dalle vestigia della Roma antica le incrostazioni che si erano accumulate nel corso dei secoli, egli delineava anche il suo progetto pedagogico di rigenerazione degli italiani, per rimuovere dal loro carattere le incrostazioni che nel corso dei secoli lo avevano corrotto e degenerato[35]. Il fascismo, disse il duce il 24 maggio 1924, «è il massimo esperimento della nostra storia nel fare gli italiani». Con questo egli intendeva dire che il fascismo voleva affrontare e risolvere «uno dei problemi storici più profondi e più interessanti dell'Italia moderna e forse del mondo contemporaneo», cioè il secolare «fenomeno curioso di un disquilibrio fra l'altezza, la finezza e l'energia della nostra civiltà e l'insufficienza della nostra educazione civile». Era sua convinzione, aggiunse Mussolini, «che si debba creare qualche cosa che distrugga il disquilibrio fra la civiltà italiana e la vita politica italiana, questo male che ha turbato la nostra storia attraverso tutte queste generazioni»[36].

Nel 1925, al congresso del partito fascista, il duce precisò meglio il suo programma rigeneratore: «Noi creeremo, attraverso un'opera di selezione ostinata e tenace, la nuova generazione, e nella nuova generazione ognuno avrà un compito definito. Talvolta mi sorride l'idea delle generazioni di laboratorio: creare cioè la classe dei guerrieri, che è sempre pronta a morire; la classe degli inventori, che persegue il segreto del mistero; la classe dei giudici, la classe dei grandi capitani d'industria, dei grandi esploratori, dei grandi governatori. Ed è attraverso questa selezione metodica che si creano le grandi categorie, le quali a loro volta creeranno l'Impero. Certo questo sogno è superbo, ma io vedo che a poco a poco sta diventando realtà»[37]. E ancora, l'anno successivo, celebrando il settimo anniversario della nascita dei Fasci, il duce ribadì con maggior vigore la sua volontà di «correggere gli italiani da qualcuno dei loro difetti tradizionali. E li correggerò [...]. Se mi riuscirà, e se riuscirà al fascismo di sagomare così come io voglio il carattere degli italiani, state tranquilli e certi e sicuri che quando la ruota del destino passerà a portata delle nostre mani, noi saremo pronti ad afferrarla e a piegarla alla nostra volontà»[38]. Il fascismo, aggiunse Mussolini il 24 maggio 1926 parlando a Pisa, avrebbe dovuto foggiare il carattere italiano «scrostando dalle nostre anime ogni scoria impura, temperandolo a tutti i sacrifici, dando al volto italiano il suo vero aspetto di forza e di bellezza»[39]. E ancora, il 30 ottobre, al popolo di Reggio Emilia, il duce proclamò: «Fra dieci anni, o camerati, l'Italia sarà irriconoscibile [...]. Creeremo l'italiano nuovo, un italiano che non rassomiglierà a quello di ieri. Sono le generazioni di coloro che hanno fatto la guerra e sono quindi intimamente fasciste. Poi verranno le generazioni di coloro che noi educhiamo oggi e creiamo a nostra immagine e somiglianza: le legioni dei balilla e degli avanguardisti»[40].

La rigenerazione degli italiani mirava a formare in essi «il senso collettivo della vita», come Mussolini disse ad Emil Ludwig nel 1932, paragonando l'Italia fascista alla Russia bolscevica: «Noi siamo, come in Russia, per il senso collettivo della vita, anzi, vogliamo rafforzarlo, a costo della vita individuale. Tuttavia noi non giungiamo al punto di trasformare gli uomini in cifre, ma li consideriamo soprattutto in rapporto alla loro funzione di Stato»[41]. Quel che il fascismo stava sperimentando per la formazione della coscienza collettiva degli italiani, aggiunse il duce, era un «grande avvenimento nella psicologia dei popoli, perché il protagonista è un popolo dell'area mediterranea, considerato del tutto inadatto a un'esperienza di questo genere. Proprio nella vita collettiva sta il nuovo fascino. Era forse diverso nell'antica Roma?». Ed era dall'archetipo romano che il duce attingeva ispirazione per il suo esperimento totalitario di pedagogia collettiva: «Tutta la pratica delle virtù latine mi sta dinanzi. Esse rappresentano un patrimonio che cerco di usufruire. Il materiale è lo stesso. E là, fuori, è sempre ancora Roma»[42].

Il modello ideale di confronto e di ispirazione, evocato da Mussolini per legittimare l'esperimento pedagogico totalitario messo in atto dal fascismo, era la Roma repubblicana, che il duce fece mostra allora di preferire alla Roma imperiale: «Al tempo della Repubblica la vita del cittadino si incentrava nello Stato; in età imperiale le cose andarono diversamente, ed ebbe ini-

Alle pagine seguenti.
6. I trasvolatori atlantici della Crociera del Decennale sfilano in trionfo, 1933.

zio la decadenza». Dalla Roma repubblicana, affermava Mussolini, traeva ispirazione il fascismo per «organizzare una vita collettiva, una vita in comune, lavorare e combattere in una gerarchia senza gregge. Siamo decisi ad attuare l'umanesimo e la bellezza della vita in comune. Naturalmente questo stupisce gli stranieri! L'uomo già a sei anni viene tolto in certo senso alla famiglia, e viene restituito dallo Stato a sessanta anni. L'uomo non vi perde nulla, lo creda: viene moltiplicato»[43].

Nella iconografia fascista, l'italiano nuovo era spesso associato alla figura del legionario romano, specialmente dopo la conquista dell'impero. Tuttavia, il fascismo non pensava seriamente a resuscitare negli italiani i legionari romani né l'italiano nuovo che aveva in mente era modellato sul romano antico. L'italiano nuovo del fascismo doveva essere integralmente inserito nella società industriale e tecnologica, controllata dallo Stato totalitario per essere posta a servizio della grandezza nazionale.

Per il fascismo, l'italiano nuovo e la nuova Italia dovevano essere il prodotto originale e inedito dell'esperimento totalitario; il romano della modernità era l'*uomo collettivo organizzato*, un individuo assorbito nella società di massa della comunità totalitaria attraverso l'organizzazione del partito unico: era il «cittadino soldato», interamente dedito, anima e corpo, allo Stato fascista, lanciato alla conquista del futuro, con tutti i mezzi che la modernizzazione metteva a disposizione per una politica di grandezza e di potenza[44].

Dopo un decennio di esperimento totalitario, a molti osservatori stranieri che frequentavano da anni l'Italia, sembrava che il laboratorio totalitario fascista stesse realmente formando un italiano nuovo.

Il fascismo «non ha creato soltanto un'Italia nuova, ma un italiano nuovo», scriveva nel 1933 Paul Gentizon, ammiratore del duce: un italiano nuovo «che ha il senso delle virtù antiche del coraggio, dell'ordine e della disciplina; e soprattutto un italiano fiero del suo sangue, della sua razza, che si occupa della grandezza del suo paese con la volontà di metterla al pari delle nazioni più progredite. In questo senso, il fascismo ha veramente cambiato la vecchia mentalità della penisola. Ha trasfigurato l'anima italiana. A questo popolo noto per il suo eccessivo individualismo, ha dato un senso collettivo della vita, un'attenzione viva per

In questa e nelle pagine seguenti.
7-9. La nuova romanità nella pubblicità, 1936.

il dovere sociale e patriottico, un vibrante civismo. E, soprattutto, il gusto per le armi. Dopo diciotto secoli di eclissi, è riapparso nella penisola un popolo militare»[45].

Tre anni dopo, con la riapparizione dell'impero sui colli fatali, il successo della rivoluzione antropologica appariva confermato dalla vittoria militare, che aveva mostrato le virtù civiche e guerriere degli italiani nuovi di Mussolini. «Chi potrebbe dubitare, dopo aver vissuto l'esperimento fascista, che la disciplina ha forgiato di nuovo l'anima e la forza della nazione?», scriveva Edouard Schneider nel 1936: «Costruttore romano, il duce ha rifoggiato l'antico ideale romano suscitando dal profondo dei cuori una vera mistica del cittadino, dello Stato e della razza»[46]. Ad alcuni visitatori stranieri, la stessa trasformazione urbanistica della capitale sembrava essere parte del progetto di creazione di un italiano nuovo, al quale non poteva certo adattarsi la vecchia Roma provinciale e pittoresca.

È innegabile che l'aspetto della nuova Roma sconcerti il viaggiatore d'una volta e – perché non dirlo – provochi sulle prime una piccola delusione sentimentale [...]. A Roma si andava per trovar consolazione dell'epoca nostra, al cospetto d'una magnificenza in rovina [...]. Roma, tuttavia, viveva, e più di un'altra Capitale; ma ci si ostinava a non considerare che il pittoresco di tale vita: nidi di rondine aggrappati alle cupole e ai colonnati [...]. Rammento con emozione le scoperte che il viaggiatore faceva quasi da sé stesso: il marmo a mezzo dissepolto, come il gambo dell'asfodelo a primavera, la basilica adduggiata dalle casupole, la porta di un palazzo ricoperta di gesso rosa, la fontana prigione nell'acciottolato. Si passava di segreto in segreto, attraverso chiassuoli e giardini, con la certezza di una voluttà prossima che sembrava non essere stata mai provata [...] l'incanto di Roma è ora meno immediato; sta di fatto che la prospettiva della sua grandezza fondamentale è stata liberata. È stato scelto nella storia della Città e fra tutte le sue glorie sovrapposte, quel che meglio poteva convenire all'educazione dell'uomo nuovo che Mussolini vuol creare, ch'egli ha creato. E la Roma antica, nata fra sterpi e paludi, la Roma laboriosa della lupa e dei littori, ha avuto il posto prevalente.

Creare un uomo nuovo: qual brama e qual chimera! Certo, se si vuol crearlo a mezzo di dubbie pergamene e con un ritorno a barbari miti, come in Germania. Ma in Italia si ritiene di ottenerlo mediante la volontà, l'esperien-

9. I Romani della modernità

za e l'educazione. «*Io non intendo restaurare il culto di Giove*» *ha dichiarato Mussolini in un'intervista, con un atteggiamento ironico che ben mi figuro, ora che ho visto il Duce da vicino. Ma il servirsi della fede primitiva, della coscienza antica, della versatilità delle generazioni della Rinascenza, dell'ardore rivoluzionario del Risorgimento, d'una potente dose di vitamine, se così può dirsi: ecco il miglior sistema, che spiega il successo d'un Regime*[47].

Ma non erano soltanto i simpatizzanti del fascismo e gli ammiratori del duce a pensare che la rivoluzione antropologica totalitaria stava effettivamente rigenerando gli italiani. Lo pensava anche l'ambasciatore inglese, il quale, il 10 novembre 1932, osservava che «il più grande cambiamento morale» prodotto dal regime fascista sul carattere degli italiani era di «avere inculcato nel popolo italiano lo spirito nazionale risvegliato dalla guerra». Ed era notevole, aggiungeva l'ambasciatore commentando una manifestazione con la partecipazione dei mutilati e dei giovani fascisti, «la differenza fisica fra gli uomini della generazione della guerra e i giovani organizzati nei Fasci Giovanili. Non è esagerato dire che questi ultimi sembravano appartenere ad una razza differente, e sebbene non intenzionalmente, perché erano i mutilati gli eroi della giornata, non poteva essere escogitata migliore pubblicità alla rigenerazione fisica operata dal fascismo sugli uomini della nazione»[48].

Pochi mesi dopo, l'ambasciatore inglese appariva ancora più convinto del successo dell'esperimento rigenerativo attuato dal fascismo. «L'intera vita della nazione – scriveva il 31 marzo 1933 – è oggi organizzata, come lo è stata negli ultimi dieci anni, in ogni aspetto: il popolo è stato disciplinato ad un livello che ha pochi confronti nel mondo moderno, e questa disciplina il popolo, nel complesso, l'accetta volentieri: dall'età di otto anni in poi un enorme numero di italiani di entrambi i sessi è assoggettato ad una pedagogia intensiva che già è riuscita a plasmare, e per certi aspetti a modificare, il carattere nazionale: sacrifici sono stati chiesti e ottenuti da tutte le classi. Il risultato è stato che gli italiani sono ora orgogliosi di essere italiani, mentre ciò si sarebbe difficilmente potuto dire una diecina di anni fa. Il lavoro di rigenerazione procede ad un ritmo che si accelera ogni anno, e fra dieci, quindici o venti anni – chi lo può dire? – i governanti italiani potranno a ragione ritenere che il lavoro di rigenerazione è stato completato»[49].

Anche visitatori inglesi o francesi meno inclini a credere nel successo del fascismo, vedevano nei balilla che compivano i loro esercizi ginnici e militari al Foro Mussolini o ai raduni del Campo Dux, una nuova generazione di italiani ordinati e disciplinati[50]. Mussolini sognava di «modellare la nuova Italia a immagine e somiglianza della Roma antica», scriveva Maurice Lachin nel 1935, dopo aver osservato il duce che contemplava, come un artista contempla la sua opera, la sfilata dei giovani fascisti in Via dell'Impero: nella gioventù militarizzata anche il giornalista francese vedeva apparire «l'italiano del XX secolo», generato dalla trasformazione di «una nazione individualista e anarchica, quale era stata l'Italia, in una nazione militarista, imbevuta di disciplina militare»[51].

Dopo la conquista dell'impero, il duce decise di intensificare l'opera di rigenerazione degli italiani, per farli diventare «duri, implacabili, odiosi. Cioè: padroni»[52]. Se il popolo italiano era soddisfatto di aver conquistato l'impero, il duce non era affatto soddisfatto del popolo italiano. E non lo erano neppure i fascisti come Bottai, il quale faceva notare al duce, nell'ottobre del 1936, che gli italiani non avevano «ancora acquisito l'Impero nella loro coscienza», perché avevano «una certa resistenza a pensare e vedere in 'grande'»[53].

Nonostante gli elogi tributati pubblicamente al popolo italiano come entità collettiva idealizzata, nei confronti degli italiani reali

A fianco.
10. Un avanguardista al Campo Dux, 1937.
11. Statua al Foro Mussolini.

12. «Mento in alto, spalle dritte, i ragazzi in camicia nera emulano la postura del Duce», 1937.

il duce nutriva un sentimento simile a quello che aveva provato nei confronti della Roma reale, un sentimento che la conquista dell'impero, dopo un attimo di attenuazione, contribuì presto ad inasprire. Così come il duce non era stato neppure sfiorato dall'idea di ritirarsi in villa a crogiolarsi al sole della gloria, allo stesso modo non concepiva che questa potesse essere l'aspirazione della maggioranza degli italiani. Anzi, il solo sospetto che gli italiani fossero tentati dal desiderio di godersi in pace la gloria imperiale, eccitò il duce a sottoporli a nuove pressioni, accelerando il ritmo della rivoluzione antropologica per moltiplicare le energie umane necessarie ad accrescere ed espandere la nuova potenza imperiale. Infatti, non si era ancora spenta l'eco dell'entusiasmo per la fine della guerra in Etiopia, che già il duce impegnava l'Italia in un'altra guerra, decidendo di inviare truppe in Spagna per sostenere il generale Francisco Franco che, il 17 luglio 1936, aveva iniziato una guerra civile contro il legittimo governo repubblicano. «Una nazione è sempre in eterna posizione di combattimento: non può mai fermarsi sulle linee raggiunte ed attendere che il tempo trascorra. O avanza o indietreggia. Se sfugge al primo caso, piomba senza remissione nel secondo»[54], aveva dichiarato il duce in un articolo non firmato del 21 maggio 1936. E il 22 agosto dello stesso anno, elogiando il popolo di Lucania per «il primato della fecondità», aveva ribadito che «hanno diritto all'impero i popoli fecondi, quelli che hanno l'orgoglio e la volontà di propagare la loro razza sulla faccia della terra, i popoli virili nel senso più strettamente letterale della parola»[55].

Pur promuovendo il mito ruralista, che attribuiva al «buon contadino» legato alla terra e al lavoro dei campi le virtù della frugalità e della fecondità, necessarie per preservare la sanità e la potenza della razza, il duce e il fascismo non smentivano i progetti ambiziosi per creare i Romani della modernità, pronti a gareggiare e a vincere la competizione per conquistare nuovi primati nei campi propri della modernizzazione: la scienza, la tecnica, l'industria. L'iconografia della propaganda rifletteva costantemente, ma specialmente dopo il 1935, la simbiosi simbolica fra romanità antica e romanità moderna, affiancando l'immagine del legionario romano e dei monumenti stilizzati dell'antica Roma all'immagine degli opifici moderni e del lavoratore d'industria, forgiatore di macchine e armi. In molte regioni d'Italia, e nella vita quotidiana della stessa Roma mussolinea, persisteva tuttavia una tenace convivenza fra il nuovo stile littorio, modernista e marziale, e un tradizionalissimo stile di vita agreste, povero più che frugale, che nulla aveva di marziale, ed evocava piuttosto aspirazione e desiderio di pace, che ambizioni di glorie guerresche, e costituiva ancora lo stile di vita dominante per gran parte degli italiani.

Idealizzando la vita rurale e predicando le virtù contadine per necessità di cose, ed esaltando, nello stesso tempo, la tecnica e l'industria come strumenti di potenza, più che di benessere, il duce continuava a pensare, ed era il suo pensiero dominante, che gli italiani della modernità dovevano essere preparati comunque, nella vita di città o nella vita di campagna, alla disciplina della collettività totalitaria, costantemente mobilitata e preparata per la guerra.

Quando il duce si rese conto che il principale desiderio della grande maggioranza degli italiani, dopo la conquista dell'impero, era la pace e non la guerra, allora decise di non lasciarli più in pace. «Io non lascerò in pace gli italiani, se non quando avrò due metri di terra sopra di me»[56], disse il duce al genero il 18 giugno 1938, e a ottobre ripeté in Gran Consiglio: «Io sono nato per non lasciar mai in pace gli italiani. Prima l'Africa, oggi la Spagna,

13. «*Un buon pastore pascola il suo gregge davanti ad appartamenti ultramoderni*», 1937.

domani un'altra cosa ancora»[57]. Di fatto, il regime fascista fu impegnato in guerra, quasi ininterrottamente, dal 3 ottobre 1935 fino alla sua caduta il 25 luglio 1943.

Quest'anima nuova che mostra adesso l'Italia a lui non piace. Non è come la sua. Egli credeva di averla forgiata intera a suo modo con le sue stesse mani e non può accontentarsi di essere soltanto colui che ha acceso il fuoco dov'essa si è fusa e ricomposta. Egli si sente deluso e colpito. [...] Ma a lui non piace: l'anima italiana qual è uscita dalla prova del fuoco, canta «Faccetta nera» invece del carme oraziano, fa dell'umorismo sugli inglesi invece di esplodere in invettive ciceroniane. Fra essa e la sua c'è tanta differenza quanta ne passa fra un brano pucciniano ed una sinfonia di Beethoven! [...] Egli ha l'impressione che i suoi sforzi, le sue fatiche per fare del popolo italiano una legione spartana siano stati inutili, e si sente offeso. Ha dunque ragione una volta di più Massimo d'Azeglio? Questi italiani son sempre da fare? [...] Ma egli ha fretta e dà così inizio ad una battaglia nuova nell'oggetto e negli scopi, una battaglia contro la natura degli italiani e sotto certi aspetti contro la natura dell'uomo[58].

La rivoluzione antropologica divenne sempre più, per il duce, una ossessione: voler trasformare moralmente, culturalmente e fisicamente gli italiani, uomini e donne, per renderli effettivamente i Romani della modernità. L'iconografia del regime fu pronta a interpretare e a rappresentare le fattezze maschie e virili dell'italiano nuovo, attribuendogli i tratti somatici del romano antico, fino a identificare il romano antico e l'italiano nuovo con un tipo antropologico che aveva impressi nel volto i lineamenti fisici di Mussolini. Archeologi, antichisti e apologeti d'ogni genere si affannarono a rintracciare e scoprire i tratti somatici del duce nei volti degli antichi imperatori romani o dei condottieri italiani. Spontaneamente, l'iconografia del regime arrivò a mussolinizzare persino il volto della Dea Roma, come appare nel manifesto per la Mostra della Rivoluzione Fascista del 1942. L'esperimento pedagogico totalitario per creare un nuovo tipo di essere umano a immagine e somiglianza del duce coinvolse anche i sudditi di colore: nella iconografia delle truppe coloniali che sfilarono a Roma nel primo anniversario della proclamazione dell'impero, i soldati avevano impresso nel volto il piglio guerresco del duce imperiale.

L'esperimento di rigenerazione degli italiani per creare i Romani della modernità aveva drammaticamente accelerato il suo ritmo dopo il 1937, imboccando decisamente la strada del razzismo e dell'antisemitismo. Già nell'agosto del 1936 il ministro delle Colonie informava il Viceré d'Etiopia, Maresciallo Graziani, che bisognava procedere in modo drastico a impedire qualsiasi mescolamento fra la razza dei dominatori bianchi e i sudditi neri. Nelle cartoline di propaganda per la campagna etiopica gli stereotipi razzisti erano prevalenti, un terreno preparato quasi spontaneamente dove far attecchire il seme del razzismo. E forse non è una mera coincidenza se, conclusa la guerra in Etiopia, cominciano ad essere frequenti anche i focolai di antisemitismo, con qualche segno evidente nelle cartoline satiriche che raffiguravano il Negus come «figlio di Giuda». L'adozione di provvedimenti razziali nell'Africa orientale, per impedire il diffondersi del meticciato e imporre un regime di rigida separazione degli italiani dominatori dai sudditi neri, fu il primo atto della nuova fase dell'esperimento totalitario per la rigenerazione degli italiani. Altri atti seguirono celermente nel corso del 1938: l'intensificazione della campagna per l'incremento demografico; l'inizio della riforma del costume, con l'abolizione del «lei» e della stretta di mano; l'adozione del «passo romano» di parata e dell'uniforme militare per tutti gli impiegati civili; l'introduzione della legislazione razzista e antisemita.

Nella visione mussoliniana della crisi della civiltà occidentale, che il duce attribuiva principalmente alla decadenza demografica, il problema razzista acquistava un'importanza sempre più rilevante in relazione alla rivoluzione antropologica per la creazione dell'italiano nuovo. Dalla ossessione per il rifacimento del carattere nazionale, e non da presunte pressioni di Hitler o dalla mania di imitare il nazismo, Mussolini fu spinto a imboccare la strada del razzismo e dell'antisemitismo, essendosi convinto che il destino della civiltà europea e occidentale dipendeva dalla difesa del primato della razza bianca, e tale difesa sarebbe stata efficace soltanto se egli fosse riuscito a rigenerare gli italiani, a creare i Romani della modernità. Tutti i provvedimenti varati nel «sedicesimo anno del regime», dalla introduzione del «passo romano» alle leggi razziste e antisemite, disse il duce in un discorso inedito al consiglio nazionale del PNF il 25 ottobre 1938, erano «un fatto di grandissima importanza», erano «poderosi cazzotti nello stomaco» alla borghesia italiana, sferrati per cancellare le ultime tracce di quanto ancora sopravviveva della vecchia «Italia pittoresca, disordinata, cantatrice, suonatrice», e accelerare la formazione di una nuova razza di italiani per concentrare «tutte le energie del popolo italiano verso l'obiettivo della potenza. Perché l'Europa del domani sarà un complesso di tre o quattro masse demografiche, attorno alle quali saranno dei piccoli satelliti. Noi saremo una di quelle grandi masse»[59].

Con parole molto simili sull'Europa del domani, il duce si era espresso un anno prima durante un colloquio con Ciano: «Il Duce – annotava il genero nel suo diario il 6 settembre 1937 – si è scagliato contro l'America, paese di negri e di ebrei, elemento disgregatore della civiltà. Vuole scrivere un libro: l'Europa nel 2000. Le razze che giocheranno un ruolo importante saranno gli italiani, i tedeschi, i russi e i giapponesi. Gli altri popoli saranno distrutti dall'acido della corruzione giudaica. Rifiutano persino di far figli perché ciò costa dolore. Non sanno che il dolore è il solo elemento creativo nella vita dei popoli. Ed anche in quella degli uomini»[60]. L'idea del duce di scrivere un libro intitolato *Europa 2000* è confermata dalla testimonianza di un altro gerarca, Nino D'Aroma: nel settembre 1938, alla fine di un suo rapporto al duce, il colloquio continuò sulla notizia data da una rivista inglese, secondo la quale Mussolini stava per pubblicare «un libro razziale e demografico, dal titolo '*Europa 2000*'». Interpellato sull'argomento, il duce rispose «calmo ed ironico»: «È verissimo: non so come sia trapelata la notizia. [...] Scriverò sì, questo libro, ma per dimostrare che nell'anno 2000, i popoli che domineranno il mondo, saranno solo tedeschi, italiani, russi e giapponesi!»[61].

La concordanza fra le due testimonianze ha una significativa discordanza nel giudizio sull'America e gli americani. Infatti, mentre nel settembre 1937, secondo il diario di Ciano, il duce appare già aspramente antiamericano, proprio nello stesso periodo, secondo il racconto di D'Aroma, il duce si esprime con parole elogiative nei confronti del popolo americano, del quale dichiara di ammirare «il civismo, che anche se a noi appare esagerato, è tuttavia un elemento sano e decisivo della loro vita nazionale»: «Leggendo bene la loro stampa quotidiana, si vede palese questa singolare America nella quale ogni americano deve sempre qualcosa ai suoi compatrioti, alla sua città, al suo Stato, alla Nazione, sia in senso civico, sia in senso sociale». E tutto ciò avviene, osservava il duce, «non con imposizione di legge, ma come solidarietà, come fatto ovvio, come dovere morale. Io amo quel senso tutto americano della maggioranza che decide e per cui poi tutti, senza esclusioni, debbono seguire. È morale puritana, questa, d'accordo: ma l'individuo è distruttore, è sabotatore, quando non è, come accade da noi in certi ceti borghesi, del tutto asociale»[62].

Non era la prima volta che Mussolini manifestava la sua stima per il popolo americano e il suo patriottismo[63]. Quel che maggiormente sorprende, in questa testimonianza, è l'accenno al carattere non coercitivo del civismo americano, sentito come solidarietà e dovere morale. Si può forse percepire, in tali espressioni di ammirazione, una punta di invidia, da parte del duce, verso gli americani che, a suo giudizio, sentivano spontaneamente quel senso di dedizione dell'individuo allo Stato e al-

14. Il duce al balcone di Palazzo Venezia, ca. 1940.

la Nazione, che il fascismo aveva tentato di inculcare negli italiani con il metodo totalitario, fin dai primi anni del suo avvento al potere, ottenendo risultati dei quali il duce non era affatto contento. Anzi, ne era profondamente deluso, al punto da dubitare fortemente, alla vigilia del secondo decennio del fascismo al potere, che gli italiani sarebbero mai diventati i Romani della modernità.

Sempre più isolato dagli uomini, nei primi anni della Seconda guerra mondiale, contemplando talvolta, in una giornata qualsiasi, dal balcone di Palazzo Venezia la grande piazza senza folle oceaniche, il duce sentiva insinuarsi nel suo animo, dolorosamente, il dubbio angoscioso del fallimento.

10
GLI ITALIANI NON SONO ROMANI

Palazzo Venezia. Silenzio di notte. Nella vasta Sala del Mappamondo, in fondo, all'angolo fra il grande camino e una finestra, al lume della lampada, il duce è al suo tavolo di lavoro. È il 24 gennaio 1942. Sui fronti di guerra, la situazione non è confortante per le forze dell'Asse. «Le notizie dalla Russia sono cattive», scrive Ciano nel suo diario: «l'avanzata russa continua con ritmo accelerato e forze crescenti», ma il duce «è contento dell'andamento delle operazioni in Libia e dei traffici navali, benché oggi sia stato affondato il *Victoria* che era la perla della nostra Marina Mercantile»[1].

Da alcuni giorni, è iniziato il rapporto al duce di tutti i segretari federali del partito fascista, che lo hanno ragguagliato sulle condizioni morali e materiali delle popolazioni e sul loro atteggiamento verso il regime. Oggi è stato il turno dei segretari del Lazio. Ha parlato per primo il federale di Roma. Dopo aver descritto lo stato d'animo della popolazione romana, ha elencato i problemi della città: difficoltà nei trasporti e nei rifornimenti alimentari, mercato nero, e soprattutto carenza di alloggi per operai e impiegati. Poi, la situazione del partito e delle sue organizzazioni.

Il popolo, soprattutto nella città di Roma, desidererei dividerlo in tre categorie: il popolo veramente detto, la classe media, la classe privilegiata. Il popolo, sia pure sopportando le inevitabili ristrettezze del momento a cau-

A fianco.
1. «... e i pericoli della scultura classica», 1937.

sa della guerra che combatte e sia pure con le difficoltà attuali, guarda sereno e ligio alle direttive del Regime. La classe media è composta essenzialmente dalla categoria degli impiegati e risente inevitabilmente, più degli altri, delle ristrettezze del momento, soprattutto perché ha una paga mensile che non ha avuto aumenti in quest'ultimo periodo. Questa classe risente quindi degli aumenti dei prezzi. Ora se anche qualche volta questa classe ha degli attimi di preoccupazione, è però nella grande maggioranza serena, tranquilla e ligia agli ordini del Regime. C'è invece la classe privilegiata (in senso generale, privilegiata cioè dal punto di vista economico, dal punto di vista di persone che hanno alti gradi nel campo della burocrazia oppure delle cariche nel campo politico), la quale devo dirVi con molta lealtà, DUCE, *non è altrettanto ligia alle direttive del Regime. Sono questi (non dico nella totalità, ma certamente in gran parte) che meno sentono le difficoltà del momento e che hanno i mezzi per superarle anche a detrimento di quelle che sono le direttive del Regime e che d'altra parte sono continuamente scontenti. Sono gli stessi che mormorano, discutono, pronti a denigrare qualsiasi provvedimento del Partito o del Regime, a sminuire le vittorie dell'Italia, a ingrandire le difficoltà che spesse volte sono poche in confronto di quelle che la grandiosità della guerra esige*[2].

Il duce lo ha lasciato parlare senza mai interromperlo, prima di commentare il suo rapporto. Un discorso leale, anche se incerto nella grammatica, quello del federale, pensa il duce. E ha ragione, il federale, quando denuncia il cinismo della borghesia romana, non diversa in questo dal resto della borghesia italiana, e ha ragione ancora, pensa il duce, quando chiede per il partito maggiori poteri nel campo della disciplina, perché, come ha detto bene, il partito deve «analizzare la figura del fascista non solo dal punto di vista della sua disciplina esteriore, ma soprattutto dal punto di vista interiore, morale, durante un periodo in cui il Partito ha il diritto di pretendere da tutti i suoi iscritti la massima disciplina, rispetto e sacrificio». Bisogna sbattere questa gente fuori del partito: questa è stata la consegna che il duce ha dato al federale della capitale.

Ora questa gente che io non vorrei chiamare camerati, questa gente che si è allontanata da Roma per andare a giocare (ed ormai tutta Roma è piena del regista che ha perduto o dell'altro che ha vinto) evidentemente è

10. Gli italiani non sono Romani

fuori del nostro tempo, deve essere fuori del nostro Partito, sbattetela via perché sarà tanto di guadagnato e si omogeneizza il Partito. Non sono elementi che ci fanno credito. Poi certamente non v'è ignoto che questo fenomeno di incoscienza è molto diffuso in molte città più di Roma. Si gioca molto. Adesso questo spettacolo dovrà finire. Anche se si gioca nelle case private, il fatto che una bisca sia nella casa del signor X o del signor Y, non significa che non sia una bisca. Tutto questo dà luogo a commenti che io trovo perfettamente giustificati. Il popolino, quando sa che il signor X ha vinto da un altro signore la importante somma di 700 mila lire e l'avvenimento è stato festeggiato in un albergo, il popolino è autorizzato a fare questo ragionamento: razza di lazzaroni (sia detto con rispetto ai lazzaroni napoletani che poi non erano da screditare del tutto in quel momento) mentre il popolino dà i suoi figli a combattere in Russia contro il bolscevismo sopportando un freddo che è arrivato a 46 gradi sotto zero, costoro danno uno spettacolo di sublime cinismo. Sono nati schiavi, hanno nel sangue le gocce del sangue degli schiavi, dei levantini, dei siriani, degli egiziani, di tutto quel miscuglio di popoli che Roma dovette demolire e dei quali si servì per fare altre cose (come dei prigionieri ebrei). [...] Poi un'altra categoria che dovete sbattere fuori è quella di coloro che si lagnano del momento attuale, che dicono che non possono più bere il cocktail dopo le 10 di sera, che il metano non si trova ecc. [...]. Si va verso un'epoca di giri di vite perché è necessario. Non dev'essere detto che gli italiani hanno bisogno di sentire proprio il morso del nemico sulle loro carni vive, sul territorio metropolitano per fare sul serio l'unica cosa che bisogna fare sul serio, o almeno una delle cose che bisogna assolutamente fare sul serio, cioè la guerra. Il partito deve assolutamente liberarsi di questa vile zavorra che dimostra di non avere alcuna coscienza dei suoi doveri. L'atteggiamento di questi signori dal punto di vista dei suoi riflessi è infinitamente più nocivo di tutta la propaganda antifascista, di tutte le diverse radio del mondo intero. Saranno mille, duemila, tremila, cosa importa? Questo non significa un bel nulla. Sono degli elementi dissolvitori[3].

La borghesia! «Trista e gretta la nostra borghesia; tal quale la conosciamo da tempo, da sempre, prona ai più contraddittori adattamenti, come la duttile e furba Monarchia sabauda», aveva detto di recente all'amico Ottavio Dinale, uno dei pochissimi ammessi a colloquiare con lui nella solitudine di Palazzo Venezia. «Accettando e favorendo la rivoluzione la borghesia ha premeditatamente ingannato sé stessa e il Fascismo, fidandosi un po' troppo della sapienza volgare del suo trasformismo, misurato sul metro familiare dei pregiudizi individuali e degli egoismi di classe. Ha la sensibilità di un barometro perfezionato. Appena sta per mutare il tempo o si appanna il cielo, torna a mostrarsi quale è sempre stata, meschina, sorniona, avida e vile. [...] Gentucola che non guarda che al proprio ombelico»[4].

È dal 1938 che ho dichiarato guerra alla borghesia italiana, pensa il duce. La meno fascista e la più subdola fra le classi sociali degli italiani, ed è quella che dal regime ha avuto i maggiori benefici! Il duce sente rinfocolare dentro l'odio che nutriva negli anni della militanza socialista, e che non si era mai veramente sopito in lui neppure negli anni del regime, quando aveva corteggiato ed era stato corteggiato dalla borghesia. Non sono bastati i quattro cazzotti che ha già sferrato allo stomaco dei borghesi con l'adozione del «passo romano», l'abolizione del «lei», la legislazione razziale, l'uniforme per gli impiegati civili. Tutte misure per combattere e distruggere lo «spirito borghese». «Se venissero ore veramente supreme, non avremo questa volta esitazione ad eliminarli uno per volta. Non è più il tempo in cui si può indugiare alle tendenze facili, disgregatrici», aveva detto al Consiglio nazionale del partito il 25 ottobre 1938, dando il via alla campagna antiborghese[5]. Quasi quattro anni sono trascorsi, le «ore veramente supreme» sono scoccate, ma lo «spirito borghese» continua la sua azione dissolvitrice. «Finita la guerra, inizierò l'attacco alla borghesia che è vile e abbietta. Bisogna distruggerla fisicamente. Salvarne, sì e no, il venti per cento [...]. Anzi colpirò tutti e dirò come Domenico di Guzman: Iddio sceglierà i suoi». Così aveva detto a Ciano nell'agosto 1940[6].

Da allora, quasi due anni sono passati. E la borghesia continua a iniettare nel paese il suo cinismo disfattista, anche nella capitale, mentre il popolo romano, «o meglio, il popolo italiano che vive a Roma (perché i romani che vivono a Roma ormai sono 6 mila)», come ha voluto precisare commentando il rapporto del federale della capitale, «nella sua massa è calmo e disciplinato e non è in condizioni economiche difficili»[7]. E in fondo, pensa il duce, dopo venti anni di fascismo, il popolo romano rappresenta il popolo italiano. Per questo, dopo il rapporto, ha chiesto al segretario del partito di fargli avere a Palazzo Venezia tutte le relazioni sullo «spirito pubblico» (è la formula d'uso nei rapporti) della popolazione romana, redatte nell'ultimo decennio dagli informatori dell'Arma dei Carabinieri, del partito fascista, della Milizia e della polizia. Il duce vuole ripercorrere, leggendole, il variare d'umore, gli stati d'animo e i comportamenti dei romani dell'era fascista, e avere più chiaro il quadro del loro atteggiamento, che riassume in fondo l'atteggiamento della massa degli italiani, di cui i romani sono il campione più rappresentativo, il più esposto alla pedagogia totalitaria, al culto del littorio, all'influsso carismatico del duce.

Solo, nell'immenso salone, seduto al tavolo di lavoro, il duce apre i fascicoli, e sfoglia a caso alcune relazioni degli ultimi anni prima della guerra...

2 febbraio 1938
Grandissimo è stato l'entusiasmo per il «passo romano», «passo romano» che dà realmente una forte impressione di potenza, di energia e di volontà, più che non l'altro passo ordinario. Diceva il popolo: «è un passo veramente di conquistatori!» E proprio il popolo era a manifestare la maggiore ammirazione! Così assai favorevolmente commentate sono state le parole del Duce per l'elogio del «passo romano»; e la felicissima e feroce sferzata agli avversari.

Si dice che eccezioni si facciano all'adozione di questo passo in qualche vecchio ambiente dell'esercito; in vecchi ambienti socialdemocratici e di vecchia massoneria. Soprattutto velocemente e vivamente ostili si manifestano gli ebrei, che dicono trattarsi di una importazione tedesca, fatta per far piacere a Hitler.

Ma si ripete che la grandissima maggioranza approva la decisione adottata, che spera presto sia estesa a tutte le forze armate[8].

1 novembre 1937
Grande folla, con la speranza di potere acclamare il Duce, ieri, all'inaugurazione dell'obelisco di Axum. Delusione per il mancato intervento del Duce.

Dirò subito che la sistemazione dell'obelisco è molto piaciuta. L'iniziativa in sé stessa, che riprende una tradizione di Roma imperiale è quanto mai suggestiva, destinata a colpire e sollecitare la fantasia e l'orgoglio del nostro popolo.

Anche dopo l'inaugurazione numerosissimi sono stati i romani che hanno voluto andare ad ammirare l'alto obelisco che svetta con originale eleganza sul verde circostante. È interessante notare come alcuni parlassero con indubbio buon gusto e consapevolezza della cose urbanistiche di Roma. Si diceva che la vera Roma, la grande Roma monumentale dovrebbe essere, ed è, da Piazza del Popolo al Viale Aventino. Che intorno ai monumenti della Roma antica dovrebbero sorgere e inquadrarsi i monumenti della Roma Fascista.

Si criticava piuttosto acerbamente come sul Viale Aventino, così bello e così grande, si sia consentito che sorgessero dei piccoli palazzotti e caseggiati anonimi di tipo economico, con negozietti da periferia. Nel Viale Aventino, avrebbero dovuto sorgere solo grandi palazzi monumentali, anche se non molto alti, Ministeri, Teatri ecc. Così Roma avrebbe avuto un nuovo grande viale, continuazione moderna e viva di Via dei Trionfi.

Si diceva che quando si costruisce in certe parti di Roma, si dovrebbe pensare, come ha detto il Duce più volte, alla Grande Roma di domani.

Costruire delle case comuni che avrebbero dovuto fatalmente essere abbattute dopo poco più di un decennio era distruggere della ricchezza ecc. Si diceva che l'ultimo tratto di Via Cavour dovrebbe essere abbattuto e rifatto monumentalmente, che attorno al Colosseo avrebbe dovuto sorgere un grande centro monumentale ecc.

Erano intuizioni della folla, oltre che idee ripetute per sentito dire. Discussioni animate a cui ognuno si aggiungeva spontaneamente. *Constatazioni e speranze. Derivavano comunque dall'amore e dall'orgoglio che il Duce ha saputo infondere anche nel popolo minuto verso le cose grandi, e verso questa Roma tornata Imperiale.*

Quanto diverso il clima di un tempo ove le cose grandi *erano ritenute fantasie per un popolo così detto «povero».*

Quando si inaugurava qualche monumento si bestemmiava al governo sciupone. Oggi si esalta e si esige la monumentalità – anche se moderna, lineare, funzionale.

È parte del prestigio, dell'orgoglio della nuova anima nazionale e si critica ove le soluzioni non siano considerate adeguate e non si parla più di economia e di risparmio – non si comprendono le esigenze di bilancio. È la nuova mentalità Imperiale.

Giacché sono nell'argomento dirò che la decisione di costruire il Palazzo del Littorio alla Farnesina non ha riscosso le unanimi approvazioni. Si dice che la Farnesina è un «angolo morto» di Roma, le comunicazioni per il quale sono difficilissime quando si pensi alle grandi masse che vi dovranno affluire. Il «Foro» doveva rimanere destinato allo scopo per cui era sorto. Un ambiente di una certa monumentalità, decoroso, scuola, palestra, luogo di parata per la gioventù. Gli stadi, il complesso architettonico è molto bello ma inadeguato alla grandiosità del quadro in cui dovrebbero svolgersi le grandi adunate del Fascismo. Né potrà essere adatto il Foro per le grandi manifestazioni sportive come le Olimpiadi, per le quali occorrono stadi che ospitino centinaia di migliaia di spettatori.

Ma le critiche maggiori, ripeto, sono dovute alla pretesa difficoltà delle comunicazioni con la zona – e anche al fatto che l'ubicazione della nuova sede del Partito contrasta con le direttive mussoliniane della Roma verso il mare.

Alcuni citano poi le visioni offerte dal Luce sul viaggio del Duce a Berlino (Campo di Marte) come esempio di enormi masse raccolte facilmente e inquadrate in un ambiente grandioso.

«È la nuova mentalità Imperiale», ripete fra sé il duce. Dunque i romani si erano abituati a pensare in grande dopo la conquista dell'impero, pensa il duce. Nel novembre 1937 i romani pensavano alla Grande Roma di domani. Al pensiero della Grande Roma, il duce interrompe la lettura e solleva lo sguardo dal tavolo, fissandolo nel buio del salone. Il suo pensiero si concentra su Roma: la capitale, la città tre volte sacra, il centro irradiante della nuova civiltà fascista. Venti anni di regime hanno cambiato profondamente la fisionomia urbana, demografica e sociale della capitale. Non c'è quasi più traccia della vecchia Roma, la «porca Roma», contro la quale hanno marciato le squadre fasciste nell'ottobre del 1922, pensa il duce. Il fascismo ha conquistato una città vecchia, angusta e provinciale, un grosso borgo, capitale modesta di un regno modesto, famigerato centro burocratico di corruzione dell'Italia liberale e parlamentare, meta di pellegrinaggi e di carovane turistiche servilmente accolte da una popolazione di albergatori, mercanti, venditori ambulanti, lustrascarpe e cantastorie. Ora, venti anni dopo, Roma è una metropoli moderna con quasi un milione e mezzo di abitanti: è la capitale di un'Italia imperiale, risorta nella grandezza dei suoi monumenti antichi e rinnovata dalla grandezza dei monumenti moderni, edificati per tramandare nei secoli il nome di Mussolini. Ora tutti vedono la nuova Roma di Mussolini, la

Roma che lui ha sognato e realizzato. E così la vedranno le generazioni future, nella sua monumentale grandiosità.

La visione della nuova Roma lo entusiasma sempre, anche ora che la guerra lo ha costretto a interrompere la realizzazione dei suoi progetti monumentali. Il duce si alza dal tavolo di lavoro e si reca alla vetrata del balcone. Sotto, nella gelida notte, la piazza delle adunate oceaniche è deserta. Lo sguardo del duce sfiora appena, infastidito, l'ingombrante massa lattiginosa del monumento al «re galantuomo», che gli sembra stucchevole nella sua grandiosità retorica e ridondante, e quasi ridicolo in confronto alla robusta ed essenziale sobrietà dei monumenti fascisti. È sacro il monumento al re, tronfio sul suo cavallo, ma soltanto perché vi riposa, in gloria eterna, il Milite Ignoto, pensa il duce. E subito volge lo sguardo verso Via dell'Impero: ampia e solenne, corre diritta fra i Fori imperiali, fino al Colosseo, con la sua mole imponente. Il duce ne distingue appena la sagoma avvolta in un'oscurità misteriosa. Il mistero di Roma, pensa il duce, il mistero della sua grandezza, che lui ha saputo rinnovare nel ventesimo secolo innalzandola a una nuova grandezza. E pensa alla gloria del fascismo, alla sua gloria personale. Gli vengono alla mente le parole che un giorno aveva detto nell'intimità a Margherita Sarfatti, e che lei aveva voluto rivelare ponendole a chiusura della biografia che gli aveva dedicato: «Sì. Sono posseduto da questa smania. Arde, mi rode e consuma dentro, quale un male fisico: incidere, con la mia volontà, un segno nel tempo, come il leone con il suo artiglio»[9]. Via dell'Impero è la sua via trionfale, è l'impronta indelebile che la sua volontà ha inciso nel cuore stesso della città eterna, come lo sono tutti i nuovi monumenti che lui ha voluto realizzare nella capitale e in tante altre città d'Italia, come lo sono le nuove città che lui ha fondato: sono gli artigli con i quali ha inciso il suo segno nel tempo. Nessuno potrà cancellarlo. I monumenti dell'era fascista perpetueranno nei secoli a venire l'era di Mussolini.

Dal balcone, inorgoglito al pensiero della gloria futura, il duce osserva la piazza vasta e vuota nel silenzio della notte. Gli risuona nella mente l'eco delle acclamazioni oceaniche e rivede la folla immensa dei romani, degli italiani, che lo osannano come un dio terreno, mentre annuncia, con voce di tuono, la riapparizione dell'impero sui colli fatali di Roma. «L'Italia ha vissuto dal 2

10. Gli italiani non sono Romani

ottobre 1935 al 9 maggio 1936 uno dei periodi più drammatici, più intensi, più luminosi della sua storia. Quegli otto mesi cantano in molte anime ancora come un'epopea vissuta. Tutto è stato fermo, deciso, virile, popolare e tutto visto a distanza, sembra romantico tanta fu la bellezza, la poesia, lo splendore rivelatisi nell'animo degli italiani. Mai una guerra fu più sentita di quella. Mai entusiasmo fu più sincero. Mai unità di spiriti più profonda. [...] Tre adunate improvvise di popolo come non si ebbero nella storia e poi la notte trionfale del 9 maggio, la più grande vibrazione dell'anima collettiva del popolo italiano»[10]. Da otto mesi l'Italia ha perso il suo impero, pensa il duce con tristezza, e subito una fitta di dolore gli provoca il ricordo di Bruno, il terzo dei suoi figli, che aveva combattuto per la conquista dell'impero, e ora era morto, caduto in volo tre mesi dopo la caduta dell'impero, riconquistato dal Negus con l'esercito inglese, il 5 maggio 1941, esattamente cinque anni dopo la conquista italiana. Quando la guerra sarà conclusa con la vittoria dell'Asse, e l'impero sarà riconquistato e ingrandito, pensa il duce, il nome di Bruno sarà ricordato nella Roma mussolinea, che diventerà la capitale morale di una Nuova Civiltà, di una Nuova Europa e di un Ordine Nuovo.

Il duce indugia per qualche minuto al balcone. Guarda ancora Via dell'Impero, e rivede mentalmente le strade, le piazze, i monumenti della nuova Roma mussolinea. Poi torna al suo tavolo di lavoro. Roma fascista è grande come Roma antica, pensa. Ma da quando è iniziata la guerra, ogni volta che pensa alla Roma fascista, grande come la Roma antica, una domanda inquietante si insinua nei suoi pensieri: e i romani del fascismo, gli italiani del fascismo, sono anch'essi grandi come i Romani antichi? Sono riuscito a creare una nuova Roma di pietra che durerà nei secoli, pensa il duce: ma sono riuscito a creare anche un italiano nuovo, sono riuscito a rigenerare il carattere degli italiani, a forgiare una nuova razza di conquistatori e dominatori, artefici di una civiltà universale come lo furono i Romani antichi?

Solo, nel silenzio della notte, turbato da questo interrogativo, il duce medita su Roma, sugli italiani dell'era fascista, sul proprio destino. E riprende a leggere, ora in ordine cronologico, le relazioni sullo spirito pubblico della capitale. Comincia dal 1932, l'anno del decennale della rivoluzione fascista...

6 luglio 1932
... ormai si sente nell'aria una stanchezza significativa, perché i «raduni» e i «comizi» hanno un vizio d'origine e non noto forse ai dirigenti del Partito e cioè quello della coercizione, dell'imposizione, della minaccia, che i piccoli ras della provincia fanno per poter presentare sempre una folla, una grandiosa folla pronta ad applaudire al primo segnale del piccolo ras.

Si abusa troppo di queste adunate, commemorazioni, raduni, comizi: ogni anniversario, ogni piccolo avvenimento si sfrutta con parate d'obbligo, ed è questo che annoia, stanca, e provoca recriminazioni. Finché si tratta di giovani le parate militari possono piacere: ma agli uomini, ai veri lavoratori?

Il motto del Duce «andare verso il popolo» è stato finora interpretato con due manifestazioni: i soliti cortei o parate e i soliti discorsi che durano un paio d'ore!

Altro errore sarebbe quello del timore che il popolo si addormenti: e allora subito parate, comizi, discorsi, manifestazioni che, per rinnovarsi ad ogni più piccolo avvenimento stancano enormemente e fanno pensare ad altre cose non benevole[11].

12 agosto 1932
... si vive alla meno peggio [...] anche i grandi lavori pubblici se danno lavoro agli operai, costano carissimo e non rendono, e dovranno essere pagati dal popolo con tasse ed altre prestazioni, impoverendo sempre più chi lavora.

Circolo vizioso che va chiudendosi ed al quale bisognerebbe mettere riparo almeno con grandi economie effettive, non basate soltanto sul togliere stipendi ai lavoratori, ma soprattutto tralasciando le spese inutili o se non tali, quelle superflue. Così le grandi adunate (si annunzia un campeggio di 50.000 avanguardisti a Roma, fra breve); le colonie marine e montane lussuose e costose; le sedi dei fasci e delle organizzazioni costosissime e lussuosissime; la burocrazia ognor crescente, addetta a tutte le organizzazioni, per cui gli stipendi pagati inutilmente sono rappresentati da somme enormi. [...]

Il pubblico è molto seccato anche per il continuo aumento delle tasse organizzative, le quali vanno a beneficio dei gruppi rionali, quasi sempre per il lusso e lo sperpero dei dirigenti, i quali, in tal modo, si fanno il piedistallo per salire. Oggi, a Roma, tutte le sedi rionali del Fascio hanno escogitato una tassa obbligatoria di L. 5 mensile che viene pagata da tutti gli iscritti, oltre la tassa annuale, versata alla Federazione al ritiro del-

la tessera. Per cose necessarie, il popolo può sopportare questo stillicidio di tasse, ma per ammobiliare le sedi rionali, comincia a ribellarsi: e so di molti che si sono recisamente rifiutati di pagarle[12].

ottobre 1932
Il mese di ottobre è stato caratterizzato dalle cerimonie e manifestazioni disposte per la celebrazione del Decennale: manifestazioni tendenti a dimostrare quanto cammino abbia percorso il fascismo attraverso lo sviluppo delle proprie organizzazioni, la costruzione di grandiose opere di pubblica utilità, l'impulso dato ad ogni forma di attività nel campo dell'agricoltura, delle industrie e del commercio.

Si sono così succeduti l'uno all'altro: congressi, mostre, rassegne, adunate di avanguardisti, di gerarchi e, per ultimo, l'adunata delle 13 Legioni di Mutilati, qui convenute nella celebrazione del 28 ottobre. A conclusione delle accennate manifestazioni, si è avuta, il 29 corrente, l'inaugurazione della Mostra della Rivoluzione Fascista.

È però diffusa la sensazione che in tali manifestazioni, la gran massa della popolazione di Roma, non inscritta nei ranghi del Partito, sia stata assente, principalmente perché su molti incombe la gravità della crisi economica imperversante, che costituisce motivo di generale preoccupazione.

In relazione a tale stato d'animo della massa, non sorprendono le critiche che vengono mosse alle spese causate dalla celebrazione del Decennale, mentre si sarebbe potuto, si afferma, impiegare il denaro ad alleviare la disoccupazione od a sviluppare opere ed istituti assistenziali in vantaggio dei meno abbienti.

È doveroso dire peraltro che l'opinione pubblica tende a sceverare la personalità di S. E. il Capo del Governo, da quella dei suoi collaboratori e vengono messe in evidenza quali palesi dimostrazioni le accoglienze entusiastiche che Egli ebbe in Torino e Milano.

Nuocciono anche non poco e sono di ostacolo alla massima penetrazione dell'idea fascista nella massa della popolazione, le voci corse, riguardanti la correttezza di Alte Personalità preposte alla cosa pubblica.

Per quanto riguarda il lato architettonico, taluni competenti criticano il Palazzo della Mostra della Rivoluzione Fascista, in cui rilevano difetti di proporzione tra la enorme facciata esterna e l'angustia di alcuni passaggi, quali, ad esempio, i due laterali dell'ingresso […].

È unanime il consenso della opinione pubblica di tutti i ceti nel dare atto, agli organi del Partito ed ai suoi dirigenti, di uno spirito di ben intesa e fattiva solidarietà nazionale diretta ad alleviare, sul terreno assistenziale, i disagi dell'ora, fra i ceti più bassi della popolazione.

Tuttavia si prevede che – cessato il ritmo intenso dei lavori predisposti e compiuti per la celebrazione del 28 ottobre – schiere di lavoratori verranno ad aggiungersi alla massa dei disoccupati, proprio ora che si è alle porte dell'inverno.

Ciò crea preoccupazioni in vari strati della popolazione, onde si invoca, da parte del Governo e delle Autorità, la sollecita messa in opera di provvidenze che, attraverso la attuazione del programma di lavori all'uopo predisposti, valgano ad attenuare in qualche modo e a circoscrivere, le conseguenze della crisi invernale.

La tendenza delle organizzazioni del Partito, di largheggiare nell'attingere alla comoda fonte dei contributi straordinari degli iscritti, è motivo di diffuso malcontento.

Si ha notizia, ad esempio, che, nella Capitale stessa, i Fasci Rionali impongano ai tesserati contributi fissi a favore delle opere assistenziali, specie in occasione della consegna delle nuove tessere[13].

3 marzo 1934
... moltitudine promiscua dei bisognosi [...] intorno ai posti, dove il bene, poco o molto, viene distribuito, ed ho cercato di conoscere il loro pensiero verso il Regime. Ma essi sono chiusi! Guardano l'aspro calvario per il pane, la miseria e le privazioni dell'inverno, la tormentosa preoccupazione dei loro sconsolati giorni. Ogni cosa sembra abbia ucciso, in loro, tutte le forze dello spirito. [...] Voler descrivere lo spettacolo penoso della paurosa tragedia di questi poveri derelitti sarebbe cosa ardua: non vi è parola per tratteggiare nei suoi veri colori tutta la loro angoscia. [...] Collera e amaro riso ho spesso scorto sul volto dei miseri, durante la mia peregrinazione nelle otto zone della Federazione dell'Urbe[14].

24 agosto 1934
Situazione politica afona, e il popolo se ne disinteressa salvo i soliti ed accennati Ufficio voci, i quali, secondo l'occasione, fanno circolare stupide notizie insistendo sulle difficili condizioni economiche, su contrasti interni, su cambiamenti di uomini e su pretese iniziative finanziarie. [...] Si nota la stanchezza e l'assenza di discussione politica quasi ad indicare un adattamento, e quindi assenso alla politica del Regime.

1 agosto 1935
A proposito della dimostrazione dell'altra sera, si osserva che sulle «cartoline precetto» intimanti agli iscritti al Fascio di intervenire all'adunata per partecipare alla dimostrazione, era stabilito l'uso dell'abito borghese, esclusa la camicia nera. Si pone perciò in risalto il fatto che l'esclusione della camicia nera voleva e doveva significare che la dimostrazione comparisse di carattere volontario e popolare e non di Partito.

24 agosto 1935
Molto è il timore del peggio e tiene gli animi sospesi, specialmente dal punto di vista economico e finanziario, perché per quanto riguarda l'azione militare traspare tranquilla valutazione che a tutto è stato provveduto. [...] Il momento è quasi comatoso e il silenzio più perfetto esiste in certe zone prima assai movimentate di notizie, quasi ora da vedere la gente immusonita e pensosa.

4 dicembre 1935
Nei Gruppi rionali fascisti sarebbe altresì invalsa l'abitudine di ricorrere a concrete minacce nei riguardi di coloro che non aderiscono con la desiderata sollecitudine a richieste di denaro per l'assistenza.

4 settembre 1936
... esiste del malcontento, specie nella classe operaia, per il caro viveri [...]. È certo che il malumore serpeggia e si dilaga ogni giorno di più nell'ambiente operaio, in special mondo, per l'eccessivo e ingiustificato aumento della vita, perché nella spesa giornaliera si verifica un aumento di L. 3 o 4. [...] È vero che si aumentano le paghe, ma queste non sono all'unisono con il rincaro vita, ma poi le tasse che non sono messe con quella giustizia di posizione sociale, come si dovrebbe, finiscono per rovinare e questo crea il malcontento. I fatti della Spagna certo fanno un deleterio effetto in molti che hanno la testa un po' fuori posto e se il Governo non prende energici provvedimenti saranno guai seri, tanto che già si vocifera esservi state delle scaramucce in diverse città d'Italia.

5 ottobre 1936
Nei quartieri popolari vi è una manifesta ed evidente ripresa di malcontento. E poiché è al potere il Fascismo, così le lamentele si rivolgono al Regime. Non si può dire che si tratta di antifascismo; si tratta di un

profondo malcontento, dovuto in parte alle difficoltà presenti e soprattutto alle condizioni delle famiglie dei disoccupati.

31 dicembre 1937
Continua e si intensifica il malcontento per il continuo aumento dei prezzi di tutte le merci; aumenti che ormai, in media, hanno raggiunto e sorpassato il 25 per cento in confronto del periodo precedente per l'adeguamento della lira [...]. E la miseria cresce da per tutto. E il popolo si chiede quando la finirà, perché oramai è un po' stanco di far sacrifici per far guadagnare a rotta di collo tutte le gerarchie e tutti gli industriali e commercianti e per vedere i danari buttati in opere o manifestazioni di apparenza e non di sostanza. Anche i pochi che fino a poco tempo fa ribattevano simili argomentazioni, ora tacciono, se pur non si lagnano anche essi. Il malcontento dilaga ogni giorno di più.

31 gennaio 1938
Da qualche giorno, gl'iscritti ai Fasci Rionali di Prati e dei quartieri Nomentano Salario, lamentano, larvatamente, che i gerarchi rionali li invitino per «comunicazioni urgenti» alle sedi delle rispettive sezioni e richiedano loro somme varie per la costruzione di edifici dove sistemare definitivamente le loro sedi.

5 aprile 1939
... l'eventualità della guerra viene generalmente deprecata. Il popolo e le classi meno abbienti, che temono di doverne sopportare i maggiori sacrifici, la considerano con evidente riluttanza. Anche gli strati sociali più elevati (dirigenti, intellettuali, benestanti), pur condividendo gli orientamenti della politica internazionale fascista, sono concordi nel considerare che i contrasti siano risolti pacificamente. Il pubblico, in sostanza, intuendo la gravità degli eventi che maturano, ne attende con ansia lo sviluppo.

7 aprile 1939
L'opinione pubblica appare disorientata ed è ansiosa di conoscere quali siano i propositi del Governo. L'atteggiamento dell'Inghilterra e della Francia, per quanto concerne la tutela della Polonia ed altri stati minori, ha dato la sensazione che la situazione internazionale tenda ogni giorno di più ad aggravarsi. Lo spirito pubblico si mantiene perciò in un certo stato d'allarme.

10. Gli italiani non sono Romani

11 aprile 1939
Lo sbarco in Albania ha acuito l'ansietà di conoscere i successivi sviluppi degli avvenimenti. Fiducia che la saggezza del DUCE riesca a scongiurare l'eventualità di una conflagrazione. Morale delle truppe elevato.

24 agosto 1939
Troppo grave e diffuso è oggi il malcontento, determinato da tutto l'insieme dei motivi tante volte esposti, perché si possa fare oggi, come nel 1935, pieno e completo affidamento sull'unanimità della nazione, e questo elemento purtroppo negativo, non si può esimersi dal fare presente in un momento in cui la nazione può essere chiamata alla più dura delle prove.

26 agosto 1939
Questi ultimi giorni hanno dato la stura a tutte le fantasie, le più disparate e contrastanti che, unite a quelle che già dominano l'opinione pubblica, in materia di finanza e di economia nazionale, formano uno strano stato d'animo che si può riassumere in un senso di sfiducia nel domani del Regime.
Il disagio, nonostante le favorevoli condizioni della stagione estiva, non è scemato affatto e l'espressione comunissima, con chiunque tu parli, è quella di «non poterne più». Proprio da qui comincia a nascere lo spirito contrario che, malgrado la stretta premente di tutti gli organi del Partito e della Nazione, attraverso la vigile opera delle varie polizie, riesce a manifestarsi attraverso un lamentio strano verso tutte le forme di pressione, fisica e morale al tempo stesso, in modo che una pagliuzza diventa una trave, una preoccupazione, una difficoltà insuperabile.
E così in provincia, nei paesi dove s'immagina che la vita agreste sia meno penosa e facile. Al contrario qui sono più aggiornati della città.
Conoscono a puntino ogni mossa politica e molto ne sanno, perché gli iscritti stessi al Partito ne parlano senza riguardo, anche se errano nelle narrative.
La fantasia poi è in vasta estensione, la presa di qua e la presa di là, la forza della Germania e dell'Italia insieme non può essere stroncata e giù, di questo passo, mentre le teste scrollano e pensano.
Oggi ormai la mentalità della gente è livellata, come se fosse passata una pialla!
È quindi un mormorio, per il pane e per tutto, in aumento ed in restrizione di quantità, un eguale senso di sopportazione e di malessere diffuso,

una contrarietà non indifferente insomma, che circola indisturbata e forma lo stato d'animo.
E questo non solo tra il popolino.

20 ottobre 1939
La situazione politica della Capitale può sembrare ad un osservatore superficiale come stazionaria, quasi calma, pur notandosi un crescendo del malcontento per il continuo rincaro della vita. Ma chi è a contatto diurno con le Masse lavoratrici e con il piccolo ceto della borghesia deve riferire che la situazione è sempre torbida e preoccupante.

18 settembre 1939
Coloro che rientrano da Roma rimangono «nauseati» per le voci, notizie, dicerie di ogni genere *e* colore *che circolano nella capitale.*

20 gennaio 1940
Nei mercati, come nei negozi, si verifica un coro di proteste, di critiche e di espressioni di malumore, che sono sintomi di una latente esasperazione [...]. L'espressione, o la considerazione più comune è «ecco come siamo ridotti, alla miseria» [...]. La situazione viene giudicata molto peggiore di quando c'era la guerra europea. Allora eravamo in guerra, in una guerra voluta dal popolo italiano, ma non sono mai stati richiesti tanti sacrifici come ora, non c'è mai stata una situazione analoga, non si è mai arrivati a tanta miseria. E si osserva che intanto nessuno dice niente, nessuno spiega o giustifica le ragioni di questa situazione, e ciò impressiona ancora di più e accresce il malcontento. C'è la congiura del silenzio, ed il Paese deve imporsi questi sacrifici senza sapere nulla, senza conoscere le ragioni e le necessità che le impongono. Non ha neppure il diritto di parlare, perché si dice che in qualche negozio siano state arrestate anche delle donne, perché si lamentavano dell'attuale situazione, e la commentavano aspramente. Senonché questi mezzi, a quanto si osserva non rimediano al malcontento, non lo soffocano ma inaspriscono maggiormente gli animi, e lievitano i malumori e l'insofferenza. Si commenta che, oltre all'imposizione di questi sacrifici, bisogna subire e tacere, pagare e tacere, rinunciare e tacere, senza sapere mai nulla.

Anche l'Impero gioca il suo ruolo in questi commenti, poiché si dice che per voler essere grandi ci siamo invece ridotti alla miseria [...]. C'è dappertutto una vera ondata di pessimismo e di malumore, che non si esita di manifestare anche in pubblico, e che incontra incontestabili approvazioni e adesioni. Questo pessimismo e questo malumore dilagano come un'epidemia. E poi si parla di andare incontro al popolo, e di fare gli interessi del popolo. Ma i fatti dimostrano troppo eloquentemente che tutto non è che una presa in giro.

23 gennaio 1940
  Si dice che il Partito stia compiendo dei grandi sforzi per riuscire a mettere un po' di ordine nel cervello dei fascisti. [...] Si parlava di momenti caotici, di sbandamenti, di confusione d'idee. Oggi si constata che la confusione delle idee esiste tuttora e che molteplici e spesse cortine fumogene da qualche tempo offuscano l'idea fascista. [...] Da qualche tempo si constata, nel quadro del Regime, un gran contrasto fra parole e fatti, fra dichiarazioni e atti pubblici e privati. Molti hanno la sensazione, in diversi casi, che la gran macchina «non risponda» alle leve di comando manovrate dal centro.

18 aprile 1940
  Si continua a parlare della entrata in guerra dell'Italia, entrata che alcune voci danno come sicura e come imminente, e se ne parla con appassionato calore. Di pari passo col diffondersi di questa voce, crescono anche l'apprensione, l'allarme e le preoccupazioni, in un senso veramente grave. Il disagio è soprattutto morale ed è fortissimo. Gli otto decimi, almeno, degli italiani, sono violentemente turbati poiché sentono che è in una guerra contro natura che verrebbero lanciati. E si ritiene dappertutto che sarà difficile persuadere della necessità, della bontà e della giustizia di questa guerra eventuale, chi, soprattutto, avendone già fatta una in senso inverso, ha conservato le idee con le quali l'ha combattuta, queste idee diffondendo e trapiantando nell'animo dei giovani che gli sono venuti su d'attorno. Si sente, insomma, che questa guerra, che metterebbe in gioco un secolo di storia italiana, sarebbe estremamente impopolare.

9 giugno 1940
  Nei varii ambienti della capitale è opinione diffusa che la mobilitazione sia imminente; qualcuno ritiene che il provvedimento sarà per ora soltanto parziale. Comunque quasi tutti prevedono prossima la nostra entrata in guerra, il che suscita vivissima ansia. Nell'attesa di prossimi gravi eventi, si sente ripetere la domanda se siamo effettivamente ben preparati per sostenere l'urto dei nostri avversari e molti esprimono dubbi e riserve sulla efficienza del nostro potenziale bellico.

11 giugno 1940
Il discorso vivissimamente atteso, del Duce, ha sollevato tutti da quella tensione nervosa esasperante che derivava dalla gravità dell'ora e dalla non precisa nostra posizione nel conflitto. [...] *La parola d'ordine «vincere» è veramente divenuta espressione del sentimento generale, anche se qualche disgraziato microbo avvelenato, si nasconde, specialmente nell'ambiente degli arricchiti, e di coloro che hanno paura di perdere il loro patrimonio, e non sanno tenere a posto la loro chiacchiera deleteria e deprimente, fra coloro con cui hanno ragioni di contatti quotidiani. Per costoro si auspicano solenni esemplari provvedimenti.*

14 giugno 1940
Vivissimo senso di orgasmo ha destato nella popolazione l'incursione aerea di questa notte sulla città. Tutte le altre notizie, può dirsi, passano in second'ordine compresa l'entrata delle truppe germaniche a Parigi e del malumore si nota nei vari quartieri per il silenzio che la stampa e la radio usano – certamente per superiori disposizioni – a proposito dell'incursione. [...]
Il nemico ha lanciato – com'è noto – ingente quantità di manifestini che, nonostante il rapido sequestro fatto dalla polizia e dai Gruppi fascisti ormai quasi tutti conoscono per esserseli tra loro passati e fatti circolare. [...]
Dal giorno dell'inizio delle ostilità nulla trascuro per rendermi conto dello spirito cittadino. Subito dopo l'accendersi delle luci, la sera, non mi do tregua a frequentare caffè, luoghi di ritrovo, osterie ecc. I commenti che odo non sono certo molto simpatici e rispondenti al momento che si attraversa. Sono trascorsi solo pochi giorni dall'inizio della guerra nostra e già c'è chi si chiede se era proprio necessario, per la realizzazione dei nostri desiderata, la partecipazione alla guerra. [...] *È un mormorio sordo ma diffuso, che mi dà l'impressione dell'assenza di ogni spirito di sacrificio e di avversione alla situazione. Tali sentimenti si manifestano non solo nelle classi operaie ma anche in quelle borghesi e a dire il vero anche se fasciste.*

1 ottobre 1940
Non bisogna nascondersi che il popolo ha perduto in pochi giorni molto di quell'ottimismo che lo animava e che gli faceva intravedere prossima la fine della guerra.

Il duce non prosegue la lettura. Solleva la testa. La sua fronte si è incupita. Le mascelle serrate e indurite. Il mento prominente proteso in avanti. Il volto appare irrigidito in una pietrificazio-

10. Gli italiani non sono Romani

ne statuaria. I grandi occhi sgranati fissano il buio del salone. Pensa, il duce, alla borghesia cinica e vile, alle classi medie e alle classi operaie rassegnate e mugugnanti, alle subitanee oscillazioni fra l'entusiasmo per le vittorie e l'abbattimento per le sconfitte, alla generale incapacità dei romani e degli italiani tutti a far fronte con animo virile alle vicissitudini della guerra in cui si decide il destino del mondo e l'avvenire dell'Italia. Non ha bisogno di andare oltre nella lettura dei rapporti per rendersi conto della realtà che gli si palesa senza ambiguità, attraverso lo scorrere e mutare nel tempo degli stati d'animo della popolazione romana: i romani dell'era fascista rappresentano gli italiani dell'era fascista, pensa il duce, e allora gli italiani dell'era fascista, bisogna ammetterlo, dice il duce a se stesso, non sono i Romani della modernità. Venti anni di pedagogia totalitaria non sono bastati a trasformare gli italiani nei Romani della modernità, a creare gli italiani nuovi di una nuova Italia imperiale, grande e potente nel mondo, come lui l'ha sognata fin dalla Grande Guerra e come ha cercato di realizzarla in venti anni di fatica quotidiana, tutto dedito alla grandezza della nazione. E tutto forse inutilmente, pensa il duce. Questo pensiero lo riempie di profonda tristezza. Chiude il fascicolo dei rapporti, e fissa di nuovo il buio del salone.

Qui non mi muovo che fra rapporti scritti di una monotonia letteraria e sostanziale che annoia, stanca, esaspera. Mai, come in questi ultimi tempi, ho avuto una consapevolezza così ripugnante di questo mio mestieraccio che ho scambiato per una missione. Nessuno, io spero, negherà o tenterà di sminuire la passione per questa Italia che ho forgiato io, molto nella immaginazione, ma molto più nella realtà. Comincio ad avvertire in me qualche cosa di nuovo che mi turba; quel che c'è di più vero in me, dolorosamente vero, e che spiega tutta la mia tristezza interiore, è che sono portato a stabilire una netta distinzione fra l'Italia e gli Italiani. Gli Italiani vanno dimostrando che sono poco degni dell'Italia, o, certo, della mia Italia[15].

È una realtà, questa, pensa il duce, ma non è certamente, per lui, una rivelazione improvvisa. Il suo infallibile fiuto di felino della politica gli ha fatto intuire fin dall'inizio della guerra che gli italiani non somigliano in nulla ai Romani antichi, e non somigliano neppure agli alleati tedeschi e giapponesi. «Questa guerra non è fatta per il popolo italiano. Non ha la maturità né la consistenza per una prova così formidabile e decisiva. Guerra per tedeschi e per giapponesi: non per noi»[16]. Ma addirittura gli italiani del fascismo non somigliano neppure agli italiani dell'Italietta liberale. «Devo pure riconoscere che gli italiani del 1914 erano migliori di questi di oggi. Non è un bel risultato per il Regime, ma è così», aveva detto alla fine del 1940[17].

Ogni volta che questa dolorosa constatazione gli torna alla mente, la pena gli trafigge l'animo come la più amara delle sconfitte subite nel corso di questa guerra sfortunata. E il duce cerca di vincerla riversandone interamente la responsabilità sugli italiani. Per un momento si era illuso, al tempo della conquista dell'impero, di aver rigenerato il carattere degli italiani, di aver distrutto l'italiano vecchio e creato l'italiano nuovo, come aveva rigenerato Roma distruggendo la vecchia città e creandone una nuova. Ma con la guerra, l'illusione è svanita.

E ora, mentre gli italiani combattono, soffrono e muoiono in una guerra che il duce ha voluto, il suo sentimento verso di loro diventa sempre più ostile, un miscuglio di risentimento e di disprezzo. Il duce non esita a manifestare ai suoi collaboratori la sua delusione e il suo disprezzo per gli italiani: «Hai mai visto l'agnello diventare lupo? La razza italiana è una razza di pecore. Non bastano 18 anni per trasformarla. Ce ne vogliono centottanta o forse centottanta secoli»[18]. Ha cercato di rigenerare il carattere degli italiani per creare una nuova razza di dominatori e conquistatori: l'impresa è fallita, ma la colpa del fallimento ricade sugli italiani che non sono stati all'altezza del loro duce: «È la materia che mi manca. Anche Michelangelo aveva bisogno del marmo per fare le sue statue. Se avesse avuto soltanto dell'argilla, sarebbe stato soltanto un ceramista. Un popolo che è stato per sedici secoli incudine, non può, in pochi anni, diventare martello»[19]. Come «massa indistinta», il popolo italiano «è sempre a disposizione del primo, o eroe o cialtrone, che se lo sappia pigliare», sentenzia il duce in sfoghi privati: «Nell'ottobre del '22 venne da me; domani sarà con un altro, doman l'altro con un altro ancora, secondo la spinta delle sue torbide simpatie o delle sue feroci ripugnanze. È una materia, codesta, sulla quale non c'è da farsi alcuna illusione. La storia è là ad ammonirci. Ed io non ho più l'elastica capacità di darla ad intendere ad altri, per ingannare me stesso o viceversa»[20].

Gli italiani non sono Romani. Il duce ripete più volte a se stesso la frase, mentre lascia Palazzo Venezia. È ormai notte inoltrata. La città è deserta. Ordina all'autista di percorrere Via dell'Impero, passa davanti al Colosseo e all'arco di Costantino, prosegue per Via dei Trionfi e la Via Imperiale fino alla nuova Roma dell'E42. Osserva gli edifici monumentali in costruzione. Il Palazzo della Civiltà è quasi completato. Gli italiani non sono Romani, ripete il duce, mentre contempla l'edificio che dovrebbe essere il tempio della nuova Roma imperiale consacrato alla gloria della civiltà fascista. Come faranno, gli italiani che non sono Romani, a costruire la nuova Italia imperiale, a essere gli artefici di una nuova civiltà e di una nuova Europa?

Con stizza e rancore, mentre si allontana dall'E42, il duce si sente sfiorare dal timore che la nuova Roma mussolinea potrebbe restare incompiuta. L'automobile ripercorre la Via Imperiale, costeggia il Circo Massimo e imbocca il lungotevere nei pressi del tempio della Fortuna Virile, il primo fra i monumenti della Roma antica restaurati, che egli aveva inaugurato l'11 novembre 1925. «Che la Fortuna Virile assista sempre la Patria!» aveva scritto nell'albo dei visitatori. Ma la Fortuna Virile non sembra voler assistere gli italiani perché non sono Romani, pensa il duce. E prosegue il suo giro notturno nella capitale, soffermandosi presso la nuova Piazza Augusto Imperatore. Osserva il mausoleo dove, ventuno anni prima, aveva conquistato il controllo del fascismo imponendo la trasformazione del movimento in partito. Era l'inizio della conquista del potere. Giusto un anno dopo, sarebbe diventato capo del governo. Il duce pensa al ventennio trascorso quando fa sostare l'automobile davanti al Foro Mussolini. Alto e imperioso, l'obelisco che reca inciso il suo nome si staglia bianco nella notte: nei secoli futuri, pensa il duce, questo obelisco sarà il monumento alla gloria di Mussolini. Non aveva mai espresso pubblicamente il suo giudizio sul Foro Mussolini, ma è questo il complesso architettonico che ha finora prediletto, come espressione monumentale della Roma fascista. È la palestra dove si forgiano le nuove generazioni del littorio. Saranno loro, forse, a realizzare il suo sogno più ambizioso: saranno i Romani della modernità? Somiglieranno, nel carattere se non nel fisico, alle statue virili che adornano il Foro e lo Stadio? Rilegge l'epigrafe posta all'ingresso del Foro dopo la proclamazione dell'impero, in cui erano state simbolicamente racchiuse, come in una profezia augurale, per tramandarle ai posteri, le sue speranze sui Romani della modernità:

> QUESTI LUOGHI
> PER PIANTE PALUSTRI
> E ACQUE STAGNANTI
> LUNGAMENTE ORRIDI
> PRESSO LE VIE PER LE
> QUALI MOSSE IN ARMI
> LA GIOVENTÙ ROMANA
> A INCIVILIRE L'EUROPA
> BENITO MUSSOLINI
> CHE LA ROMANITÀ
> VUOLE EVOCATA
> NON COME RICORDO
> MA INCITAMENTO
> ED ESEMPIO
> ORDINÒ
> FOSSERO BONIFICATI
> ABBELLITI SANATI
> A MAGNIFICAMENTE
> ACCOGLIERE QUANTO
> OCCORRA A CREARE
> LO SPIRITO ROMANO
> NELLE
> FUTURE LEGIONI
> DELL'ITALIA FASCISTA
> OTTOBRE
> A. XV

È quasi l'alba quando rientra a Villa Torlonia. Nel corso della nuova giornata, ascolterà i rapporti dei federali della Campania. Non è di buon umore. C'è la guerra che va male, e ci sono i tedeschi che fra di loro chiamano gli italiani «maccheroni» e trattano l'Italia come un paese occupato, e pretendono ancora molti operai italiani, e c'è la gente che si lamenta per le ristrettezze economiche e la carenza di rifornimenti alimentari, e c'è il partito che

10. Gli italiani non sono Romani

non funziona, e ci sono i gerarchi che rivaleggiano, e la monarchia che mugugna, e la chiesa che intriga. E gli italiani che non sono Romani...

... lo sforzo che mi è costata la ricerca di un possibile equilibrio nel quale si potessero evitare collisioni fra gli antagonistici poteri che si toccano fianco a fianco, gelosi, diffidenti l'uno dell'altro: Governo, Partito, Monarchia, Vaticano, Esercito, Milizia, prefetti, federali, ministri, i ras delle Confederazioni e dei grossissimi interessi monopolistici ecc. ecc. [...] sono le indigestioni del totalitarismo, nel quale non è riuscito a fondersi quell'asse ereditario che ho dovuto accettare nel '22 senza beneficio di inventario. Un patologico tessuto connettivo fra le deficienze tradizionali e contingenti di questo grandissimo piccolissimo popolo italiano, che una tenace terapia di vent'anni di regime è riuscito a modificare soltanto in superficie. Questo sarebbe il quadro del substrato; sulla superficie, alquanto traballante va zoppicando la vita di tutti i giorni. È vero, vi sono rossori epidermici rivelatori di febbre e la cosa potrebbe anche andare a finir male.

Però una annosa esperienza mi conforta che un energico e tempestivo intervento potrebbe rovesciare di colpo la situazione[21].

Il duce ha ancora fiducia nella sua volontà, nel suo genio, nel suo fiuto e nelle sue doti di comando. E crede nelle armi segrete di cui gli parla continuamente il Führer, che metteranno in ginocchio l'Inghilterra e assicureranno la vittoria. Crede ancora che la vittoria sia possibile, e quando sarà conclusa la guerra riprenderà l'esperimento di rigenerazione degli italiani, con più tenacia, con più decisione, e anche con più ferocia se necessario. Eppure, per un momento, vorrebbe scrollarsi di dosso tutto il peso dell'esistenza, vorrebbe liberarsi dal groviglio dei giganteschi problemi del potere e della guerra, che sembrano a momenti superare la potenza del suo genio. Vorrebbe trasformarsi veramente in una statua, diventare un duce di pietra, insensibile, imponente, remoto, come le statue virili del Foro Mussolini: il simbolo pietrificato dell'unico vero Romano della modernità, destinato a testimoniare nei secoli l'impresa eroica che egli ha tentato: creare una nuova civiltà nella capitale della civiltà. Il duce di pietra di un fascismo di pietra, monumento immortale fra i monumenti immortali della città eterna.

Due anni e quattro mesi sono trascorsi dal giorno in cui il duce meditava sul fallimento della impresa di trasformare gli italiani nei Romani della modernità. Era ancora al potere, ma la sua sede non era più Roma, bensì Salò, sul lago di Garda. Ora era il capo della Repubblica sociale italiana, il nuovo Stato che aveva costituito dopo che Hitler lo aveva fatto liberare dalla prigionia in cui era tenuto fin dalla sua improvvisa cacciata dal governo, il 25 luglio 1943, per iniziativa del re, che aveva affidato il governo al maresciallo Badoglio. La caduta del duce e la fine del regime fascista erano state conseguenza della disfatta militare. Il 9 luglio gli americani erano sbarcati in Sicilia, dieci giorni dopo la capitale aveva subito un duro bombardamento, che aveva colpito specialmente il quartiere operaio di San Lorenzo, provocando circa duemila morti. Il duce non era a Roma durante il bombardamento, era a Feltre per un colloquio con Hitler. Era andato e tornato pilotando l'aereo, e la sera aveva visto bagliori di incendio nel cielo della capitale. Il papa si recò subito nel quartiere bombardato, accolto da una folla disperata e commossa che vide in lui la speranza di salvezza. Anche il re visitò la zona bombardata ma l'accoglienza fu fredda.

La capitale aveva provato per la prima volta il morso atroce della guerra. Fino al 19 luglio, annotò Corrado Alvaro nel suo diario, Roma «era una città fuori del mondo. Chi vi arrivasse da qualunque parte, rimaneva sbalordito e irritato. Chi di lontano ne sentiva parlare, soffrendo della guerra, ne provava un sordo rancore. Il bombardamento di Roma è stato accolto in qualche città lontana e già provata, da brindisi di gioia. Chi stava a Roma da venti anni, non finiva di stupirsi di Roma solo a uscire di casa. Gente vestita bene, tranquilla; e le signore non affrettavano il passo neppure quando suonava la sirena d'allarme, mentre altrove si moriva. Roma è entrata nel dolore comune»[22].

Con le macerie del bombardamento, il 19 luglio crollava il mito della nuova Roma imperiale di Mussolini. Fra i provvedimenti che il duce aveva preso un mese prima di essere defenestrato, vi era la concessione di una sovvenzione di 200 mila lire a favore del Centro permanente di studi sulla romanità per pagare gli studiosi e il personale addetto e per «l'incremento e la valorizzazione del materiale raccolto in occasione della Mostra Augustea della Romanità»[23].

La notte del 24 luglio, la maggioranza dei membri del Gran Consiglio aveva votato un ordine del giorno che chiedeva al duce di restituire al re il comando delle forze armate: era un invito a lasciare il potere. Il giorno successivo, il re aveva fatto arrestare Mussolini. Era la fine del regime. E fu la fine della romanità fascista.

Il nuovo governo presieduto da Badoglio aveva avviato trattative con gli alleati per la resa, che fu resa nota l'8 settembre: il re e il governo fuggirono dalla capitale verso il sud. Roma e i romani rimasero in balìa della rappresaglia tedesca. Liberato il 12 settembre, il duce diede vita al nuovo Stato fascista, per imposizione di Hitler: fu l'inizio della guerra civile fra italiani fascisti e italiani antifascisti. Lo Stato nazionale era a pezzi. La penisola divenne un campo di battaglia fra tedeschi e alleati. Roma fu occupata dai tedeschi, che dominavano con metodi spietati, coadiuvati dai fascisti repubblicani. Il 16 ottobre del 1943 i tedeschi avevano proceduto al rastrellamento degli ebrei della capitale: oltre un migliaio, fra i quali più di duecento bambini, furono rinchiusi in carri bestiame e inviati ai campi di sterminio. Il 24 marzo 1944, in seguito a un attentato partigiano in cui avevano perso la vita trentatré soldati tedeschi, per rappresaglia le SS procedettero al massacro di trecentotrentacinque vittime.

All'inizio di giugno del 1944, gli alleati erano prossimi alla capitale, occupata dai tedeschi. Con loro, era un soldato italiano, lo scrittore Curzio Malaparte, che combatteva «a fianco degli alleati, per vincere insieme a loro la loro guerra dopo aver perduto la nostra». Dall'alto dei Colli Albani, egli osservava la città eterna, che le truppe alleate si accingevano a liberare.

Le cupole, le torri, i campanili, la geometria rigorosa delle case e dei quartieri nuovi, che da San Giovanni in Laterano scendono nella verde valle della Ninfa Egeria, verso le tombe dei Barberini, sembravano fatte di una dura materia bianca, venata d'ombre azzurre. Neri corvi si alzavano dalle rosse tombe della Via Appia. Io pensai alle aquile dei Cesari e arrossii. Mi sforzai di non pensare alla Dea Roma seduta in Campidoglio, alle colonne del Foro, alla porpora dei Cesari. «The glory that was Rome» dissi tra me, arrossendo. In quel giorno, in quel momento, in quel luogo, non volevo pensare all'eternità di Roma. Mi piaceva pensare a Roma come a una città mortale, popolata d'uomini mortali. [...] *Un sorriso lieve, immenso, correva come un brivido di vento per la campagna romana: era il sorriso dell'Apollo di Veio, il sorriso crudele, ironico, misterioso dell'Apollo etrusco. Avrei voluto tornare a Roma, a casa mia, non con la bocca piena di parole sonore, ma con quel sorriso sulle labbra. Temevo che la liberazione di Roma non fosse una festa in famiglia, una festa intima, ma uno dei soliti pretesti a trionfi, a declamazioni, a inni. Mi sforzavo di pensare a Roma non come a un'immensa fossa comune, dove le ossa degli Dei e degli uomini giacciono alla rinfusa tra le rovine dei templi e dei Fori, ma come a una città umana, a una città d'uomini semplici e mortali, dove tutto è umano, dove la miseria e l'umiliazione degli Dei non avviliscono la grandezza dell'uomo, non danno alla libertà umana il valore di una eredità tradita, di una gloria usurpata e corrotta*[24].

Ventidue anni prima, lo scrittore, allora noto come Curzio Suckert, era stato un fascista sfegatato e intransigente, e aveva inveito forse più di qualsiasi altro contro la «porca Roma». All'epoca della marcia fascista sulla capitale, avrebbe voluto riempire la città di morti e infierire sul suo «popolo turpe» dedito solo a «mangiare e bere e ragionar di poppe grasse e d'anche rotonde». E dopo l'ascesa di Mussolini al potere, divenuto il più focoso esponente del fascismo totalitario, aveva persino minacciato di defenestrare il duce, accusandolo di essersi lasciato irretire negli intrighi corruttori della capitale, invece di procedere col ferro e col fuoco alla conquista integrale dello Stato in nome della rivoluzione fascista. Ora, non più fascista, mentre si accingeva a marciare nuovamente su Roma con i nemici del fascismo, dall'alto dei Colli Albani, Malaparte contemplava con mortificata pietà la capitale che «percossa dal riflesso abbagliante del sole nelle nuvole bianche, appariva di un livido candore di gesso».

La mattina del 5 giugno 1944 Roma fu liberata. I primi a entrare furono gli americani, in gara con gli altri eserciti alleati. «Che oggi si dica o non si dica 'Al diavolo Roma', so soltanto che, allora, c'era questa idea fissa, l'idea che Roma era indiscutibilmente un grande trofeo», disse il comandante americano Mark Wayne Clark[25]. Il mito di Roma esercitava ancora il suo fascino. Ma ogni traccia di fascino era scomparsa dalla Roma reale. La città e i suoi abitanti erano precipitati in una degradazione sociale e umana, quale non conoscevano probabilmente dall'epoca delle invasioni barbariche e del saccheggio di milizie mercenarie. «Roma è davvero e dappertutto paese» scriveva Libero Bigiaretti il 1º novembre 1944. «Vige per le sue strade una perenne fiera di borgo povero, sordido, però, senza luminarie ed allegria. Un immenso mercato delle pulci, un grandissimo *bric à brac*, un dilagante ghetto: ecco a che cosa sono ridotte le strade romane. Carrettini, banchetti, trespoli, cassette e canestri ovunque in ogni angolo e la merce più povera, più assurda: una spaventosa miseria sciorinata e commerciata senza pudore. Si vende tutto perché manca di tutto [...]. Sì, le strade sono più animate, sono piene di popolo che vi si riversa per fuggire le tenebre precoci delle stanze, piene di gente, di soldati di ogni aspetto e anche di ogni colore [...] marocchini, senegalesi, negri d'America e anche indiani e sono soldati che animano maggiormente il mercato del marciapiedi [...]. Il mercato all'aperto ha guadagnato ogni strada e così l'accattonaggio [...] si vende tutto a Roma»[26].

Nel paese devastato dalla disfatta, la degradazione dei romani era pari alla degradazione di tutti gli italiani: nel disfacimento della capitale di un'Italia travolta dalla guerra più spaventosamente moderna fra le guerre moderne, tutti gli italiani erano simili ai romani. Si realizzava così, fra le rovine dello Stato e della nazione, in una tragica parodia, la massima ambizione del duce e del fascismo: trasformare gli italiani nei romani della modernità.

EPILOGO
QUEL CHE RESTA DEL MITO

Erano ancora visibili a Roma, fino a qualche anno fa, i fantasmi del fascismo sul balcone di Palazzo Venezia. Apparivano nel chiarore spettrale delle sagome di due fasci littori, che erano stati collocati ai lati del balcone quando Palazzo Venezia divenne la residenza di lavoro del duce. I corpi pietrosi dei due fasci erano stati rimossi durante la defascistizzazione della capitale, iniziata la mattina del 25 luglio 1943, quando i romani, appresa dalla radio la notizia che il re aveva accettato le dimissioni del cavaliere Benito Mussolini, si lanciarono con gioiosa furia iconoclasta alla demolizione dei simboli del regime, disfacendo a colpi di martello i fasci littori impressi su edifici, ponti, strade e monumenti. Ma l'ironia della storia ha in molti casi vanificato la defascistizzazione simbolica della capitale. Infatti, ovunque i fasci furono smartellati, sono rimaste le loro sagome; allo stesso modo, sono tuttora leggibili, come impronte di fossili, i motti mussoliniani frettolosamente cancellati su edifici e monumenti dell'era fascista. Su Palazzo Venezia, l'impronta del fascismo è sopravvissuta per mezzo secolo. Poi, durante la preparazione della capitale al giubileo del 2000, gli spettri del littorio sono stati definitivamente scacciati dal balcone. Qualcuno avrebbe potuto attribuire un significato religioso a questo evento: la Roma della Repubblica, che si accingeva a celebrare un solenne rito cattolico internazionale, annientava le vestigia del massimo simbolo di una religione politica nazionalista, che aveva preteso di incorporare il cattolicesimo nel culto fascista di una «romanità eterna», che dalla originaria

Epilogo. Quel che resta del mito

incarnazione nella Roma dei Cesari, rinata poi nella Roma dei Papi, si sarebbe nuovamente incarnata nella Roma di Mussolini.

In effetti, un sentore di rito religioso era presente nella defascistizzazione simbolica di Roma, come era stato presente nella fascistizzazione simbolica della capitale e nei monumenti della nuova Roma di Mussolini, il «fascismo di pietra», in cui si materializzarono i miti della religione fascista. Come in ogni guerra di religione, anche nella guerra fra religioni laiche, la religione che emerge vittoriosa cancella i simboli della rivale sconfitta, e se non può cancellarli, li battezza con nuovi nomi e li incorpora nel proprio culto. Così è avvenuto quando l'antifascismo ha soppiantato la religione fascista: il Ponte Littorio è stato incorporato nella religione antifascista con il nome di Giacomo Matteotti, assassinato dai fascisti nel 1924; al giovane antifascista Piero Gobetti, morto in esilio nel 1926 dopo aver subito a Torino ripetute aggressioni squadriste, è stato intitolato, nei pressi della città universitaria, il Viale Libro e Moschetto, ispirato al motto pedagogico dettato dal duce alla gioventù fascista; il Viale dei Martiri Fascisti è stato riconsacrato col nome del sindacalista Bruno Buozzi, fucilato nel 1944 dai nazisti. E per la legge del contrappasso, la sede del ministero dell'Africa italiana è divenuta la sede della Fao, l'organizzazione delle Nazioni Unite per l'agricoltura e l'alimentazione. È invece sopravvissuto intatto alla demolizione iconoclasta un altro simbolo della religione fascista, il grande obelisco monolite, che tuttora campeggia, conservando incisa la scritta «Mussolini Dux», davanti al complesso sportivo costruito dal regime ai piedi di Monte Mario, ribattezzato Foro Italico. Dopo la liberazione di Roma, i romani avrebbero voluto abbatterlo, ma furono impediti dai soldati americani, che nell'ex Foro Mussolini avevano installato il loro centro di riposo. Sopravvissuto alla defascistizzazione per intervento americano (forse un'altra simbolica ironia della storia), l'obelisco Mussolini continuerà probabilmente a esistere nel futuro, così come rimarrà indelebile l'eredità del fascismo nelle strade e negli edifici costruiti per volontà del duce malato di romanità, che volle rivaleggiare in grandezza monumentale con i Cesari e i Papi.

Il «fascismo di pietra», nelle parole, nei miti, nei monumenti, nacque dal connubio fra Roma e fascismo. Il mito di Roma fu l'essenza del fascismo. Ma, come abbiamo cercato di dimostrare in questo libro, la Roma del fascismo era molto diversa dalla Roma antica e dalla Roma reale, anche se la sua azione ebbe effetti sull'una e sull'altra. Diversamente da quel che molti pensano, non fu la Roma antica a romanizzare il fascismo, ma fu il fascismo a fascistizzare la Roma antica, la sua storia, il suo mito, e persino le sue vestigia monumentali, valorizzandole e utilizzandole secondo le esigenze della nuova Roma fascista. La Roma fascista non era fedele alla Roma antica più di quanto lo sia la Roma antica immaginata dai registi di Hollywood. La romanità fascista ha lasciato un'impronta indelebile anche sulla immagine della Roma antica. I fascisti non furono i Romani della modernità, come sognava il duce, ma molti oggi pensano che i romani della Roma antica furono i fascisti dell'antichità. La romanità del fascismo fu essenzialmente una proiezione del suo mito totalitario dello Stato, col quale il mito fascista di Roma si identificò per tutto il percorso della parabola del regime, dall'ascesa graduale, ma decisa e consapevole verso la potenza e la gloria del trionfo, all'apice della proclamazione dell'impero, e nella fase della discesa, inconsapevole ma sempre più precipitosa, verso una fine ingloriosa. Dell'ambizione mussoliniana di creare, nel laboratorio totalitario, i Romani della modernità, sono svanite le parole, sono svaniti i miti: restano solo i monumenti del «fascismo di pietra».

NOTE

CAPITOLO 1

[1] B. Mussolini, *Disciplina*, in «Il Popolo d'Italia», 15 novembre 1921.
[2] U. Igliori, *La colonna Igliori*, in «Gerarchia», ottobre 1927, p. 999.
[3] Cit. in V. Vidotto, *Roma contemporanea*, Roma-Bari 2006, pp. 169-170.
[4] Cfr. V. Labita, *Il Milite Ignoto. Dalle trincee all'Altare della Patria*, in *Gli occhi di Alessandro. Potere e sacralità del corpo da Alessandro Magno a Ceaușescu*, a cura di S. Bertelli e C. Grottanelli, Firenze 1990, pp. 120 sgg.
[5] M. Piazzesi, *Diario di uno squadrista toscano 1919-1922*, Roma 1980, p. 201.
[6] G. Bottai, *Nel ventennale della marcia. Roma contro Roma*, in «Capitolium», 1942, p. 332.
[7] A. Signoretti, *Come diventai fascista*, Roma 1967, p. 118.
[8] Piazzesi, *Diario* cit., pp. 201-202.
[9] Signoretti, *Come diventai* cit., p. 120.
[10] Piazzesi, *Diario* cit., p. 201.
[11] *Ibid*.
[12] Ivi, p. 202.
[13] Ivi, pp. 198-199.
[14] Cfr. E. Gentile, *Storia del partito fascista. 1919-1922. Movimento e milizia*, Roma-Bari 1989, pp. 387 sgg.
[15] Signoretti, *Come diventai* cit., pp. 119-120.
[16] Ivi, p. 120.
[17] B. Mussolini, *Opera omnia*, a cura di E. e D. Susmel, 44 voll., Firenze 1951-63, vol. XVII, p. 292.
[18] Piazzesi, *Diario* cit., pp. 199-200.
[19] E. Ponti, *Roma sparita tra la Pedacchia e Macel de' Corvi*, in «Capitolium», 1931, pp. 477-478.
[20] Cfr. *Storia di Roma dall'antichità a oggi. Roma capitale*, a cura di V. Vidotto, Roma-Bari 2002.
[21] G. Prezzolini, *La cultura italiana*, Firenze 1923, pp. 21-24.
[22] A.C. Jemolo, *Anni di prova*, Firenze 1991, p. 52.
[23] Ivi, p. 53.
[24] I. Taine, *Viaggio in Italia*, a cura di Attilio Roggero, Torino 1966, p. 21.
[25] G. D'Annunzio, *Le Vergini delle Rocce* (1895), Milano 1978, p. 56.

[26] Cit. in E. Gentile, *Il culto del littorio. La sacralizzazione della politica nell'Italia fascista*, Roma-Bari 2005, p. 23; cfr. C. Brice, *Il Vittoriano. Monumentalità pubblica e politica a Roma*, Roma 2005.

[27] Cfr. Gentile, *Storia del partito fascista* cit., p. 384.
[28] Cfr. ivi, p. 235.

CAPITOLO 2

[1] C. Rossi, *Mussolini com'era*, Roma 1947, p. 96.
[2] Mussolini, *Opera omnia* cit., vol. XVII, p. 292.
[3] Ivi, vol. XVIII, pp. 208-209.
[4] B. Mussolini, *I fatti di Roma*, in «Il Popolo d'Italia», 26 maggio 1922.
[5] Id., *Delitto di lesa-nazione*, in «Il Popolo d'Italia», 27 maggio 1922.
[6] A. Gramsci, *La funzione storica della città*, in «L'Ordine Nuovo», 17 gennaio 1920.
[7] Cfr. F. Chabod, *Storia della politica estera italiana dal 1870 al 1896. I. Le premesse*, Bari 1951, pp. 315-323.
[8] Cit. in F. Bartolini, *Rivali d'Italia. Roma e Milano dal Settecento a oggi*, Roma-Bari 2006, p. 81.
[9] Ivi, p. 94.
[10] Cit. in P. Treves, *L'idea di Roma e la cultura italiana del secolo XIX*, Milano-Napoli 1962, p. 95.

[11] Jemolo, *Anni* cit., p. 51.
[12] L. Pirandello, *Il fu Mattia Pascal* (1904), Milano 1987, p. 145.
[13] G. Prezzolini, *I fatti di Romagna*, in «La Voce», 11 agosto 1910.
[14] Id., *Abbasso Roma*, in «La Voce», 3 febbraio 1910.
[15] Id., *Contro Roma*, in «La Voce», 25 agosto 1910.
[16] F.T. Marinetti, *Teoria e invenzione futurista*, a cura di L. De Maria, Milano 1968, pp. 245-247.
[17] G. Papini, *Il discorso di Roma*, in «Lacerba», 1º marzo 1913.
[18] Cfr. E. Gentile, *La Grande Italia. Il mito della nazione nel XX secolo*, Roma-Bari 2006, pp. 66-71.
[19] Mussolini, *Opera omnia* cit., vol. III, p. 192.
[20] Gentile, *La Grande Italia* cit., pp. 102 sgg.

CAPITOLO 3

[1] G. Prezzolini, *Diario per Dolores*, Milano 1993, pp. 380-381.
[2] Id., *Contro Roma*, in «La Voce», 25 agosto 1910.
[3] Cfr. A. Staderini, *Combattenti senza divisa. Roma nella grande guerra*, Bologna 1995.
[4] B. Mussolini, *I morti che vivono*, in «Il Popolo d'Italia», 8 gennaio 1915.

[5] Id., *Abbasso il parlamento*, in «Il Popolo d'Italia», 11 maggio 1915.
[6] G. D'Annunzio, *Per la più grande Italia*, Roma 1943, pp. 107-108.
[7] Cfr. E. Gentile, *Il mito dello Stato nuovo. Dal radicalismo nazionale al fascismo*, Roma-Bari 2002².
[8] Cfr. A. Anzilotti, *Gioberti*, Firenze 1922, pp. 88-89, 393.

⁹ Cit. in Treves, *L'idea di Roma* cit., p. 91.
¹⁰ Cit. in Gentile, *La Grande Italia* cit., p. 47.
¹¹ Cit. in Treves, *L'idea di Roma* cit., p. 78.
¹² Cit. in Gentile, *La Grande Italia* cit., p. 47.
¹³ Ivi, p. 48.
¹⁴ E. Corradini, *Scritti e discorsi, 1901-1914*, a cura di L. Strappini, Torino 1980, pp. 136-137.
¹⁵ B. Mussolini, *Disciplina di guerra*, in «Il Popolo d'Italia», 9 novembre 1917.
¹⁶ Id., *La tenda*, in «Il Popolo d'Italia», 11 ottobre 1917.
¹⁷ Id., *Opera omnia* cit., vol. XII, p. 77.
¹⁸ Fasci Italiani di combattimento, *Orientamenti teorici e postulati pratici*, Milano 1920.
¹⁹ P. Gorgolini, *Il fascismo nella vita italiana*, Torino 1922, p. 3.
²⁰ Mussolini, *Opera omnia* cit., vol. XII, pp. 143-144.
²¹ Ivi, vol. XV, pp. 217-218.
²² Ivi, vol. XVI, p. 159.
²³ Ivi, vol. XVIII, p. 331.
²⁴ Ivi, p. 160.
²⁵ Ivi, vol. XVI, p. 139.

²⁶ Ivi, p. 239.
²⁷ Ivi, vol. XVIII, pp. 160-161.
²⁸ Ivi, vol. XV, p. 219.
²⁹ Ivi, vol. XVI, p. 244.
³⁰ *Grandiosa celebrazione fascista al Campidoglio*, in «Il Popolo d'Italia», 22 aprile 1921.
³¹ *La marcia fascista traverso la città in commemorazione del Natale di Roma*, in «Il Popolo d'Italia», 22 aprile 1921.
³² Cfr. E. Gentile, *Le origini dell'ideologia fascista*, Bologna 1996, pp. 273 sgg.
³³ Cfr. Gentile, *Storia del partito fascista* cit., pp. 214 sgg.
³⁴ *Direttive per l'organizzazione delle squadre fasciste*, in G.A. Chiurco, *Storia della rivoluzione fascista*, 5 voll., vol. IV, *Anno 1922*, parte prima, Firenze 1929, pp. 485 sgg.
³⁵ Cfr. A. Giardina, A. Vauchez, *Il mito di Roma. Da Carlo Magno a Mussolini*, Roma-Bari 2000, pp. 215 sgg.
³⁶ G. Bottai, *Quaderno affricano*, Firenze 1995, p. 87.
³⁷ M. Gallian, *Racconti fascisti*, Milano 1937, pp. 151-162.
³⁸ C. Pellizzi, *Problemi e realtà del fascismo*, Firenze 1924, pp. 117-118.
³⁹ Rossi, *Mussolini* cit., p. 128.

CAPITOLO 4

¹ Mussolini, *Opera omnia* cit., vol. XX, p. 234.
² M. Sarfatti, *Dux*, Milano 1926, p. 42.
³ Mussolini, *Opera omnia* cit., vol. II, pp. 171-175. Cfr. G. Belardelli, *Il mito fascista della romanità*, in *Il classico nella Roma contemporanea. Mito, Modelli, Memoria*, a cura di F. Roscetti, Roma 2002, II, pp. 128-129.

⁴ Ivi, vol. I, pp. 159-160.
⁵ Ivi, vol. IV, p. 223.
⁶ Ivi, vol. V, p. 362.
⁷ M. Sarfatti, *The Life of Benito Mussolini*, London 1925, p. 158; cfr. P.V. Cannistraro, B.R. Sullivan, *Margherita Sarfatti. L'altra donna del Duce*, Milano 1993, pp. 337-338.
⁸ Rossi, *Mussolini* cit., p. 161.

[9] Mussolini, *Opera omnia* cit., vol. XIX, p. 169.
[10] G. Strachey Barnes, *Io amo l'Italia*, Milano 1939, p. 19.
[11] Subito dopo l'avvento del fascismo al potere, gli organi eletti dell'amministrazione capitolina furono sciolti e fu nominato un commissario; due anni dopo, il 28 ottobre 1925, il comune di Roma fu trasformato in governatorato: il governatore, che assommava in sé tutte le funzioni e le competenze dell'amministrazione comunale, dipendeva direttamente dal ministero dell'Interno, e quindi da Mussolini. Cfr. G. Talamo, G. Bonetta, *Roma nel Novecento. Da Giolitti alla Repubblica*, Bologna 1987, pp. 218-220; Vidotto, *Roma contemporanea* cit., pp. 172-178.
[12] Cfr. Gentile, *Il culto del littorio* cit., pp. 74-78.
[13] P. Ducati, *Origine e attributi del fascio littorio. Una pagina di storia che nessuno deve ignorare*, Bologna 1927, pp. 19-20.
[14] *Il Fascio Littorio*, a cura di A.M. Colini, prefazione di G.Q. Giglioli, Roma 1932, pp. XI-XIII.
[15] *Ibid.* Sulle incongruenze della terminologia e della simbologia romana rimaneggiate del fascismo rispetto alla romanità storica, cfr. Giardina, Vauchez, *Il mito di Roma* cit., pp. 220 sgg.
[16] Mussolini, *Opera omnia* cit., vol. XX, p. 50.
[17] Cfr. E. Gentile, *La via italiana al totalitarismo. Partito e Stato nel regime fascista*, Roma 2001^2, p. 20.
[18] Mussolini, *Opera omnia* cit., vol. XXII, p. 98.
[19] Ivi, vol. XIX, p. 412.
[20] Ivi, vol. XX, p. 74.
[21] Ivi, pp. 228-229.
[22] Ivi, vol. XXII, p. 48.
[23] *Ibid.*
[24] Cit. in R. De Felice, *Autobiografia del fascismo*, Bergamo 1978, p. 190.
[25] Mussolini, *Opera omnia* cit., vol. XXI, p. 359.
[26] A. Bacchiani, *Roma nel pensiero di Benito Mussolini*, in «Capitolium», 1925, pp. 387-392.
[27] M. Carli, *L'italiano di Mussolini*, Verona 1930, p. 301.
[28] Mussolini, *Opera omnia* cit., vol. XX, p. 235.
[29] Ivi, vol. XXII, p. 48.
[30] U. Ojetti, *I taccuini 1914-1943*, Firenze 1954, p. 233 (6 agosto 1926).
[31] H. Béraud, *Ce que j'ai vu à Rome*, Paris 1929, p. 11.
[32] Cfr. L. Benevolo, *Roma da ieri a domani*, Bari 1971; I. Insolera, *Roma moderna. Un secolo di storia urbanistica 1870-1970*, Torino 1976, pp. 129 sgg.; A. Cederna, *Mussolini urbanista. Lo sventramento di Roma negli anni del consenso*, Roma-Bari 1979; I. Insolera, F. Perego, *Archeologia e città. Storia moderna dei Fori di Roma*, Roma-Bari 1983, pp. 47 sgg.
[33] Mussolini, *Opera omnia* cit., vol. XXII, p. 341.
[34] Ivi, vol. XXV, pp. 85-86.
[35] A. Muñoz, *Roma di Mussolini*, Milano 1935, p. 168.
[36] Ivi, pp. 284-285.
[37] F.P. Mulé, *Aspetti di Roma*, in «Capitolium», 1929, p. 580.
[38] F. Sapori, *La finestra della torre*, Milano 1931, p. 213.
[39] Ivi, pp. 210 sgg.
[40] Cfr. Insolera, Perego, *Archeologia e città* cit., pp. 149 sgg.

[41] P. Chanlaine, *Mussolini parle*, Paris 1932, pp. 69-70.
[42] Insolera, *Roma moderna* cit., p. 134.
[43] Mussolini, *Opera omnia* cit., vol. XXII, p. 243.
[44] E. Schreiber, *Rome après Moscou*, Paris 1932, pp. 71-72.
[45] F. Nietzsche, *Sull'utilità e il danno della storia per la vita*, Milano 1974, p. 23.
[46] Ivi, p. 21.
[47] Cit. in V. Vannelli, *Economia dell'architettura in Roma fascista*, Roma 1981, p. 267.
[48] Schreiber, *Rome* cit., p. 10.

CAPITOLO 5

[1] P. Herfort, *Chez les Romains fascistes*, Paris 1934, p. 91. Per una sintesi storica della trasformazione di Roma durane il fascismo cfr. B.W. Painter, *Mussolini's Rome. Rebuilding the Eternal City*, New York 2005.
[2] G. Pagano, *Per il palazzo del Littorio. L'opinione di "Casabella"*, in «Casabella», gennaio 1934, in G. Pagano, *Architettura e città durante il fascismo*, a cura di C. De Seta, Roma-Bari 1976, p. 13.
[3] E. Ludwig, *Colloqui con Mussolini*, Milano 1965, p. 114.
[4] Cfr. V. Vidotto, *I luoghi del fascismo a Roma*, in «Dimensioni e problemi della ricerca storica», n. 2, 2005, pp. 39 sgg.
[5] Cfr. Gentile, *Il culto del littorio* cit., p. 131; una persuasiva argomentazione di questa tesi è proposta da A. Ricci, *Attorno alla nuda pietra. Archeologia e città tra identità e progetto*, Roma 2006, pp. 23 sgg.
[6] Cfr. Gentile, *Il culto del littorio* cit., pp. 79-80.
[7] Ivi, pp. 89-92.
[8] Cfr. B. Tobia, *L'Altare della Patria*, Bologna 1998, pp. 96-97.
[9] M. Sarfatti, *Architettura, Arte e Simbolo alla Mostra del Fascismo*, in «Architettura», 1933, p. 16.
[10] Cfr. Brice, *Il Vittoriano* cit., pp. 287 sgg.
[11] A. Libera, G. Minnucci, testo dattiloscritto dell'introduzione alla 1ª Esposizione italiana di architettura razionale, marzo 1928, cit. in *Adalberto Libera nelle carte dell'Archivio Centrale dello Stato*, a cura di M. Giannetto, Roma 2004, pp. 50-51.
[12] Cfr. M. Stone, *The Patron State. Culture and Politics in Fascist Italy*, Princeton (NJ) 1998.
[13] Cfr. C. Cresti, *Architettura e fascismo*, Firenze 1986; G. Ciucci, *Gli architetti e il fascismo. Architettura e città 1922-1944*, Torino 1989.
[14] Cit. in M. Mulazzani, *Roma, il Foro Mussolini*, in «Casabella», dicembre 2004, p. 7.
[15] Cit. in M.L. Neri, *Enrico Del Debbio*, Milano 2006, p. 36.
[16] Cit. in *Le case e il foro. L'architettura dell'ONB*, a cura di S. Santuccio, Firenze 2005, p. 156.
[17] Cfr. F. Bucci, M. Mulazzani, *Luigi Moretti. Opere e scritti*, Milano 2001.
[18] Cit. in *Le case e il foro* cit., p. 165.
[19] Cit. in S. Setta, *Renato Ricci. Dallo squadrismo alla Repubblica sociale italiana*, Bologna 1986, p. 162.
[20] Ivi, p. 163.
[21] Promemoria di Renato Ricci per S. E. il Capo del Governo, 22 giugno 1936, in Setta, *Renato Ricci*. cit., p. 164.

[22] M. Sironi, *Monumentalità fascista*, in «La rivista illustrata del Popolo d'Italia», novembre 1934.
[23] Gentile, *Il culto del littorio* cit., pp. 184-185.
[24] Mussolini, *Opera omnia* cit., vol. XXVI, pp. 367-368.
[25] Muñoz, *Roma di Mussolini* cit., pp. I-II.
[26] A. Pavolini, *Suono di Roma*, in *Scrittori di Roma*, a cura di F. Sapori, Roma 1938, pp. 381-382.
[27] Cfr. Vidotto, *Roma contemporanea* cit., pp. 186-188.
[28] Cfr. Insolera, *Roma moderna* cit., pp. 128-143.
[29] Mussolini, *Opera omnia* cit., vol. XVII, p. 292.
[30] C. Alvaro, *Itinerario italiano*, Milano 1941, pp. 15 sgg.
[31] P. Gentizon, *Rome sous le faisceau*, Paris 1933, p. 70.
[32] G. Longo, *La cometa che torna*, Milano 1982, pp. 83-85.
[33] Muñoz, *Roma di Mussolini* cit., p. II.

CAPITOLO 6

[1] Mussolini, *Opera omnia* cit., vol. XXVII, pp. 268-269.
[2] Comando Generale dell'Arma dei Carabinieri, Ufficio storico, Ufficio Servizio e Situazione, 1935, Varie, fasc. «Riepilogo delle relazioni mensili sulla situazione politica delle provincie», promemoria del mese di ottobre 1935.
[3] E. Conti, *Dal taccuino di un borghese*, Milano 1946, pp. 544-545.
[4] N. D'Aroma, *Vent'anni insieme. Vittorio Emanuele e Mussolini*, Bologna 1957, p. 235.
[5] Comando Generale dell'Arma dei Carabinieri, Ufficio storico, Ufficio Servizio e Situazione, 1935, Varie, fasc. «Dimostrazioni contro le Sanzioni», promemoria del 19 novembre 1935.
[6] Public Record Office, London, FO 371/19164.
[7] *Borghesia, piccola borghesia ed intellettuali di fronte alla guerra (lettera da Roma)*, in «Lo Stato operaio», febbraio 1936, p. 109.
[8] Ministère des Affaires étrangères, Europe, Italie, Ambassade de France en Italie, rapporto del 10 dicembre 1935.
[9] Trascrizione della radiocronaca dell'adunata del 5 maggio 1936, in Archivio Centrale dello Stato, ministero Cultura Popolare, busta 80, fasc. 10.
[10] U. Ojetti, *Cose viste*, Milano 1939, pp. 115-117.
[11] Cfr. A. Pensotti, *Rachele. Settant'anni con Mussolini nel bene e nel male*, Milano 1983, p. 61.
[12] R. Carrieri, *La più bella notte d'Italia*, in «L'illustrazione italiana», 10 maggio 1936.
[13] Testimonianza di Vittorio Chesi in A. Grandi, *I giovani di Mussolini. Fascisti convinti, fascisti pentiti, antifascisti*, Milano 2001, p. 231.
[14] G. Volpe, *Storici e maestri*, Firenze 1967, p. 471.
[15] Ojetti, *Cose viste* cit., pp. 119-120.
[16] B. Baskerville, *What next, o Duce?*, London 1937, pp. 3-4.

CAPITOLO 7

[1] G. Bottai, *Diario 1935-1944*, a cura di G.B. Guerri, Milano 1982, pp. 109-110.

[2] La trasformazione della personalità di Mussolini dopo la guerra di Etiopia è stata finemente analizzata da R. De Felice, *Mussolini il duce. Gli anni del consenso 1929-1936*, Torino 1974, pp. 758 sgg.

[3] G. Bastianini, *Uomini, cose, fatti. Memorie di un ambasciatore*, Milano 1959, pp. 38-39.

[4] Atti Parlamentari, Senato del Regno, Legislatura XXIX, 1ª Sessione 1934-36, Discussioni, Seduta del 16 maggio 1936, pp. 2143-2144.

[5] F.S. Grazioli, *Il genio militare di Cesare*, in «Roma», aprile 1937, p. 322.

[6] G. Gentile, *Politica e cultura*, vol. II, a cura di H. A. Cavallera, Firenze 1991, pp. 141-143.

[7] F. Cremonesi, *Premessa*, in «Capitolium», 1925, p. 382.

[8] F.V. Ratti, *La missione di Roma nel mondo*, in «Capitolium», 1926, p. 35.

[9] F. Ciarlantini, *Il Fascismo e la Romanità*, in «Augustea», 21 aprile 1938.

[10] Cfr. M. Cagnetta, *Antichisti e impero fascista*, Bari 1979; R. Visser, *Fascist Doctrine and the Cult of the "Romanità"*, in «Journal of Contemporary History», 1992, pp. 5-21.

[11] L. Pareti, *I due imperi*, Catania 1938, pp. 224 sgg.

[12] F. Tempera, *Benito emulo-superatore di Cesare e di Napoleone*, Roma 1927.

[13] G. Viganoni, *Mussolini e i Cesari*, Milano 1937, p. 251.

[14] Cfr. A. Giovagnoli, *Il Vaticano di fronte al colonialismo fascista*, in *Le guerre coloniali del fascismo*, a cura di A. Del Boca, Roma-Bari 1991, pp. 112-131.

[15] Lo ha dimostrato, in modo esauriente, R. Moro, *Il mito dell'impero in Italia fra universalismo cristiano e totalitarismo*, in *Cattolicesimo e totalitarismo. Chiese e culture religiose tra le due guerre mondiali (Italia, Spagna, Francia)*, a cura di D. Menozzi, R. Moro, Brescia 2004, pp. 311-371.

[16] P. Beltrame Quattrocchi, *Al di sopra dei gagliardetti. L'arcivescovo Schuster: un asceta benedettino nella Milano dell'era fascista*, Casale Monferrato 1985, p. 189.

[17] Ivi, p. 193.

[18] Cit. in Cresti, *Architettura e fascismo* cit., p. 13.

[19] Beltrame Quattrocchi, *Al di sopra dei gagliardetti*, cit., pp. 213-216.

[20] *Roma "onde Cristo è romano"*, prefazione di C.G. Paluzzi, vol. I, Roma 1937, p. 3. Cfr. A. La Penna, *Il culto della romanità nel periodo fascista. La rivista «Roma» e l'Istituto di Studi romani*, in «Italia contemporanea», dicembre 1999, pp. 605-630.

[21] Mussolini, *Opera omnia* cit., vol. XX, pp. 234-235.

[22] Ivi, vol. XXIV, p. 82.

[23] Archivio Centrale dello Stato, Presidenza del Consiglio dei Ministri, 1937-1939, fasc. 14.1.918/1.

[24] G. Ciano, *Diario 1937-1943*, a cura di R. De Felice, Milano 1980, p. 40.

[25] Mussolini, *Opera omnia* cit., vol. XXVIII, pp. 248-253.

[26] Ivi, p. 41.

[27] Cfr. A. Speer, *Memorie del Terzo Reich*, Milano 1976, p. 77.

[28] R. Bianchi Bandinelli, *Dal diario di un borghese e altri scritti*, Roma 1976, p. 186.
[29] G. Pintor, *Doppio diario. 1936-1943*, Torino 1978, p. 38.
[30] R. Mussolini, *Benito il mio uomo*, Milano 1958, pp. 146-147.
[31] R. Guariglia, *Ricordi*, Napoli 1950, pp. 174-175.
[32] Bastianini, *Uomini* cit., p. 51.
[33] G.T. Garratt, *Mussolini's Roman Empire*, London 1938, pp. 9-11.
[34] L. Federzoni, *Italia di ieri per la storia di domani*, Milano 1967, p. 233.

[35] Ciano, *Diario* cit., p. 85.
[36] Ivi, p. 120.
[37] Ivi, p. 122.
[38] Ivi, p. 132.
[39] Ivi, p. 159.
[40] Ivi, p. 167.
[41] Ivi, p. 173.
[42] Bottai, *Diario* cit., pp. 138-139.
[43] Ivi, p. 187.
[44] Beltrame Quattrocchi, *Al di sopra dei gagliardetti* cit., p. 258.
[45] Ivi, p. 263.

CAPITOLO 8

[1] Cfr. G. Giovannoni, *Lineamenti fondamentali del piano regolatore di Roma imperiale*, Roma 1939, pp. 7-8.
[2] Ivi, p. 9.
[3] Ivi, pp. 9-10.
[4] E. Cecchi, *Psicologia delle demolizioni*, in «Capitolium», 1937, pp. 34 sgg.
[5] G. Bottai, *Politica fascista delle arti*, Roma 1940, p. 100.
[6] Ivi, p. 99.
[7] G.Q. Giglioli, *La nuova Roma imperiale*, in «Capitolium», 1942, p. 349.
[8] Cfr. A. Russo, *Il fascismo in mostra*, Roma 1999.
[9] C. Magi Spinetti, *La prima Mostra dell'Opera Nazionale Dopolavoro al Circo Massimo*, in «Capitolium», 1938, p. 353.
[10] Partito Nazionale Fascista, *Mostra della Rivoluzione Fascista*. Guida storica a cura di D. Alfieri e L. Freddi, Roma 1933. Per una descrizione della mostra e un'analisi critica del suo significato storico e simbolico, cfr. Gentile, *Il culto del littorio* cit., pp.

189 sgg.; J.T. Schnapp, *Anno X. La Mostra della Rivoluzione fascista del 1932*, Pisa-Roma 2003.
[11] Partito Nazionale Fascista, *Mostra della Rivoluzione* cit., p. 8.
[12] Ivi, pp. 65-66.
[13] Ivi, p. 64.
[14] Ivi, p. 9.
[15] M. Sironi, *L'architettura della rivoluzione*, in «Il Popolo d'Italia», 18 novembre 1932.
[16] L. Gillet, *Rome et Naples*, Paris 1933, p. 56.
[17] A. Fratelli, *Proposta per il Palazzo delle Esposizioni. Lettera aperta*, in «La Tribuna», 21 ottobre 1932.
[18] Sarfatti, *Architettura, Arte e Simbolo* cit., pp. 1-17.
[19] Sironi, *L'architettura* cit.
[20] R.G. Andrew, *Through Fascist Italy. An English Hiker's Pilgrimage*, London 1935, pp. 147-148.
[21] L. Gillet cit. in Schnapp, *Anno X* cit., p. 51.
[22] O. Dinale, *La rivoluzione che vince 1914-1934*, Roma 1934, p. 206.

[23] Ivi, p. 99.
[24] Archivio Centrale dello Stato, PNF, Direttorio Nazionale, Servizi Vari, sezione II, busta 331, fasc. 27, lettera di S. F. a Achille Starace.
[25] Cfr. *Il nuovo stile littorio. I progetti per il Palazzo del Littorio e della Mostra della Rivoluzione Fascista in Via dell'Impero*, Milano-Roma 1936; Gentile, *Il culto del littorio* cit., pp. 219 sgg.
[26] *Il nuovo stile littorio* cit., pp. XV-XVIII.
[27] Ivi, p. XI.
[28] Progetto Carminati, Ginger, Saliva, Terragni, Vietti, in *Il nuovo stile littorio* cit., p. 1.
[29] G. Cobolli Gigli, *Il contributo del Ministero dei Lavori Pubblici al piano regolatore di Roma imperiale*, Roma 1939, pp. 16-17.
[30] Cfr. V. Vidotto, *Palazzi e sacrari: il declino del culto littorio*, in «Roma moderna e contemporanea», 3, 2003, p. 586.
[31] Ivi, pp. 589-591.
[32] Cfr. *Ideologia e programma per l'Olimpiade delle civiltà*, a cura di T. Gregory, A. Tartaro, vol. I di *E42. Utopia e scenario del regime*, Venezia 1987.
[33] V. Cini, *Invito*, in *Esposizione universale di Roma. MCMXLII-ANNO XX° E.F.*, a cura del Commissariato Generale, Roma 1939, pp. 17-20.
[34] Mussolini, *Opera omnia* cit., vol. XXIX, p. 267.
[35] Ivi, p. 268.
[36] *Esposizione universale di Roma* cit., pp. 44-46.
[37] Cit. in E. Guidoni, *L'E42. Città della rappresentazione. Il progetto urbanistico e le polemiche sull'architettura*, in *E42. Utopia e scenario* cit., II, p. 19.
[38] Cit. in L. Di Majo, I. Insolera, *L'Eur e Roma dagli anni Trenta al Duemila*, Roma-Bari 1986, p. 31.
[39] Bottai, *Politica fascista* cit., p. 75.
[40] Ivi, p. 235.
[41] Cit. in *E42. Utopia e scenario* cit., I, p. 15.
[42] Relazione degli architetti, secondo il progetto degli architetti G. I. Banfi, L. Belgiojoso, E. Peresutti, E.N. Rogers, in *E42. Utopia e scenario* cit., II, p. 74.
[43] V. Cini, *Significato e aspetti dell'esposizione universale di Roma*, in «Civiltà», aprile 1940.
[44] Cit. in *E42. Utopia e scenario* cit., I, p. 154.
[45] E. Cecchi, *Il palazzo della Civiltà italiana*, in «Civiltà», ottobre 1940.
[46] Cit. in *E42. Utopia e scenario* cit., II, p. 354.
[47] *Mostra della Civiltà Italiana. Criteri fondamentali per la presentazione della Mostra*, Roma 1939, p. 32.
[48] G. Gentile, *Roma eterna*, in «Civiltà», giugno 1940, pp. 4-8.
[49] Cit. in *E42. Utopia e scenario* cit., I, p. 82.

CAPITOLO 9

[1] Mussolini, *Opera omnia* cit., vol. XXIV, p. 283.
[2] Ivi, pp. 287-288.
[3] Cfr. F. D'Amoja, *La politica estera dell'impero. Storia della politica estera fascista dalla conquista dell'Etiopia all'Anschluss*, Padova 1967, pp. 1-43.
[4] Mussolini, *Opera omnia* cit., vol. XIII, p. 146.

[5] C. Pellizzi, *Fascismo-aristocrazia*, Milano 1925, pp. 172, 164.
[6] Archivio Centrale dello Stato, Segreteria Particolare del Duce, Carteggio riservato, busta 37, fasc. «Giuseppe Bastianini».
[7] M. Scaligero, *Natale di Roma*, in «Gioventù Fascista», 21 aprile 1933.
[8] Mussolini, *Opera omnia* cit., vol. XXV, p. 147.
[9] Ivi, p. 164.
[10] Ivi, vol. XXVI, p. 47.
[11] Ivi, pp. 127-128.
[12] C. Scorza, *Fascismo idea imperiale*, Roma 1933, pp. 9, 14, 17.
[13] A. Pagliaro, *Il Fascismo*, Roma 1933, p. 184.
[14] Ivi, p. 191.
[15] Partito Nazionale Fascista, *La dottrina del fascismo*, Roma 1936, pp. 158-159. L'autore del testo è il glottologo Antonino Pagliaro.
[16] G. Bottai, *Roma nella Mostra della Rivoluzione Fascista*, in «Roma», gennaio 1934, pp. 5-6.
[17] Id., *Roma e il fascismo*, in «Roma», ottobre 1937, p. 351.
[18] Ivi, pp. 351-352.
[19] G. Bottai, *Roma nella scuola italiana*, in «Roma», gennaio 1939, pp. 4-14.
[20] Id., *Incontri*, Milano 1943, p. 41.
[21] Ivi, pp. 68-69.
[22] C. Galassi Paluzzi, *La storia di Roma a cura dell'Istituto di studi romani*, in «Roma», gennaio 1937, pp. 25-27.
[23] Id., *Perpetuità di Roma: la Mostra Augustea della Romanità e la Mostra della Rivoluzione Fascista*, in «Roma», ottobre 1937, pp. 353-355.
[24] M. Pallottino, *La Mostra augustea della romanità*, in «Capitolium», 1937, p. 519.
[25] P. De Francisci, *Civiltà romana*, Roma 1939, pp. 157-158.
[26] Mussolini, *Opera omnia* cit., vol. XV, p. 214.
[27] Ivi, vol. XVI, p. 160.
[28] Ivi, vol. XVII, p. 219.
[29] Ivi, vol. XVIII, p. 160.
[30] Ivi, vol. XIX, p. 169.
[31] Ivi, p. 191.
[32] Ivi, p. 204.
[33] Ivi, p. 268.
[34] Ivi, vol. XX, p. 65.
[35] Cfr. E. Gentile, *Fascismo. Storia e interpretazione*, Roma-Bari 2007³, pp. 235 sgg.
[36] Mussolini, *Opera omnia* cit., vol. XX, p. 284.
[37] Ivi, vol. XXI, p. 363.
[38] Ivi, vol. XXII, p. 100.
[39] Ivi, p. 144.
[40] Ivi, p. 246.
[41] Ludwig, *Colloqui* cit., p. 132.
[42] Ivi, p. 193.
[43] *Ibid.*
[44] Cfr. Gentile, *Fascismo* cit., pp. 235 sgg.
[45] Gentizon, *Rome* cit., p. 217.
[46] E. Schneider, *Dans Rome vivante*, Paris 1936, pp. 78-79.
[47] J. De Lecretelle, *L'esempio di Roma*, in «Capitolium», 1935, pp. 424-426.
[48] Public Record Office, London, FO 371/15997-14524.
[49] Public Record Office, London, FO 371/16799-XC 14702.
[50] Cfr. Andrew, *Through Fascist Italy* cit., pp. 165-166.
[51] M. Lachin, *La IVe Italie*, Paris 1935, pp. 15, 59-80.
[52] Ciano, *Diario* cit., p. 256.
[53] Bottai, *Diario* cit., p. 111.

[54] Mussolini, *Opera omnia* cit., vol. XXVIII, p. 3.
[55] Ivi, vol. XXVIII, p. 30.
[56] Ciano, *Diario* cit., p. 149.
[57] Ivi, p. 193.
[58] Bastianini, *Uomini* cit., pp. 34-35.
[59] Mussolini, *Opera omnia* cit., vol. XXIX, p. 196.
[60] Ciano, *Diario* cit., p. 34.
[61] N. D'Aroma, *Mussolini segreto*, Rocca San Casciano 1958, p. 167.
[62] Ivi, pp. 130-131.
[63] Cfr. E. Gentile, *Impending Modernity: Fascism and the Ambivalent Image of the United States*, in «Journal of Contemporary History», 28, 1, 1993, ora in Id., *The Struggle for Modernity: Nationalism, Futurism and Fascism*, Westport-London 2003, pp. 160-177.

CAPITOLO 10

[1] Ciano, *Diario* cit., p. 583.
[2] *Rapporto al duce*, a cura di G.B. Guerri, Milano 1978, pp. 76-82.
[3] Ivi, pp. 82-85.
[4] O. Dinale, *Quarant'anni di colloqui con lui*, Milano 1953, p. 183.
[5] Mussolini, *Opera omnia* cit., vol. XXIX, p. 192.
[6] Ciano, *Diario* cit., p. 458.
[7] *Rapporto al duce* cit., p. 82.
[8] Archivio Centrale dello Stato, Partito Nazionale Fascista, Situazione politica per province, busta 19.
[9] Sarfatti, *Dux* cit., p. 314.
[10] Mussolini, *Opera omnia* cit., vol. XXXIV, p. 210.
[11] Archivio Centrale dello Stato, Partito Nazionale Fascista, Situazione politica per province, busta 19.
[12] *Ibid.*
[13] Comando Generale dell'Arma dei Carabinieri, Ufficio Storico, 1932, Relazione del mese di ottobre 1932 sulla situazione politica, ordine pubblico e pubblica sicurezza in Roma e suburbio (Territorio del governatorato), escluso il rimanente territorio della provincia.
[14] Archivio Centrale dello Stato, Partito Nazionale Fascista, Situazione politica per province, busta 19.
[15] Dinale, *Quarant'anni* cit., p. 181.
[16] Ciano, *Diario* cit., p. 598.
[17] Ivi, p. 491.
[18] Ivi, p. 391.
[19] Ivi, p. 445.
[20] Dinale, *Quarant'anni* cit., p. 183.
[21] Ivi, p. 181.
[22] C. Alvaro, *Quasi una vita*, Milano 1950, p. 293.
[23] Archivio Centrale dello Stato, Presidenza del Consiglio, 1937-1939, fasc. 46143-918/41.
[24] C. Malaparte, *La pelle*, Firenze 1969, pp. 217-218.
[25] Cit. in F. Fiorentino, *La Roma di Charles Poletti (giugno 1944-aprile 1945)*, Roma 1986, p. 11.
[26] Ivi, p. 102.

FONTI DELLE ILLUSTRAZIONI

1. PORCA ROMA

2, 4, 6, 8, 14. Da A. Muñoz, *La Roma di Mussolini*, Roma 1935.
9, 13. Da «Capitolium», 1932.

10. Da «Capitolium», 1929.
12. Da V. Vannelli, *Economia dell'architettura in Roma fascista*, Roma 1981.

3. NUOVA ROMANITÀ

5. Da A. Muñoz, *La Roma di Mussolini*, cit.

4. IL RIGENERATORE

1. Da *Il fascio littorio*, a cura di A.M. Colini, Roma 1932.
4, 5, 7, 10. Da «Capitolium», 1932.

6. Da «Capitolium», 1928.
8. Da «Capitolium», 1927.
9. Da «Capitolium», 1929.

5. ROMA MUSSOLINEA

3, 14. Da «National Geographic Magazine», 1937.
4. Da «Capitolium», 1927, arch. R. de Vico.
5. Da A. Muñoz, *La Roma di Mussolini*, cit.

6. Da «Capitolium», 1935.
9. Da «National Geographic Magazine», 1937, arch. M. Piacentini.
15. Fotomontaggio da *Italia imperiale*, edizione speciale della «Rivista Illustrata del Popolo d'Italia»,1937.

Fonti delle illustrazioni

6. SUI COLLI FATALI

1. Fotomontaggio da *Italia imperiale*, cit.
2. Da «National Geographic Magazine», 1937.

3, 4. Da «L'illustrazione Italiana», 1936.

7. DUCE IMPERIALE

2-4. Da *Scritti e discorsi di Benito Mussolini. Edizione definitiva*, voll. VIII, IX, X, Milano 1934-1936.

5-8. Da «L'illustrazione Italiana», 1936.
10-12. Da «Capitolium», 1937.

8. LA CAPITALE DEL FUTURO

2. Fotomontaggio da *Italia imperiale*, cit.
3, 4, 7. Da «Capitolium», 1937.
5. Da «Rivista Illustrata del Popolo d'Italia», 1933.

6. Fotomontaggio da «Roma Universa», 1933.
9-12. Da «Roma Universa», 1934.
13. Da «Capitolium», 1934.
17-28. Da «Civiltà», 1940.

9. I ROMANI DELLA MODERNITÀ

3. Da «Capitolium», 1926.
4, 5. Da «Capitolium», 1937, sculture di P. Morbiducci.
6. Da «Rivista Illustrata del Popolo d'Italia», 1933.
7-9. Da «Rivista Illustrata del Popolo d'Italia», 1936.

10. Da «L'illustrazione Italiana», 1937.
12, 13. Da «National Geographic Magazine», 1937.

10. GLI ITALIANI NON SONO ROMANI

1. Fotomontaggio da *Almanacco letterario Bompiani*, Milano 1937.

INSERTO A COLORI

1, 8-11. Da «National Geographic Magazine», 1937.

12, 13. Da *Italia imperiale*, cit.
16. Da «Civiltà», 1942.

REFERENZE ICONOGRAFICHE

Archivi Alinari, Firenze: pp. 84, 97d, 100-101.

Istituto Luce-gestione Archivi Alinari, Firenze: pp. 10b, 86-87, 130, 141, 150, 151, 152, 227.

Archivio Bruni-gestione Archivi Alinari, Firenze: p. 102a.

Archivio Centrale dello Stato, Roma: pp. 61, 98a, 105, 177, 184.

Biblioteca della Camera dei Deputati, Roma: pp. 4, 7, 10a, 11, 14, 15, 18, 19, 51, 56, 63, 69, 71, 72, 73, 75, 77, 79, 90-91, 92, 94, 97s, 98b, 110-111, 114, 116, 122, 125, 127, 135, 144, 145, 162, 166, 167, 168, 171, 176, 186, 187, 188, 189, 199, 202,

209, 212-213, 215, 216, 217, 220s, 221, 223.

Corbis, Milano: p. 55.

Bettmann/Corbis, Milano: pp. 36-37.

Hulton-Deutsch Collection/Corbis, Milano: p. 8.

Cortesia autore: pp. 32, 42, 133, 158, 191, 192, 194, 196, 220d, 228.

Documentazione redazionale: pp. 5, 17, 20, 22, 102b, 178, 179, 185.

Collezione Borghese, Alterocca Media/Fotoarchivi&Multimedia, Roma: pp. 2, 16, 44-45, 129.

INSERTO A COLORI

Biblioteca della Camera dei Deputati, Roma: figg. 1, 8-13, 16.

Collezione E. Sturani: figg. 2-7, 14, 15.

INDICE

Prologo. Parole, pietre, miti — v

1. Porca Roma — 3
2. Mussolini antiromano — 23
3. Nuova romanità — 33
4. Il rigeneratore — 57
5. Roma mussolinea — 85
6. Sui colli fatali — 117
7. Duce imperiale — 131
8. La capitale del futuro — 159
9. I Romani della modernità — 197
10. Gli italiani non sono Romani — 229

Epilogo. Quel che resta del mito — 256

Note — 259

Fonti delle illustrazioni — 270

Referenze iconografiche — 272

Economica Laterza

ultimi volumi pubblicati

430. Rossi, S., *La politica economica italiana. 1968-2007*
431. Borsellino, N., *Ritratto di Dante*
432. Cardini, F., *Europa e Islam. Storia di un malinteso*
433. Tentori, F., *Vita e opere di Le Corbusier*
434. Castronovo, V., *Le rivoluzioni del capitalismo*
435. Filoramo, G. (a cura di), *Ebraismo*
436. Filoramo, G. (a cura di), *Cristianesimo*
437. Filoramo, G. (a cura di), *Islam*
438. Filoramo, G. (a cura di), *Hinduismo*
439. Filoramo, G. (a cura di), *Buddhismo*
440. Maraini, D., *Ho sognato una stazione. Gli affetti, i valori, le passioni*
442. Scirocco, A., *Garibaldi. Battaglie, amori, ideali di un cittadino del mondo*
443. Fumagalli Beonio Brocchieri, Mt., *Cristiani in armi. Da sant'Agostino a papa Wojtyla*
444. Zaouali, L., *L'islam a tavola. Dal Medioevo a oggi*
445. Barbero, A., *9 agosto 378 il giorno dei barbari*
446. Locke, J., *Saggi sulla legge naturale*
447. Le Goff, J., *Il cielo sceso in terra. Le radici medievali dell'Europa*
448. Bianchi, V., *Gengis Khan. Il principe dei nomadi*
449. Michelon, C., *Noi bambini di strada. Storie del Mthunzi Centre*
450. Strauss, B., *La forza e l'astuzia. I Greci, i Persiani, la battaglia di Salamina*
451. Hack, M., *Qualcosa di inaspettato. I miei affetti, i miei valori, le mie passioni*
453. Forcellino, A., *Michelangelo. Una vita inquieta*
454. Dickie, J., *Cosa Nostra. Storia della mafia siciliana*
455. Bauman, Z., *Vita liquida*
456. Bevilacqua, P., *La Terra è finita. Breve storia dell'ambiente*
457. Destro, A. - Pesce, M., *Antropologia delle origini cristiane*

458. Napolitano, G., *Dal Pci al socialismo europeo. Un'autobiografia politica*
459. Mafai, M., *Diario italiano. 1976-2006*
460. Banti, A.M., *Il Risorgimento italiano*
461. Sen, A., *Identità e violenza*
462. Woolf, S.J., *Napoleone e la conquista dell'Europa*
463. Lecaldano, E., *Un'etica senza Dio*
464. Canfora, L., *La democrazia. Storia di un'ideologia*
465. Le Goff, J., *Il re nell'Occidente medievale*
466. Habermas, J., *Tra scienza e fede*
467. Tranfaglia, N., *Mafia, politica e affari. 1943-2008*
468. Caselli, G.C. - Pepino, L., *A un cittadino che non crede nella giustizia*
469. Chastel, A., *Il gesto nell'arte*
470. Santambrogio, M., *Manuale di scrittura (non creativa)*
471. Hume, D., *Sulla religione e i miracoli Sulla provvidenza e il male*
472. Berto, F., *Logica da zero a Gödel*
473. Champlin, E., *Nerone*
474. Jullien, F., *Pensare l'efficacia in Cina e in Occidente*
475. Givone, S., *Storia dell'estetica*
476. Moravia, A., *Intervista sullo scrittore scomodo*
477. Bauman, Z., *Modus vivendi. Inferno e utopia del mondo liquido*
478. Gentile, E., *La democrazia di Dio. La religione americana nell'era dell'impero e del terrore*
479. Amendola, G., *Intervista sull'antifascismo*
480. Forcellino, A., *Raffaello. Una vita felice*
481. Berti, E., *In principio era la meraviglia. Le grandi questioni della filosofia antica*
482. Albanese, G., *La marcia su Roma*
483. Finley, M.I., *L'economia degli antichi e dei moderni*
484. Legrenzi, P., *Come funziona la mente*
485. Detienne, M., *I maestri di verità nella Grecia arcaica*
486. Hopkins, K. - Beard, M., *Il Colosseo. La storia e il mito*
487. Papagno, C., *Come funziona la memoria*
488. Carandini, A., *Roma. Il primo giorno*
489. Revelli, M., *Sinistra Destra. L'identità smarrita*
490. Strauss, B., *La guerra di Troia*
491. Gallino, L., *Il lavoro non è una merce. Contro la flessibilità*
492. La Cecla, F., *Il malinteso. Antropologia dell'incontro*
493. Patricelli, M., *L'Italia sotto le bombe. Guerra aerea e vita civile 1940-1945*
494. Savater, F., *La vita eterna*
495. Agnelli, G., *Intervista sul capitalismo moderno*
496. Brizzi, G., *Scipione e Annibale. La guerra per salvare Roma*
497. Bevilacqua, P., *Miseria dello sviluppo*

498. Canfora, L., *La prima marcia su Roma*
499. Berto, F., *Tutti pazzi per Gödel! La guida completa al Teorema di Incompletezza*
500. Cassese, A., *I diritti umani oggi*
501. Bauman, Z., *Paura liquida*
502. Bianchi, V., *Marco Polo. Storia del mercante che capì la Cina*
503. Piasere, L., *I rom d'Europa. Una storia moderna*
504. Dickie, J., *Con gusto. Storia degli italiani a tavola*
505. Palazzolo, S. - Prestipino, M., *Il codice Provenzano*
506. Krugman, P., *La coscienza di un liberal*
507. Nigro, R., *Viaggio in Puglia*
508. Graf, F., *La magia nel mondo antico*
509. Collier, P., *L'ultimo miliardo. Perchè i paesi più poveri diventano sempre più poveri e cosa si può fare per aiutarli*
510. Ammaniti, M., *Pensare per due. Nella mente delle madri*
511. Gorni, G., *Dante. Storia di un visionario*
512. Roe, S., *Impressionisti. Biografia di un gruppo*
513. Zagrebelsky, G., *Contro l'etica della verità*
514. Mossé, C., *Pericle. L'inventore della democrazia*
515. Balestracci, D., *Le armi, i cavalli, l'oro. Giovanni Acuto e i condottieri nell'Italia del Trecento*
516. Volpi, F., *Il nichilismo*
517. Gundle, S., *Figure del desiderio. Storia della bellezza femminile italiana*
518. Meijer, F., *Il mondo di Ben Hur. Lo spettacolo delle corse nell'antica Roma*
519. Coco, C., *Venezia in cucina*
522. Lill, R., *Il potere dei papi. Dall'età moderna a oggi*